会计真账实操
全流程演练

范继云◎编著

实操
案例版

中国铁道出版社有限公司

CHINA RAILWAY PUBLISHING HOUSE CO., LTD.

图书在版编目（CIP）数据

会计真账实操全流程演练：实操案例版 / 范继云编著 . —北京：
中国铁道出版社有限公司，2022.8

ISBN 978-7-113-29043-6

Ⅰ.①会… Ⅱ.①范… Ⅲ.①会计方法 Ⅳ.① F231

中国版本图书馆 CIP 数据核字（2022）第 060492 号

书　　名：**会计真账实操全流程演练（实操案例版）**
KUAIJI ZHENZHANG SHICAO QUANLIUCHENG YANLIAN(SHICAO ANLI BAN)

作　　者：范继云

责任编辑：王　佩　　　编辑部电话：（010）51873022　　　电子邮箱：505733396@qq.com
封面设计：宿　萌
责任校对：安海燕
责任印制：赵星辰

出版发行：中国铁道出版社有限公司（100054，北京市西城区右安门西街8号）
印　　刷：三河市兴达印务有限公司
版　　次：2022年8月第1版　2022年8月第1次印刷
开　　本：710 mm×1 000 mm 1/16　印张：19.5　字数：323 千
书　　号：ISBN 978-7-113-29043-6
定　　价：69.80元

有人说财务工作太枯燥乏味，笔者认为财务工作是幸福快乐的！因为财务的队伍庞大而不孤独，财务工作稳健而求进步。

学习是人生最大的快乐，所有人不是一开始就了解并热爱这份工作的，由于当下社会发展的现实需求，许多财务工作人员都是"半路出家"，基于财务工作这一相对比较特殊的岗位来说，许多小微企业都比较喜欢"用自己人"，节省人员费用的同时也更"放心"。而对于没有系统学习财务知识的人员来说，会计工作似乎是神秘的，其实并非只有"科班"出身才能够胜任会计工作，只有真正坐在办公桌前处理业务时，才能体会到理论与实践是两个不同的概念。

笔者从事财务工作近十年来，总结起来感慨万千，科技进步迅速，电脑软件更新日新月异，财务工作也经历了从全手工到半手工、半自动化，再到全盘自动化的革命。十年风雨，喜忧参半。常常为找账面上的一分钱而欲哭无泪，也有因疏忽大意引起老板"风雨交加"的批评，有过为迎接审计而挑灯夜战，也有过辛勤工作得来报表利润时的阳光明媚。这些都属于每一位财务人员必须经历的过程。

全书对凭证编制、往来核对、报表填报、申报纳税、工资福利等财务工作环节，结合自己多年的工作经验，从日常工作开始，讲实务、配案例、再分析、到最后总结，系统地阐述了财务实务工作流程及业务处理，从实务案例讲解回归到财务概念的理解应用。"建账""做账""对账""结账"所有环节真实具体、易于理解并在工作中对号入座。在内容和形式上打破财务知识讲解的固有模式，从实践到理论的过程中进行了总结与归纳，与财务教科书在知识要点上形成了完美的衔接。

对于刚刚走上会计岗位的朋友来说，如何在最短的时间里，真正地认识"角色"并且入"戏"，是每个人内心向往的目标。本书将带领大家从案例中体会实务工作的点点滴滴，希望帮助大家在财务工作之路上能得心应手，越走越轻松！

本书适用于刚毕业的财会专业的大学生和刚取得会计上岗证的人员，他们理论丰富，计算机操作熟练，只是缺乏工作经验，书中内容旨在帮助他们少走弯路，将会计理论与实际工作快速结合起来。

编　者

第一部分　入门基础篇

第二部分　会计知识学习篇

第三部分 会计实务案例篇

第四部分 会计期末实务篇

第五部分　会计新手常见问题解答篇

第六部分　全套账务实操模拟演示

第一部分

入门基础篇

第1章
"角色"定位

做好财务工作首先要明确角色定位和目标导引。财务人员要熟悉企业的财务流程并通过应收账款、应付账款的往来业务情况及会计处理，分析掌握近期应收应付的资金明细表安排情况。同时也应掌握对现金、银行的资金往来安排情况，财务制度关于采购付款的监督和审批流程相关的会计分录业务。

社会中的每一个职业从业人员，都扮演自己的社会角色，并承担着社会责任，对于会计人员来说也不例外。角色定位就是自己对所从事工作的自我认知。如何理解会计工作的角色定位呢？最简单直接的概念理解就是"管家"，过去也称"账房先生"。"管家"与"一家之主"是不同的，"管家"是管理家庭内部事务，"一家之主"是掌握决策权的人，也就是企业的"老板"或"负责人"。"管家"如同企业中的"财务负责人"，财务负责人最主要的特点就是掌握企业的财政大权，负责企业日常生产运营中的购、产、销等一切活动的大小款项进出。常言道："吃不穷喝不穷，算计不到就受穷"。一个"家"，日子过得怎么样，与"管家"的默默付出密切相关。一个优秀的财务人员，不仅仅要完成记账、报表这些简单的程序化工作，在核算准确的基础上进而控制费用、节约成本，而是从管理角度出发，"因地制宜"实施策略统计和预算，并分析管理中的种种问题与信息，给决策人以更好的决策方向依据，这才是财务人员最终的角色定位。

总结会计角色定位有以下两点：

（1）清楚企业要求我们做的工作具体有哪些。（干什么）

（2）知道做好工作的要求和标准是什么。（怎么干）

做好会计工作，首先要明白企业管理者最关心的是什么？企业的存在是以盈利为目的的，每一期的利润盈亏是管理者最关心的问题。企业管理者需要的利润虽然只是一个数字，但这数字的由来要涉及每一笔日常业务正确的累积与核算。说到核算就离不开标准，固定资产的折旧年限与方法选择，无形资产的摊销方法、成本核算的方法适用与确定等，要与国家的相关财务法律制度规定相一致。会计人员应据实进行会计科目的使用和各项业务的核算工作，不能人为操纵利润表，歪曲企业真实的经营状态。这其中涉及企业账目中应收账款、应付账款的往来业务，包括期初余额、本期发生额、月末余额等发生情况，进出的款项安排，以及对近期收付款情况、现金流情况、生产环节中的各项数据提供预警信息等。会计人员应及时准确地提供给企业管理者相关信息，使得管理层能做出正确的决定，以上这些都关系到企业的生存发展。

1.1 应收账款情况

应收账款情况，也是企业销售业务引起的相关账务处理。企业的利润来自货物的购入与发出，发出即实现对外销售，不是所有的销售都能够实现即时收款，这就形成了应收账款。涉及的业务单据有：由销售部门确认的销售合同或计划、仓库部门确认的出库单、财务部门开具的销售增值税专用发票。会计不能只按票据记录应收往来情况，还需要进一步熟悉整体往来业务发生的明细情况。

下面通过实务案例来解读相关的业务知识及会计处理情况。（本书所有案例采购、销售发票均为一般纳税人 13% 增值税率）

实务案例 1：分析应收账款明细表

烟台汉华公司 4 月 20 日应收账款明细见下页表。销售部传来应收明细，显示未来三天内可收回款项有：上海金元科技有限公司 100 000 元承兑汇票，北京东华化工有限公司电汇付款 80 000 元，齐鲁三江化工公司付支票 15 000 元。假设以上三笔业务都已经收到相关款项收账银行单据，并已办妥收款。

要求：做会计业务处理并分析说明应收账款情况。

应收账款明细表

科目代码	科目 应收账款	期初余额 借方	期初余额 贷方	本期发生额 借方	本期发生额 贷方	期末余额 借方	期末余额 贷方
1122	无锡利丰化工有限公司	2 550.00	—	—	—	2 550.00	—
1122	上海金元科技有限公司	346 080.00	—	—	100 000.00	246 080.00	—
1122	北京远东技术有限公司	92 000.00	—	—	—	92 000.00	—
1122	北京邦达技术有限公司	30 000.00	—	—	—	30 000.00	—
1122	北京吉旺化工有限公司	—	113 000.00	—	—	—	113 000.00
1122	北京东华化工有限公司	101 500.00	—	—	80 000.00	21 500.00	—
1122	烟台新泰股份有限公司	211 960.00	—	—	—	211 960.00	—
1122	上海格泰设备有限公司	2 239 312.00	—	6 507.00	—	2 245 819.00	—
1122	齐鲁三江化工公司	876 643.30	—	—	15 000.00	861 643.30	—
1122	南京法伯尔有限公司	28 678.46	—	—	—	28 678.46	—
	合　计	3 928 723.76	113 000.00	6 507.00	195 000.00	3 740 230.76	113 000.00

上表所示为当天共有四笔业务，销售上海格泰设备有限公司产品 6 507 元，发票和货品均已发出，款项尚未收回。

会计分录：

借：应收账款——上海格泰设备有限公司　　　　　　　6 507.00

　　贷：主营业务收入　　　　　　　　　　　　　　　5 758.41

　　　　应交税费——应交增值税（销项税额）　　　　748.59

其中收回款项有：上海金元科技有限公司 100 000 元承兑汇票，北京东华化工有限公司电汇付款 80 000 元，齐鲁三江化工公司付支票 15 000 元。

会计分录：

借：应收票据——上海金元科技有限公司　　　　　100 000

　　贷：应收账款——上海金元科技有限公司　　　　100 000

借：银行存款——基本户　　　　　　　　　　　　80 000

　　贷：应收账款——北京东华化工有限公司　　　　80 000

借：银行存款——基本户　　　　　　　　　　　　15 000

　　贷：应收账款——齐鲁三江化工公司　　　　　　15 000

分析：

从上表中可以看到欠款明细情况。根据表中已知期初应收合计 3 928 723.76 元，本期已收款 195 000 元，应收账款本期增加 6 507 元，期末应收账款借方余额＝

3 928 723.76+6 507−195 000=3 740 230.76（元）。

应收账款中客户北京吉旺化工有限公司为贷方 113 000 元，表示提前预付给我方的货款。我方收到预收款时的会计分录：

借：银行存款   113 000

 贷：应收账款——北京吉旺化工有限公司   113 000

> **提示**：对于不设立预收账款科目的企业，收到客户的预付货款时应在收账款科目中进行核算。对于预收账款业务量较多的企业，比如高精密仪器等贵重产品，每一笔订单都要提前预收部分订货款时，就要设立"预收账款"科目。而一般性企业如果不特别强调预收款，并且预付发生的情况也不多时，可以不设立"预收账款"科目，直接计入"应收账款"。

如果企业单独设置"预收账款"进行核算，当收到客户预付的货款时，会计分录：

借：银行存款——基本户   113 000

 贷：预收账款——北京吉旺化工有限公司   113 000

应收账款总额借方合计数即为销售完成的应收欠款金额。对于资金的流入、支出要有凭有据，支出费用应严格把关，建立、健全财务的各项资金收付审批制度，完善资金的利用和使用效率，为企业经营更好地服务。会计人员只有树立全面服务的思想和意识，才能为企业谋划得更全面，将工作做得更细致和到位。

1.2 应付账款业务情况分析

财务人员要了解付款的相关业务：即应付账款情况。一般性付款通常都是临时采购和零星开支项目。采购付款要看到相应的采购合同、付款申请单，审批流程中的签字流程要确认是否有缺漏。

以采购付款为例，财务审核付款流程如下图所示。

付款审批单流程及审批签字齐全，表明符合正常手续，出纳人员凭单付款，将付款的银行回单打印后一并转交会计做账。

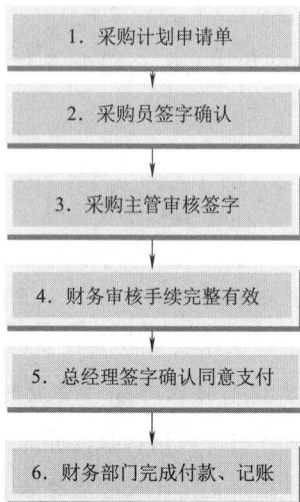

| 1. 采购计划申请单 |
| 2. 采购员签字确认 |
| 3. 采购主管审核签字 |
| 4. 财务审核手续完整有效 |
| 5. 总经理签字确认同意支付 |
| 6. 财务部门完成付款、记账 |

财务审核付款流程图

实务中银行支付应付未来的账款业务，即"应付账款"会计分录：

借：应付账款——××客户

贷：银行存款——××银行

实务案例2：付款流程

（1）财务人员收到人事部传来付款申请单如下图所示，财务人员审核后采用中国银行的支票进行付款。

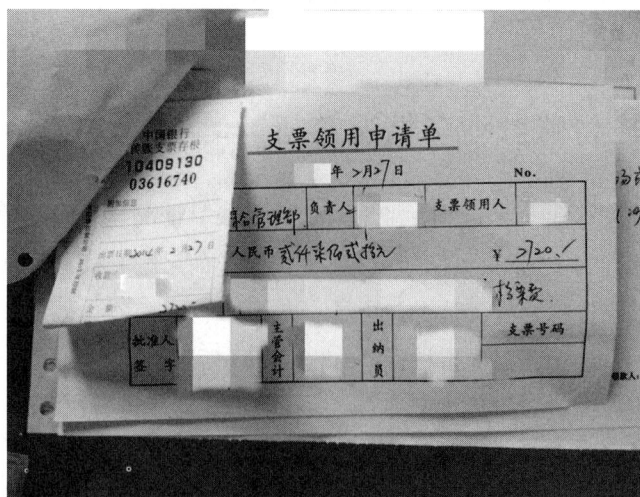

会计分录：

借：其他应付款——档案管理局   2 720

    贷：银行存款——中行 ×× 支行   2 720

（2）如果此笔业务是采购材料预付正华公司账款，款项以基本户电汇支付。

会计分录：

借：预付账款——正华公司   2 720

    贷：银行存款——基本户 × 行   2 720

（3）如果同时开来的增值税专用发票上标明购进原材料 U 型钢材金额 2 407.08 元，税额 312.92 元，价税合计 2 720 元。

会计分录：

借：原材料——U 型钢材   2 407.08

    应交税费——应交增值税（进项税额）   312.92

    贷：银行存款——中行 ×× 支行   2 720.00

══ 1.3 现金业务 ══

会计实务工作中涉及现金业务，其中的现金包括库存现金、银行存款和其他能够做现金收付使用的银行汇票等。财务人员对此并不陌生，但此处要求除熟练掌握现金收付业务外，还能够对企业的经营活动用财务数字表达，同时提出合理的意见和建议。只有经过财务人员加工和整理的有意义、特殊的信息，才能更好地为企业管理者做出警示。

汉成公司 2020 年 3 月 20 日现金日记账明细见下表。

现金日记账明细   单位：元

日 期	摘 要	借方金额	贷方金额	余 额	制单人
2020-3-20	期初余额	—		8 936.32	
2020-3-20	卡盘爪	—	440.00	8 496.32	李雪
2020-3-20	购物料出差餐费	—	93.00	8 403.32	李雪
2020-3-20	管材采购	—	175.00	8 228.32	李雪
2020-3-20	餐费	—	495.00	7 733.32	李雪
2020-3-20	采购款	—	200.00	7 533.32	李雪
2020-3-20	出口项目 AOP 考察	—	1 123.00	6 410.32	李雪

日　期	摘　要	借方金额	贷方金额	余　额	制单人
2020-3-20	市场技术研究活动经费	—	750.00	5 660.32	李雪
2020-3-20	产品室活动经费	—	1 500.00	4 160.32	李雪
2020-3-20	产品室活动经费	—	850.00	3 310.32	李雪
2020-3-20	活动经费	—	900.00	2 410.32	李雪
2020-3-20	OH市活动经费	—	2 000.00	410.32	李雪
2020-3-20	局域网网卡	—	70.00	340.32	李雪
2020-3-20	体检打车费	—	54.00	286.32	李雪
2020-3-20	提现	49 999.00	—	50 285.32	李雪
2020-3-20	张震还款	10 000.00	—	60 285.32	李雪
2020-3-20	班车费用	—	5 040.00	55 245.32	李雪
2020-3-20	餐补	—	120.00	55 125.32	李雪
2020-3-20	3月通勤费	—	462.00	54 663.32	李雪
2020-3-20	出差加油费	—	3 000.00	51 663.32	李雪
2020-3-20	张震报销	—	5 065.00	46 598.32	李雪
2020-3-20	新车交强险	—	1 400.00	45 198.32	李雪
2020-3-20	皮卡车保养	—	450.00	44 748.32	李雪
2020-3-20	钟京海借款	—	955.00	43 793.32	李雪
2020-3-20	机械密封运费	—	110.00	43 683.32	李雪
2020-3-20	程海洁招待费	—	523.00	43 160.32	李雪
2020-3-20	客户接待费	—	2 791.00	40 369.32	李雪
2020-3-20	曾雨借款	—	4 800.00	35 569.32	李雪
	本日小计	59 999.00	33 366.00	35 569.32	

可以看到上表都是零星的业务开支和报销项目。但是管理者不需要知道这些，他们需要的是整体信息。现金期初余额 8 936.32 元，现金总提现 49 999 元，张震还欠款 10 000 元，零星支出共 33 366 元，余额为 35 569.32 元（注：这里只说明一个现金科目情况）。

银行存款的流水情况和现金类似，根据需要列明：来款情况，有前期久催不还、已经计入坏账的部分又收回的就属于特殊情况，同时应付账款的情况也要了然于胸。财务人员可以根据企业的实际运营合理安排付款计划，10 日内付款还是 5 日内付款，即付与可延付的金额及比重等可采取列表按时提交，从而保证企业的经营者能及时掌握收付的准确信息。

银行的账上余额除供应正常的零星开支外，是否足够支付应付款额，这也是财务人员应该关注的问题。下表所示为 10 日内应付款明细汇总表。除此之外，还要关注应收账款的及时催收业务处理以及与采购部门、销售部门协调支付和收款的安排情况等。

10 日内应付款明细汇总表

科目代码	科目名称	期末贷方余额	10 日支付计划
2202.02	[02.17.007] 浙江金龙电机股份有限公司	174 390.00	34 878.00
2202.02	[01.01.063] 大连功成机械配套厂	150 620.00	30 124.00
2202.02	[01.01.111] 信达机械制造有限公司	145 119.01	29 023.80
2202.02	[01.01.114] 北京中合机械加工厂	138 334.44	27 666.89
2202.02	[02.01.015] 北京天宇数码科技有限公司	126 000.00	25 200.00
2202.02	[01.01.121] 安志机械大连销售公司	109 956.80	21 991.36
2202.02	[02.13.005] 江苏安远机电有限公司	105 773.70	21 154.74
2202.02	[02.15.004] 西安永正机械有限公司	104 000.00	20 800.00
	合计	1 054 193.95	210 838.79

下表所示为银行存款余额表，可以看出公司目前的支付能力。银行存款的期末余额是 1 405 692.96 元。

银行存款余额表

科目代码	科目名称	期初借方余额	期末借方余额
1002	银行存款	3 110 292.43	1 405 692.96
1002.001	中国工商银行昆明街支行	2 381 257.42	640 689.84
1002.002	中国银行正华支行	15 788.53	15 728.53
1002.003	中国农业银行大普支行	370 473.80	486 345.48
1002.004	中国银行丰润支行	192 674.72	128 013.10
1002.005	中国农业银行普贤支行	53 456.27	53 503.32
1002.006	中国农业银行解放支行	96 641.69	81 412.69
	合计	3 110 292.43	1 405 692.96

简而言之，会计工作就如同每个人的日常生活，假如每月 1 日为工资发放日，如果到 20 日工资已经花完，接下来的 10 天日子怎么过呢？想要继续生活只好

借钱。现实生活中人们通常都会量入而出，但也有一些人选择信用卡透支，企业也有相应的短期借款等贷款项目来支持，但负债一定要保持在一个合理的范围内，否则以后的日子捉襟见肘。负债就意味着要为这笔钱的使用付出代价，生活中还是不要让自己出现"财政赤字"，所谓"月光族"也不是一件幸福和光荣的事。

看到这里，读者的思路应该已经清晰，做会计工作，要对自己进行定位。正确的定位有四点表现形式：①清楚自己的岗位职责，明白自己要做什么，该如何做。②树立正确的心态，先把最简单的事做好、做精。③理解＋记忆，练就扎实功底。复杂的会计业务其实都是由简单的叠加和累积形成的。每一笔业务性质、处理方式、方法要弄清来龙去脉，理解了会计记账的原理，再多的类似业务都会触类旁通，顺势得解。④千里之行，始于足下。从小事做起，细节往往是决定成败的重要因素。刚开始业务不熟悉，有必要做一份便签式笔记，对工作会有很好的帮助。

在大中型企业的实际工作中，会计分工很细，有负责成本核算的成本会计，负责销售的销售会计，负责费用报销的费用会计，有统管全局的总账会计，还有负责专门报税的税务专员等。小型的企业中常常只有一个会计人员，一个出纳完成以上的各项工作。具体分工与对应的工作职责如下图所示。

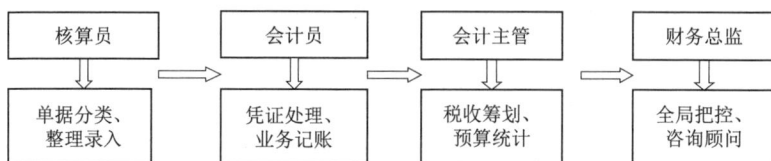

核算员	会计员	会计主管	财务总监
单据分类、整理录入	凭证处理、业务记账	税收筹划、预算统计	全局把控、咨询顾问

大中型企业是把小企业经营业务量做多、规模做大的状态。为了统计和细化数据信息，需要专人负责才能保证信息质量和准确率。例如，一般企业可能往来客户在500家以内。但对于一个具有规模的集团化企业来说，一项采购涉及的供应商就是几百甚至上千家。这里有大量的数据信息需要归集和整理，包括产品的采购、付款的流程及金额时限等都要细化。对于产品的供应商也要分门别类，根据合作的情况优劣，实行不断地更新和淘汰。要根据供应商提供的产品、服务质量与及时性等因素来决定，还须考虑付款期限。例如，同样的 A、B 两家供应商、相同的产品质量和服务，付款期一家是 30 天，另一家是 15 天。这

两者的差别对企业很关键。15 天看上去并不长，但企业在经营运作中，资金流如同企业的动脉血液，流动资金是企业周转能力的重要指标。一个供应商效果不明显，如果是百户千家就大不一样。任何事都是积少成多，财务人员能够对应付和应收的往来账款做出准确分析，在合理的范围内，延长付款期，缩短收款期这都是企业需要的。此处所说的是正常延长付款期，但千万不能因为给企业争取利益而在正常的付款期不付款！古语云："勿以善小而不为，勿以恶小而为之"。不要觉得拖几天没什么，人无信则不立，如果因为延期付款给供应商造成付款不良的印象将影响企业的信誉度。很多企业在会计核算中也涉及"商誉"科目，这是企业的一种无形价值。

财务人员通过目标确立图可以找到自己的角色定位和奋斗目标。现金收付和往来业务是企业中发生最频繁的，也是会计核算人员日常的主要工作内容，占业务总量的大半。也只有这样才会使企业的资金流动起来，资金流动起来是企业经营者的目标，而财务总监应该是财务工作者的追求目标。

第2章

岗位认知

全面熟悉工作环境是做好财务工作的前提。人事环境和物质环境帮助工作的衔接与协调，而财务工作的传递媒介是票据。因此对票据熟悉、分类及业务处理就是财务工作的开端。本章通过票据信息和业务处理介绍财务工作的三大主要基础工作内容和相关单据熟悉填报。

无论做什么工作，熟悉环境很重要。工作环境中涉及的人事环境、物质环境、公司的经营管理模式及工作相关的软件、硬件环境都会对工作的完成质量和效率产生影响。对工作整体环境的熟悉是工作顺利开展的基础保障。

2.1 熟悉工作

2.1.1 记账方法和对软件的掌握程度

财务人员熟悉过程要从办公桌上的文件资源开始，如存货的核算是用先进先出法，还是用月末一次加权平均法？固定资产是用平均年限法，还是用加速折旧法？这些具体的应用要从账本看起，找到原材料和固定资产的明细账就可以看出。而用软件记账的企业要从软件的账套中进入相应的管理模块。原材料看存货的收、发、存管理，固定资产要查看固定资产管理模块。

各企业根据实际需要采用的方法不同，存货最常用的核算方法有先进先出法和月末一次加权平均法。固定资产采用的折旧方法通常为平均年限法，这些方法将在以后的章节中进行详细介绍。

2.1.2 工作中合作的伙伴

要熟悉出纳人员、其他相关的会计人员、采购人员、生产管理人员等。这里的熟悉指要在财务相关的记账单据上找到相应负责人的名字，清楚哪个人是什么岗位职务，对生产加工、管理的哪一个环节负责，具体如下图所示。

上图中采购发票入库环节过程中的经手人、部门、主管负责人、制单人、审核人等都需要列示齐全。这是软件系统中的流程，如果没有经手人、部门等信息，操作系统默认不会走到下一个程序。在手工流程管理中要对各流程中负责人的签字进行审核。除了本部门之外还有其他合作部门，如涉及供应商的采购部门人员、客户业务的销售部门、售后服务部门、其他业务的综合管理部门等。财务部门对企业的经营收付业务中所有单据的真实性、有效性负责。

2.1.3 待处理票据的熟悉

这也是很多中小企业会计人员上岗面临的第一个问题。因财务人员的离职导致工作中断，所以要马上进入角色，熟悉办公桌上的文件资料，已处理、待处理、处理中单据要进行一次整理。整理单据的过程也是熟悉的过程，看看都有哪些单据混乱，分类收好。票据的分类按业务类别可以分为收款类和付款类。收款类如收到客户的货款回单、收到员工的借款还款单等；付款类如付供应商的购买原材料的申请单、付公司日常办公业务的话费申请单、支付员工工资的相关单据等；按涉及的现金科目可以分成银行相关单据、现金相关单据、非银行现金的相关单据。一个企业的银行账户只有一个基本户，可以拥有多个一般账户。涉及银行的相关单据包含所有银行的单据。涉及现金的相关单据是出纳保险柜中"库存现金"收付的单据，如员工还款单、销售人员的差旅费单。非银行现金的相关单据，如固定资产折旧、银行转来的托收话费发票、库房转来的出入库单等。

══ 2.2 实务工作的分类 ══

2.2.1 涉及现金、银行的单据

涉及现金、银行的单据包括现金收款收据，银行支票存款回执单，入账通知单等收入的单据；现金、银行的付款单，差旅费用报销单，工资支付回执单等。业务量大的企业每天有几百或更多的收付款业务时，有必要对收、付款的单据进一步分类后再做凭证处理。现阶段的软件记账中会计与出纳同步，不再做收款凭证、付款凭证，可以根据工作情况进行选择。

1. 收付款业务

实际工作中，出纳人员先对此类票据进行收付款业务处理，完成日记账登记后转给会计，会计要审核票据中的相关人员签字。收款收据如下图所示，检查要素填写是否齐全，出纳收款是否有领导审批确认签字，并盖有收讫印章。

2. 付款单据

付款单据如下图所示，检查要素项目填写是否齐全，是否符合财务制度要求。付款主要是申请人、部门领导审批、财务经理审批、总经理审批签字是否齐全。财务人员要严格把关，避免错付款项的发生。

支票如下图所示（填写完毕交给收款人的支票）。

支票的填写工作由出纳人员完成。填写之前附有一份付款申请单，除收款人可以不填外，其他各项都要填写完整后交收款人。支票的左面存根联由企业留存记账用。存根联体现的要素有支票的开具日期、金额、收款单位、领款人亲笔签字。这些要素齐全将会方便以后的对账工作。

3. 涉及采购的各项单据

涉及采购的单据通常由采购部门转来，附有购进发票、采购合同等。从这些单据中可以熟悉企业生产、经营活动中需要的材料、物料等信息（采购的发

票如下图所示)。

财务人员检查进项增值税专用发票中的原材料名称、规格型号、单位、数量、单价、金额等与采购合同是否一致。此外，与库房收货的入库单要保持一致。这些单据是将来付款的原始凭证。增值税专用发票要由采购、入库人员等各环节人员确认签字，这是财务制度要求，也是与采购的对账工作。

涉及生产的票据如下图所示。

原材料与供应商的发票信息相符，如出、入库单。前面介绍过，发票要与入库单一致，两者齐全后，会计做业务处理。原材料购进发票每张都有对应的入库单。

2.2.2 涉及工资的单据（工资表）

1. 直接人工核算

直接人工核算如下图所示。

NO	工艺名称	直接人工（元/件）	总工时（分钟/件）	准备工时（分钟/件）	加工工时（分钟/件）	工价（元/时）
			组装车间工费核算单（HA25-1200）			
1	装轴承	14.80	40.00	30.00	10.00	22.20
2	穿架子	29.60	80.00	45.00	35.00	22.20
3	装泵头	68.40	180.00	20.00	160.00	22.80
4	整机号孔	22.80	60.00	30.00	30.00	22.80
5	钻底座	26.60	70.00	10.00	60.00	22.80
6	整机找正	19.00	50.00	10.00	40.00	22.80
7	叶轮切割	38.00	100.00	30.00	70.00	22.80
8	走管路	58.90	155.00	45.00	110.00	22.80
9	做气密	25.20	70.00	10.00	60.00	21.60
10	基体处理	44.20	130.00	10.00	120.00	20.40
11	小计	347.50	935.00	240.00	695.00	-

这种单据一般是单位内部直接生产人工费用的核算单据，属于自制单据的一种。其他日常单据如下：

2. 差旅费报销单、业务招待费报销单

费用报销单据属于自制单据类，如生产车间加工出入库单、收付款单据、日常费用报销单据等。此处所指为日常业务最常用的差旅费报销单、业务招待费报销单，如下图所示。

差旅费报销单据中关于管理和销售人员的差旅行程及住宿、餐饮、交通补助等要据实填报。报销单中填写的内容要与附件中的票据一一对应。业务招待费报销单情况也一样，如下图所示。公司不同，对于差旅费、业务招待费的具体规定也不同。财务人员需要审核单据中发票的真实性、报销单的审签流程是否完整。

2.2.3 零星开支报销申请单

零星开支报销申请单如下图所示。

零星开支报销申请单通常由相关管理部门转过来，用于零星的办公用品报销、管理用车辆的交通、加油费用报销等项目支付使用。

对于各种票据，财务人员要能很快地理出头绪。按上面的几类情况分好后在会计的账务处理中就能够提高效率。刚参加会计工作的新人对凭证和分录有种亲切感，最想做的工作就是填制凭证。记账凭证如下图所示。

═══ 2.3 凭证的构成要素 ═══

凭证分为收款凭证、付款凭证、转账凭证三种。这些是现在比较常见的通用凭证。

会计凭证是财务人员依据真实有效的合法原始单据记录经济业务、反映经济业务信息情况的单据。凭证要素指凭证必须填写与经济业务和账务有关的事项。凭证要素齐全是反映和表达经济业务的重要条件。

（1）凭证日期、号码，依照业务日期如实填写即可。软件记账的账套里一般为自动生成默认的业务当日。

（2）附件数量，填写记账凭证后确认相符的原始凭证数量。如王洋报差旅费票据共13张车票和住宿票，金额合计783元，附件数量为13张。

（3）摘要栏填写业务的简要陈述，如前述摘要为王洋报销××行程差旅费。

（4）借、贷方科目栏，填写会计科目的增加与减少。根据业务内容的不同，凭证的分录编制有一借一贷，也有多借一贷、一借多贷、多借多贷等形式。本书的案例中都将会涉及相关业务。

（5）金额与合计栏填写业务的金额，也是附件中原始凭证所列明的金额。软件会自动生成合计金额并试算平衡。

（6）凭证的编制人、审核人、出纳、记账等必要的经手人签章。一方面是权限的体现；另一方面也能够保证会计业务账务处理中的合理合情、合规合法。

❀ 实务案例：账务处理

A公司为一般纳税人，给出以下10笔业务票据：请根据情况及时分类整理并做出账务处理。

（1）银行预付款采购业务。

采购部门转来支付申请单一份，为正华商贸有限公司原材料采购款，有采购合同，增值税含税价5 300元，为预付货款，已经由基本户工商银行电汇支付。

会计分录：

借：预付账款——正华商贸有限公司   5 300

  贷：银行存款——工商银行   5 300

（2）银行支付车间加工气体业务。

车间转来顺通气体有限公司付款申请单，采购的燃料采购价（含税）金额 3 400 元，申请单后附件有增值税专用发票，发票列明气体乙炔 7 瓶，金额 3 008.85 元，税额 391.15 元。发票已经由库管人员王凯签字确认收货。出纳已经开具一般户中国银行支票。

会计分录：

借：制造费用——气体   3 008.85

  应交税费——应交增值税（进项税额）   391.15

  贷：银行存款——中国银行   3 400.00

（3）实现销售收入业务。

实现销售科迪亚贸易有限公司 A 产品 100 件，含税单价 200 元，已经开具增值税销售发票，货已经发出。符合财务收入的确认各项条件，款项尚未收到。仓库转来出库单签字完成，成本单价 158 元。

确认收入会计分录：

借：应收账款——科迪亚贸易有限公司   20 000.00

  贷：主营业务收入   17 699.12

   应交税费——应交增值税（销项税额） 2 300.88

结转成本会计分录：

借：主营业务成本   15 800

  贷：产成品——A 产品   15 800

（4）管理费用报销业务。

管理部门转来办公用品费用报销单一份，支付申请单已经完成各项审签手续，附件为普通发票金额 520 元。出纳已经完成现金支付。

会计分录：

借：管理费用——办公费   520

  贷：库存现金   520

（5）销售费用报销业务。

销售部门转来差旅报销单一份，报销单填写齐全，金额为 8 625.38 元。其中列示话费 325.38 元，行程车票合计 3 214 元，住宿费 2 100 元，增值税税率 6%，交通及就餐补助 2 986 元。

会计分录：

借：销售费用——通信费   325.38

  销售费用——差旅费   8 181.13

应交税费——应交增值税（进项税额）	118.87
贷：库存现金	8 625.38

（6）银行提取现金业务。

出纳人员基本户工商银行提现支票一份、支票存根列示：金额 40 000 元，日期 3 月 5 日，支票号码 70 694 235（支票号码在做凭证的摘要中标明可以方便查账）。

会计分录：

借：库存现金	40 000
贷：银行存款——工商银行	40 000

（7）工商银行回单显示收到款项 153 000 元，为应收账款上海格泰设备有限公司货款到账。

会计分录：

借：银行存款——工商银行	153 000
贷：应收账款——上海格泰设备有限公司	153 000

（8）银行付款业务。

若 10 日内要安排付款单，并完成电汇付款业务大连功成机械配套厂，付款申请单金额 100 000 元，相关业务单据对应收妥。

会计分录：

借：应付账款——大连功成机械配套厂	100 000
贷：银行存款——工商银行	100 000

（9）员工借款清还业务。

收到生产员工赵刚还借款 5 000 元。出纳人员已经开具收款收据并盖收讫印章。

会计分录：

借：库存现金	5 000
贷：其他应收款——赵刚	5 000

（10）现金预存电费业务。

现金支付生产车间用电预存费用 20 000 元，电费收款单据已经收妥并由车间电工李庆及管理负责人签字确认。

会计分录：

借：其他应付款——预存电费	20 000
贷：库存现金	20 000

票据即原始凭证，是财务记账的依据。原始凭证的分类是每一个财务人员的必要工作内容。企业在生产经营过程中产生的原始凭证很多，一般是通过不同的部门在相关的业务结算中最后传递到财务部，财务人员根据各部门的票据信息做相应的会计处理。原始凭证进行分类整理可以在提高效率的同时降低出错率。往来收付款业务的票据对应的是客户和供应商，这一类会计凭证通常由外部取得，也就是财务上所说的外部原始凭证。

原始凭证是在公司的经济业务发生或完成时取得和填制的，用来记录和证明经济业务的发生和完成情况，并且作为记账原始依据的会计凭证。

原始凭证的种类如下：

（1）按照原始凭证的来源不同进行分类，可以分为自制原始凭证和外来原始凭证两类。

（2）按照原始凭证的填制手续不同进行分类，可以分为一次凭证（如收据、出库单、借款单、银行收款通知单）、类型凭证（如限额领料单）和汇总凭证（如材料发出汇总表）。

原始凭证的基本内容包括：原始凭证的名称和编号、填制原始凭证的日期、接受原始凭证的单位名称、填制单位的名称或填制人姓名、经济业务内容、数量、单价和金额、经办人员的签名或盖章、凭证附件。

混合票据分类如下图所示。

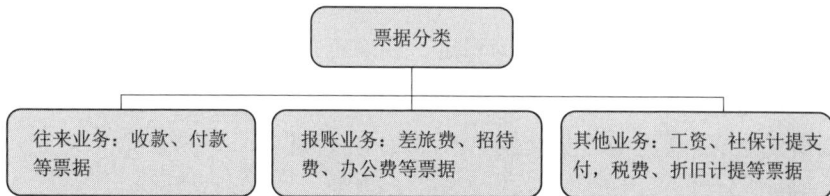

票据分类

往来业务：收款、付款等票据

报账业务：差旅费、招待费、办公费等票据

其他业务：工资、社保计提支付，税费、折旧计提等票据

第3章

"认账"交接

认账交接是每个财务工作者的必经过程，财务人员需要注意财务上岗与交接工作的原则。上岗后的主要工作内容就是运用适当的会计方法编制会计凭证，正确记录经济业务的内容并反映业务信息情况。本章介绍学习会计记账方法和会计凭证的编制及会计账簿管理等内容。

3.1 上岗或办理财务交接工作

上岗或办理财务交接工作是财务人员的必经环节，做好交接环节是财务工作的基础和起点。很多新手朋友会急于做会计工作，往往对交接工作理不清头绪。的确，本着对自己和工作负责的态度，遵守财务规章制度是每个财务工作者的基本要求，如果财务交接不清楚，将导致责任不清晰。

一般企业的财务人员都较为稳定，在确定有人离职之前通常会招聘新人补充岗位，并要求原岗位人员对新人进行帮带工作，熟悉几天后再进行岗位交接。下面简要介绍一下财务人员交接中涉及的一些问题。

3.1.1 财务人员的交接清单

财务人员的交接清单通常包括以下内容：

（1）总账一本，明细账若干本（总账科目与明细账科目金额相符）。

（2）按月装订好的凭证及交接当月已经入账未装订的凭证。

（3）财务印鉴。财务专用章、法人印、发票专用章，审核、记账等小方印。

（4）已经申报过的财务报表及相关资料，如资产负债表、利润表、增值税申报主表及附表等。

（5）其他相关工作的交接资料。

以上是手工账的交接内容。使用软件记账的企业，总账、明细账只有年度会计账务处理都结束后才统一打印。软件账套交接时只涉及以前年度实物账本数量交接。

3.1.2 财务交接工作的对账

财务人员岗位特殊，涉及财与物等资产，相对比较敏感，企业和从业人员应小心谨慎，责任清晰明确。交接日期就是责任的开始，由签字确认时起，账目问题责任转移给接收人。例如，总账签字确认了固定资产 100 万元，盘点时只有 90 万元，那么就要进一步确认差异在哪里。是盘亏报废固定资产，还是发生了减值准备？财务有句行话叫：逢多必少。道理与有借必有贷，借贷必相等相同。同科目记账的方向，发生时一左一右，左右一定要相等。如果最终的汇总出现不相等，说明记账过程发生了错误。这个问题如日常工资，小王的月工资 3 000 元，回家只交给父母 2 000 元，出现的差额是买了 800 元衣服、吃饭花掉 200 元。差额的去向，换成了等价物品或其他支出，总计还是 3 000 元，与工资金额相等。

3.1.3 避免盲目接管账务

财务软件交接清单与手工账相同，在交接过程中还有一位重要的监交人。通常离职人员要在移交人处签字，接手财务工作的人员在交接人处签字，还要有一个第三方监交人，监交人一般为财务经理或总经理。因为移交人离职后就不再是当事人，有了第三方监交人，成为交接工作的一个见证，同时对于一些特殊的账务也需要进行确认。例如，郑宏丽在接手新公司账务时发现会计科目"其他应收款"明细账中总经理李业迪借款 200 000 元，数额较大需要和总经理进行核实确认。对于有异议的科目余额账务情况，要与移交人、监交人一一核实确认。

如果在交接账务时遇到总账与明细账不平，那么很可能这个问题会影响到以后的账务是否平衡。这样也涉及报表的申报，要查清楚是什么原因导致的明细账不平。盲目接管账务会导致责任不清，也会给自己的工作带来不必要的麻烦。

实务案例：总账与明细账有出入，怎么办

郑宏丽在对账时发现采购员王丹在"其他应收款"明细账挂账 51 000 元，"其他应付款"明细账也存在挂账 33 000 元，郑宏丽查明记账凭证均有原始单据，事由为借款。为避免重复挂账，郑宏丽找到王丹确认挂账情况是否属实。经核实确认"其他应付款"挂账是为公司做代办国外采购联系业务事项，无法确定挂账单位，相关业务发票会在近期返回。"其他应收款"挂账也均为各部门的生产经营维护零星业务借款，采购发票会在周期内报销。

最后来回顾一下交接工作的有关环节与关键点，如下图所示。

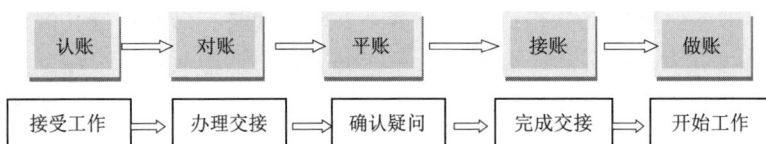

认账	→	对账	→	平账	→	接账	→	做账
接受工作	→	办理交接	→	确认疑问	→	完成交接	→	开始工作

3.2 记账方法

记账方法是根据一定的原理、记账符号、记账规则，采用一定的计量单位，利用文字和数字在账簿中登记经济业务的方法。按照记账方式的不同可以分为单式记账法和复式记账法。

1. 单式记账法

单式记账法指对发生的每一项经济业务，只在一个账户中加以登记的记账方法。

2. 复式记账法

复式记账法指对于每一笔经济业务，都必须用相等的金额在两个或两个以上相互联系的账户中进行登记，全面系统地反映会计要素增减变化的一种记账方法。现代会计普遍运用复式记账法。

复式记账法的特点是一方面能够全面反映经济业务内容和资金运动的来龙去脉，另一方面又能够进行试算平衡，便于查账和对账，也就是会计人员常讲的有借必有贷，借贷必相等。这一点我们可以从书中的实务案例分录中看到。借贷记账法是目前国际上通用的记账方法，我国《企业会计准则》规定企业应当采用借贷记账法记账。

3.3 会计凭证的编制

会计凭证的编制就是将企业发生的经济业务按照会计制度和准则的要求，运用适当的记账方法，以规定和统一的格式记录经济业务的过程。

编制流程和要求如下：

（1）审核取得的原始凭证是否符合入账要求。记账凭证必须附有经审核确认为真实、完整和合法的原始凭证为依据。除结账和更正错账的记账凭证可以不附原始凭证外，其他记账凭证必须附有原始凭证。

（2）正确填制会计科目、子目和编制会计分录。填写会计科目时，应当填写会计科目的全称。为了便于登记日记账和明细账，还应填写子目甚至细目。记账凭证中所编制的会计分录一般情况下包括一借一贷、一借多贷、多借一贷，避免多借多贷的会计分录。多借多贷的会计分录在会计实务中并不常见。

（3）确认记账凭证的种类。前面介绍过记账凭证又分为收款凭证、付款凭证、转账凭证。凭证的种类会在右上角显示，现在普遍选择通用记账凭证。

（4）填写记账凭证的日期。一般为编制凭证的日期。

（5）摘要既要真实准确又要简明扼要。

（6）记账凭证中金额的填写。记账凭证的金额必须与原始凭证的金额相符；阿拉伯数字应书写规范，并填至分位；相应的数字应平行对准相应的借贷栏次和会计科目的栏次，防止错栏串行；合计行填写金额时，应在金额最高位数值前填写人民币"￥"字符号，以示金额封顶，防止窜改。软件编制凭证是自动生成合计金额。

（7）填写记账凭证的编号。为了根据记账凭证顺序登记账簿和日后核对账簿、凭证以及保证会计凭证的安全和完整，要对记账凭证进行编号。记账凭证的编号按月编写，从开始到结束所有业务以一种自然顺序流水编号，适用于采用通用记账凭证的单位使用。

（8）计算和填写所附原始凭证的张数。记账凭证一般应当附有原始凭证。附件张数用阿拉伯数字写在记账凭证的右侧"附件 ×× 张"行内。附件张数常用方式按所附原始凭证的自然张数计算。有原始凭证汇总表的附件，可将原始凭证汇总表张数作为记账凭证的附件张数，再把原始凭证作为原始凭证汇总表的张数处理。

（9）签名或盖章的记账凭证填制完成后，一般应由填制人员、审核人员、会计主管人员、记账人员分别签名盖章，以证明和区分经济责任，并使会计人员互相制约、监督，防止错误和舞弊行为的发生。对于涉及现金收、付款凭证，还应由出纳人员签名盖章，以证明款项已收讫或付讫。

（10）实行会计电算化的单位，对于机制记账凭证，在审核无误后，上述人员也要加盖印章或签字。电子凭证处理中系统对以上各项的相关内容都做了限制和要求，如借、贷方金额不平时无法保存凭证。

3.4 会计账簿与管理

会计账簿是各单位重要的经济资料，必须建立管理制度，妥善保管。账簿管理分为平时管理和归档保管两部分。会计账簿的更换通常是在新会计年度建账的时候进行。总账、日记账以及多数明细账应该每年更换一次，备查账簿则可以连续使用。

1. 账簿平时管理的具体要求

各种账簿要分工明确，指定专人管理，账簿经管人员既要负责记账、对账、结账等工作，又要负责保证账簿安全。会计账簿未经领导和会计负责人或者有关人员批准，非经管人员不能随意翻阅查看。会计账簿除需要与外单位核对外，不能携带外出，对携带外出的账簿，一般应由经管人员或会计主管人指定专人负责。会计账簿不能随意交与其他人员管理，以保证账簿安全和防止任意涂改账簿等问题发生。

2. 旧账归档保管

年度终了更换并启用新账后，对更换下来的旧账要整理装订，造册归档。归档前旧账的整理工作包括：检查和补齐应办的手续，如改错盖章、注销空行及空页、结转余额等。活页账应撤出未使用的空白账页，再装订成册，并注明各账页号数。

各种会计账簿同会计凭证和会计报表一样，都是非常重要的经济档案，必须按照制度统一规定的保存年限妥善保管好，不得丢失以及任意销毁。根据《会计档案管理办法》规定，会计账簿和凭证的保管期限如下：

（1）会计凭证类。

①原始凭证　30 年

②记账凭证　30 年

③汇总凭证　30 年

（2）会计账簿。

④总账　　30 年（包括日记总账）

⑤明细账　30 年

⑥日记账　30 年　现金和银行存款日记账保管 30 年

⑦固定资产卡片固定资产报废清理后保管 5 年

⑧辅助账簿　30 年

（3）财务报告类包括各级主管部门汇总财务报告。

⑨月、季度财务报告　　10 年（包括文字分析）

⑩年度财务报告（决算）　　永久（包括文字分析）

（4）其他类。

⑪会计移交清册　30 年

⑫会计档案保管清册　永久

⑬会计档案销毁清册　永久

⑭银行余额调节表　10 年

⑮银行对账单　10 年

第4章

"相亲相符"

从原始单据到会计凭证、会计账簿、会计报表，都需要有相应的会计记账方法、核算准则作为处理依据。财务人员学习这些也是会计工作质量信息准确的保证。本章介绍会计账务核对基本原则：账账相符、账证相符、账实相符。

4.1 初识账务

广义的会计账务会随着社会各行各业的分类不同，产生不同的会计制度要求和账务处理方法。企业有企业会计准则方法，事业单位有事业单位会计准则方法；企业中生产加工制造业适用工业会计核算方法，商贸企业适合商业会计核算方法。企业从纳税营业规模上又可以分为一般纳税人和小规模纳税人。账务处理、财务报表的数据申报等都有不同。本书只介绍一般工业企业的相关账务处理。工业企业会计核算相对复杂，应用也比较广泛。

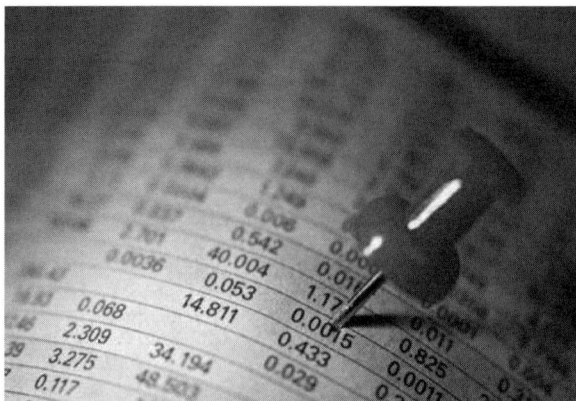

会计账务从狭义上说就是每天的会计业务。财务人员根据企业适用的会计记账方法，依据会计准则对取得的原始凭证进行一系列正确的业务处理。从取得原始凭证、编制会计凭证、登记明细分类账、汇总登记总账、编制报表中，更进一步的进行财务分析、总结，具体在企业的业务处理中略有差异。会计岗位具有特殊性，首先是数据信息的连续性，记账方法的选择和应用一经确定不得随意变更。其次，完成账务的熟悉就要进行账务的核对工作。账务的核对不是只有交接时才做，根据情况不同随时要进行。如现金收付业务，每日结束后出纳人员都要进行现金的盘点和账载金额核对。而总账与明细账的核对通常为每个月的月末。

账账相符体现在总账与明细分类账和科目期初余额、本期发生额、期末余额均相符；账证相符体现在明细账与会计凭证记录信息相符；账实相符体现在记账凭证与原始凭证相符，当然也体现在账簿登记与实物相符。

前面认账工作只是初步进行了总账与明细账的核对确认工作，下面详细列举账账相符、账证相符、账实相符的案例加以说明。

4.1.1 账账相符

总账与明细账核对是一项每月必做的工作。具体为对账中核实总账各科目与明细账的数据是否一致。例如，爱华公司 2020 年 3 月份销售费用明细账情况见下表。

爱华公司 2020 年 3 月份销售费用明细账

摘要	借方	贷方	电费	水费	办公费	差旅费	邮电费	余	余额
期初余额	—	—	—	—	—	—	—	—	—
石化销售部报销	198.10	—	—	—	—	—	198.10	借	2 297.19
销售部办公品	2 099.09	—	—	—	2 099.09	—	—	借	4 109.69
付销售部服务费	2 010.60	—	—	—	2 010.60	—	—	借	7 775.62
付销售部水电费	5 765.02	—	3 300.42	2 465.00	—	—	—	借	39 425.42
付李钢差旅费	33 660.40	—	—	—	—	33 660.40	—	借	33 710.40
销售部报销路费	50.00	—	—	—	—	50.00	—	借	2 576.00
彩铃费用	2 526.00	—	—	—	—	—	2 526.00	借	2 814.00
技术报销差旅费	288.00	—	—	—	—	288.00	—	借	1 626.00
电话改线费	1 338.00	—	—	—	520.00	818.00	—	借	8 645.70
售后通信费	7 307.70	—	—	—	624.00	6 196.00	487.70	借	14 707.70
业务员手机充值	7 400.00	—	—	—	—	—	7 400.00	借	8 610.00
车间报销差旅费	1 210.00	—	—	—	—	1 210.00	—	借	2 520.00
售后差旅费	1 310.00	—	—	—	—	1 310.00	—	借	3 142.00
报销差旅费	1 832.00	—	—	—	—	1 832.00	—	借	2 452.00
售后服务差旅费	620.00	—	—	—	—	620.00	—	借	2 102.90
项目部通信费	1 482.90	—	—	—	—	1 284.00	198.90	借	1 520.90
基地电话电信费	38.00	—	—	—	—	—	38.00	借	106.00
采购部笔芯	68.00	—	—	—	68.00	—	—	借	988.00
办公室差旅费	920.00	—	—	—	—	920.00	—	借	1 390.00
办公室差旅费	470.00	—	—	—	—	470.00	—	借	1 630.00
办公室差旅费	1 160.00	—	—	—	—	1 160.00	—	借	5 960.00
办公室差旅费	4 800.00	—	—	—	—	4 800.00	—	借	4 800.00
结转本期损益	—	76 553.81	—	—	—	—	—	平	76 553.81
本期合计	76 553.81	76 553.81	3 300.42	2 465.00	5 321.69	54 618.40	10 848.70	平	—
本年累计	301 183.20	301 183.20	3 300.42	2 465.00	143 849.00	128 539.90	22 127.27	平	—

本期总账中的费用科目汇总表数据

科目名称	本期借方发生额	本期贷方发生额
销售费用	251 194.68	76 553.81
管理费用	170 757.08	170 757.08
财务费用	3 883.79	3 883.79
合计	1 992 117.8	251 194.68

> 提示：销售费用明细账中的本期合计数 76 553.81 元与总账中的销售费用科目汇总本期借方发生额 76 553.81 元相等。

4.1.2 账证相符

账证相符是会计日常都在做的一项工作，每天入账的会计凭证少则几十份，多则几百份，这些业务的处理涉及"货币资金"或"成本费用"，会计在编制凭证结束后，做凭证审核登记记账即是账证的核对过程。

实务案例 1：材料采购

爱华公司 3 月从正大公司购入生产用钢材一批，金额 100 000 元，增值税额 13 000 元，采购已经转来发票和库房入库单，款项尚未支付。会计郑宏丽在进行账证核对时，发现"原材料"明细账二级科目钢材下没有发生额。经查找会计分录如下：

借：原材料——板材　　　　　　　　　　　　　　　100 000

　　应交税费——应交增值税（进项税额）　　　　　　13 000

　　贷：应付账款——正大公司　　　　　　　　　　　113 000

会计分录显示没有问题，原来是登记明细账科目时误登记为"原材料"科目下二级科目板材，在纯手工账中这种问题经常出现。电脑财务软件中在做会计凭证时需要选择科目，也常出现录入或科目选择的错误，财务人员要及时予以更正。

4.1.3 账实相符

将财务软件中现金、银行存款的总账与出纳人员的现金、银行存款日记账进行核对。根据财务制度中对企业经营用现金的规定，会计人员不只是在交接账中要对现金进行盘点，在日常工作中也要定期对库存现金进行抽盘，以确保现金的足额足量不短缺，这就是账实相符。

出纳人员每天的现金收入、支出、余额要与会计总账保持一致。如果存在差额要及时找到票据并补齐业务。特别在业务量大、收支频繁的企业，现金业务也是要日清日结、盘点账实相符才可以结账。严格禁止出现"白条"借支款项，也不允许"坐支"现金。如果发生现金销售业务中的款项要及时存入银行，需要时再提现取用。

❈ 实务案例2：货币资金核对

郑宏丽接手新公司财务主管会计工作，3月6日现金期初余额为4 200元，当日发生9 800元现金销售的业务单据，发现出纳没有将存款的银行单据转交过来。得知出纳正需要提现报账，于是没有进行存现，将现金直接做出报销管理人员差旅费6 422元。对于此项业务郑宏丽做出更正处理。

（1）要求出纳填写现金支票金额20 000元进行提现。

（2）填写一笔存现单据金额9 800元，列明货款存入银行基本账户。

做出此项处理后现金余额 =4 200+20 000-6 422=17 778（元）。

账实不符是财务人员工作的大忌。其实不只是财务人员，做人也应该有一个基本的底线：言行一致，表里如一，诚实守信，财务人员要在此基础上更严格要求自己。毕竟在为企业工作和服务，账是企业的，钱是企业的，企业把这份工作交给财务人员是给予了极大的信任，需要十分的真诚和高度的责任心对待这份工作。

❈ 实务案例3：总账与明细账核对

郑宏丽继续昨天的工作，总账及明细账情况如下：核对了总账与明细账的金额。其中，固定资产明细账如下图所示，与总账核算一致，因此确认固定资产账账相符。需要进一步在月末的固定资产盘点中进行确认账实相符。

明细分类账					一[1801]固定资产	
日期	凭证字号	摘要	借方金额	贷方金额		余额
2020-03-01		期初余额			借	15,289,007.86
2020-03-26	记-299	购入小刀电动车	2,450.00		借	15,291,457.86
2020-03-26	记-299	购入小刀电动车	2,450.00		借	15,293,907.86
2020-03-27	记-288	购入大众汽车	165,641.03		借	15,459,548.89
2020-03-27	记-288	车辆购置税	17,700.00		借	15,477,248.89
2020-03-31	记-507	出售车辆		477,606.00	借	14,999,642.89
2020-03-31		本期合计	188,241.03	477,606.00	借	14,999,642.89
2020-03-31		本年累计	583,124.78	746,806.00	借	14,999,642.89

特别要提醒的是，税金的核对工作更要仔细，还要多一道账表相符。就是账账相符后还要和税务局的申报系统里报表数相符，核对工作才算彻底完成。记住每一个科目都要进行核对。

对于账实相符工作中因为时间有限，不可能一一进行实地盘点核实。可以选择抽盘的方式进行确认，如固定资产中生产用车床、设备基本上不可能出现问题。在选择材料盘点时，可通过单价较高、体积较小的材料进行盘点，盘点的方法和过程会在以后的月末盘点中详细介绍。

第 5 章

"翻翻家底"

从财务角度认识企业，熟悉新成立企业注册资本的会计业务和注册业务流程及相关注意事项。财务人员是企业的"管家"，"管家"就必须对"家底"一清二楚。注册资本也是企业实力和规模的说明。不同的企业类型适合不同的会计核算制度，注册流程也有所不同。

5.1 公司的"家底"——注册资本

什么是公司的家底呢？就是公司的"财产资源"。对于新公司业务来说就是刚刚注册成立时的启动资金。会计科目用"实收资本"来体现，股份有限公司为"股本"。这个科目属于所有者权益类，公司成立之初由合资人（股东）共同集资完成，公司中的启动资金当然属于合资人。

公司注册资本的多少也说明了公司规模的大小。如果想开一个便利店只需简单地办个体经营执照。要做生产加工制造或规模批发零售则适合注册公司，这也是公司业务发展的有效保证。同样的项目合作，公司业务范围和实力都是合作者选择的条件之一。

5.2 公司注册流程与会计业务处理

🌀 实务案例：公司注册资本

（1）吴开创办了一家商贸公司，经营玻璃制品，公司类型是批发兼零售。策划存货 100 万元。办公场地年租金 80 万元、库房年租金 10 万元，预算前期筹备及开业运营周转资金 100 万元，需要启动资金合计 290 万元。那么注册资金至少要在这个预算基础上做打算。注册资金为 300 万元的话，能通过工商局的审核。当然多多益善，也可以注册 100 万元，存货的购进可以通过借款后再购进。但是借款需要支付利息，而注册资本就是为生产经营准备，不需要计算和支付利息。当然公司盈利赚钱的利润分配另当别论。

注册资金 300 万元，公司注册完毕，且已经将款项存入基本户银行账内。本业务的原始单据：银行收账通知单。

会计分录：

借：银行存款——工商银行　　　　　　　　　　　　　　　　3 000 000

　　贷：实收资本　　　　　　　　　　　　　　　　　　　　　　　3 000 000

什么时候用股本？什么时候用实收资本？

在股份有限公司及其子公司的账务处理中，验资实收资本时采用"股本"科目。"实收资本"与"股本"是相同的概念，只不过实收资本是有限责任公司、合伙企业、独资企业等投入的资本。为了区分不同的企业资本性质构成，故采用了两个名称。如同我说我新买了部"手机"和你说你新买了一部"移动电话"意思是一样的，只是表达方式不同。

（2）爱华科技股份有限公司为新成立企业，注册资金 500 万元。股东为甲、乙、丙三个人，分别出资 200 万元、200 万元、100 万元。这种情况就需要在企业盈利后利润分配时按股东入股比例进行分配。具体的分配会在公司章程中体现。

会计分录：

借：银行存款　　　　　　　　　　　　　　　　　　　　　　5 000 000

　　贷：股本——甲　　　　　　　　　　　　　　　　　　　　　2 000 000

　　　　股本——乙　　　　　　　　　　　　　　　　　　　　　2 000 000

　　　　股本——丙　　　　　　　　　　　　　　　　　　　　　1 000 000

这里的业务很简单，如果没有增资、减资等事项发生，"实收资本"科目的金额不会发生变化。

5.3 注册公司的流程

下面介绍新公司的注册流程，了解相关的财务知识。成立一个什么样的公司、选择什么样的办公场地及如何租赁、涉及有哪些缴税项目、有哪些优惠政策、公司的注册过程需要的时间及费用等，这些或多或少都会遇到财务问题。

5.3.1 一般公司的注册流程

公司注册程序如下图所示（最新法律规定一般公司注册不需要验资流程，可以直接到工商局办理注册登记手续）。

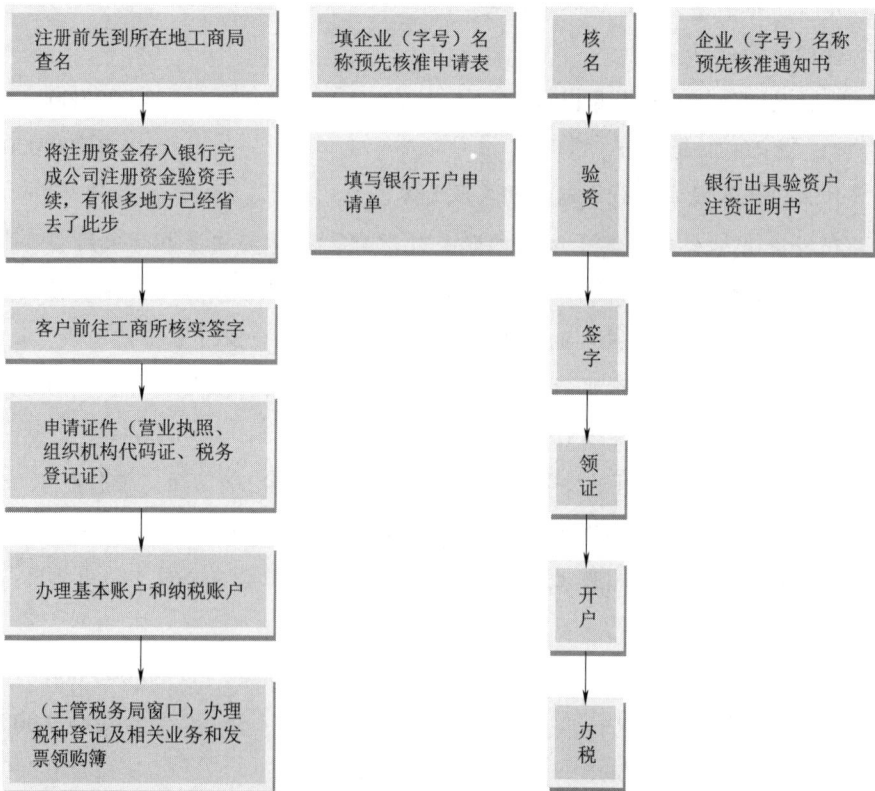

注册前先到所在地工商局查名	填企业（字号）名称预先核准申请表	核名	企业（字号）名称预先核准通知书
将注册资金存入银行完成公司注册资金验资手续，有很多地方已经省去了此步	填写银行开户申请单	验资	银行出具验资户注资证明书
客户前往工商所核实签字		签字	
申请证件（营业执照、组织机构代码证、税务登记证）		领证	
办理基本账户和纳税账户		开户	
（主管税务局窗口）办理税种登记及相关业务和发票领购簿		办税	

1. 工商局核名注册

首先到工商局企业核名窗口去领取一张"企业（字号）名称预先核准申请表"，填写公司名称，由工商局上网（工商局内部网）检索是否有重名，如果没有重名，就可以使用这个名称，然后会核发一张"企业（字号）名称预先核准通知书"。

2. 选择公司的形式

2014 年 3 月 1 日起普通的有限责任公司，最低注册资金无限制，需要两个（或以上）股东，从 2014 年 3 月起新《公司法》规定，允许一个股东注册有限责任公司，这种特殊的有限责任公司又称"一人有限公司"（但公司名称中不会有"一人"字样，执照上会注明"自然人独资"），最低注册资金无限制。如果和朋友、家人合伙投资创业，可选择普通的有限公司，最低注册资金无限制；如果只有一个人作为股东，则选择一人有限公司，但是必须提供一个人为公司监事。

3. 选择公司地址

根据公司的生产经营需要租赁生产厂地或到写字楼租办公室，如果自己有厂房或者办公室更好。租房后要签订租房合同，并让房东提供房产证的复印件（最好提供房东个人身份证复印件一份）。

4. 编写"公司章程"

可以在当地所在工商局网站下载"公司章程"的样本，对公司章程相关的具体内容进行修改。修改好的章程最后由所有股东签名。

5. 刻法人章

去刻章部将法人印章刻好。

6. 领取"银行询证函"

联系一家会计师事务所，领取一张"银行询证函"（必须是原件，会计师事务所盖红印也就是人们常说的鲜章）。如果联系不便，也可从报纸上或网上搜索相关会计师事务所的信息。

7. 开立公司验资户

所有股东带上自己入股的那一部分钱到银行，带上公司章程、工商局发的核名通知、法人代表的私章、身份证、用于验资的钱、空白询证函表格，到银行去开立公司账户，要告诉银行是开验资户。开好公司账户后，每个股东按自已出资额向公司账户中存入相应的资金（现在有部分城市免去了验资程序直接核名后就可以成立公司了，这样就省去程序 7 和 8 两个步骤）。

银行会发给每个股东缴款单，并在询证函上盖章。

提示：《公司法》规定，注册公司时，投资人（股东）必须缴纳足额的资本，可以以货币形式（也就是人民币）出资，也可以以实物（如汽车）、房产、知识产权等出资。到银行办理的只是货币出资这一部分，如果有实物、房产等作为出资的，需要到会计师事务所鉴定其价值后再以其实际价值出资，不过此过程较烦琐，因此建议直接以货币形式来出资，《公司法》对于货币形式出资并未严格限定，自己的也好，借的也好，只要如数缴足出资款即可。

---

8. 办理验资报告

携带银行出具的股东缴款单、银行盖章后的询证函，以及公司章程、核名通知、房租合同、房产证复印件，到会计师事务所办理验资报告。一般费用 500 元（50 万元以下注册资金）。

9. 注册公司

到工商局领取公司设立登记的各种表格，包括设立登记申请表、股东（发起人）名单、董事经理监理情况、法人代表登记表、指定代表或委托代理人登记表。填好后，连同核名通知、公司章程、房租合同、房产证复印件、验资报告一起交给工商局。一般 3 个工作日后便可领取执照。

10. 刻公司章

凭营业执照，到公安局指定的刻章社去刻公章、财务章。在后面的讲解中，均需要用到公章或财务章。

11. 办理企业组织机构代码证

凭营业执照到技术监督局办理组织机构代码证，费用一般为 80 元。办证时间通常需要 15 个工作日，技术监督局会先发预先受理代码证明文件，凭文件便可以办理后面的税务登记证及银行基本户开户手续。

12. 银行开立基本户

凭营业执照、组织机构代码证，去银行开立基本账号。开基本户需要填很多表格，包括营业执照正本原件、身份证、组织机构代码证、公章、财务章、法人章，最好一次性带齐所有需要的证件，以避免浪费时间。

13．办理税务登记

领取执照后，30日内到当地税务局申请领取税务登记证。办理税务登记证时，必须有一名会计，因为税务局要求提交的资料中有一项是会计资格证和身份证。

14．申请领购发票

企业办理完税务登记后即可根据业务的需要申请领购相应的业务发票，如增值税专用发票、增值税普通发票等。

完成以上的程序就意味着公司正式成立。营业开始后每个月按时向税务局进行纳税申报，即使没有开展业务不需要缴税，也要进行零申报。

5.3.2 个体户或工作室的注册流程

以上是关于一般公司或企业的注册程序。对于只想做个体户小本经营，或者成立一个工作室进行个人创业，个体工商户执照不用注册资本的投入和验资，注册程序非常简单。

（1）租房，注意签好租房合同。

（2）带着房屋租赁合同、身份证复印件去开办地所在的辖区工商所，领取表格，根据表中要求逐项填好。

（3）将工商所要求的资料备齐提交给工商所，通过后即可领取营业执照。

（4）办好营业执照后再去税务局办理税务登记证，领用发票备用。

根据国务院2014年第20号文的发布，全国各地工商局陆续开始了公司"五证合一"业务。五证合一旨在方便企业、服务和助力企业发展，减少了多个上面流程的中间环节、简化手续，多地都采用窗口一站式服务。五证合一后的一证，企业采用统一的社会信用代码。

学习这些内容可以帮助财务人员在公司业务发展中更好地为公司领导者提供建设性意见。不是所有的经营者都精通自己的公司的注册类型、规模、厂地等选择。财务人员可以结合以后的税费项目的学习和相关知识延伸，拓宽自己的业务知识范围，为经营者做开业筹划预算等工作。

第二部分

会计知识学习篇

第6章

"账户"与"科目"

账户与科目，即一个内容的两种表达。认识会计账户与科目是财务工作的基础。学好本章内容才会理解会计科目的恒等式：资产－负债＝所有者权益。会计业务分录的恒等式：有借必有贷，借贷必相等。

6.1 会计账户与科目

6.1.1 概念

会计账户是用来记录经济交易或事项，及其所引起的会计要素具体内容变动情况的一种会计专业表达。

会计科目是对会计对象的组成内容进行科学分类而规定的名称。对会计对象划分类别并规定名称，是全面、系统地记录和反映各项经济业务所引起的资产负债变动情况的必要条件。此外，还必须在分类的基础上借助于具体的形式和方法，开设和运用账户。账户是根据会计科目设置的，具有一定格式和结构，用于分类反映会计要素增减变动情况及其结果的载体。设置账户是会计核算的重要方法之一，它是对各种经济业务进行分类和系统、连续的记录，反映资产、负债和所有者权益增减变动的记账实际形式的存在表现。

6.1.2 会计科目与账户的区别

会计科目的名称就是账户的名称，会计科目规定的核算内容就是账户应记录反映的经济内容，因而账户应该根据会计科目的分类相应地设置。如企业要开设资产类账户、负债类账户、所有者权益类账户、成本类账户和损益类账户，从科目的特点出发，根据总分类科目、二级科目和明细分类科目开设相应的账户，以便于分类、归集、总括和具体、详细地核算数据。账户与科目的区别具体如下：

（1）会计科目仅仅是账户的名称，不存在结构，而账户具有一定的格式和结构。手工账中科目汇总最常用的是"T"字形账户。

（2）会计科目仅反映经济内容是什么，而账户不仅说明反映的经济内容是什么，并且系统反映和控制其增减变化及结余情况。

（3）会计科目的作用主要是为了开设账户、填凭证所运用，而账户的作用主要是提供某一具体会计对象的会计资料，为编制会计报表所运用。

下面是最简单的案例，分录中所体现的是现金科目增加计入借方，同时银行存款账户减少计入贷方。

（1）提现 20 000 元。

会计分录：

借：现金   20 000

　　贷：银行存款   20 000

（2）支付管理办公费 500 元。

会计分录：

借：管理费用——办公费   500

　　贷：库存现金   500

再看一下这两笔业务的账户体现情况。

库存现金		银行存款		管理费用	
借方 20 000	贷方 500	借方 20 000	贷方 20 000	借方 500	贷方 500
余额 19 500					

两者都是经济业务记录的表达，因为要完成的任务不同，所以表现形式也有所差异，但最终的目标都是为了记录总结和提炼出最有价值的会计信息。

6.1.3 会计科目的分类

会计账户根据六大要素分为资产类、负债类、所有者权益类、成本类、损益类。会计要素中有"资产 = 负债 + 所有者权益"的关系，因此根据账户的分类，设立会计科目来记录和反映经济业务也遵循这样的规律，包括会计期末的财务报表设置和科目及列报数据也都存在这样的勾稽关系。

1. 资产类科目

按资产的流动性分为反映流动资产的科目和反映非流动资产的科目。如"现金""银行存款""应收账款"流动性强属于流动资产，而"固定资产""在建工程""存货"等流动性较慢属于非流动资产。

2. 负债类科目

按负债的偿还期限分为反映流动负债的科目，如"短期借款""应付职工薪酬"；以及反映长期负债的科目，如"长期借款""应付债券"等。

3. 所有者权益类科目

按权益的形成和性质可分为反映资本的科目和反映留存收益的科目。

4. 成本类科目

成本类科目包括"生产成本""劳务成本""制造费用"等科目。

5. 损益类科目

损益类科目分为收入性科目和费用支出性科目。收入性科目包括"主营业务收入""其他业务收入""投资收益""营业外收入"等科目。费用支出性科目包括"主营业务成本""其他业务成本""税金及附加""其他业务支出""销售费用""管理费用""财务费用""所得税费用"等科目。

（1）按照会计科目的经济内容进行分类，遵循了会计要素的基本特征，它将各项会计要素的增减变化分门别类地进行归集，清晰反映了企业的财务状况和经营成果。

（2）按核算信息详略程度分类，为了使企业提供的会计信息更好地满足各会计信息使用者的不同要求，必须对会计科目按照其核算信息的详略程度进行级次划分。一般情况下，可以将会计科目分为总分类科目和明细科目分类。

总分类科目又称一级科目或总账科目，是对会计要素具体内容所做的总括分类，它提供总括性的核算指标，如"固定资产""原材料""应收账款""应付账款"等。明细分类科目又称二级科目或明细科目，是对总分类科目所含内容进行的更为详细的分类，它能提供更为详细、具体的核算指标，如"应收账款"总分类科目下按照具体单位名称分设的明细科目，具体反映应向该单位收取欠款。如果有必要，还可以在二级科目下分设三级科目、四级科目等进行会计核算，每往下设置一级都是对上一级科目的进一步分类。

在我国，总分类科目一般由财政部统一制定，各单位可以根据自身特点自行增设、删减或合并某些会计科目，以保证会计科目的实用性。明细科目企业根据需要进行相应的设置。

会计要素科目及分类如下图所示。

会计要素分类			会计科目分类		
要素	流动性	核算内容	科目类别		
			资产类	**负债类**	**成本类**
资产	流动资产	库存现金、银行存款、交易性金融资产、应收账款、预付账款、存货、其他应收款等	库存现金	短期借款	生产成本
			银行存款	应付账款	制造费用
			应收账款	预付账款	劳务成本
			应收利息	应付职工薪酬	**损益类**
	非流动资产	固定资产、无形资产、在建工程、工程物资、开发支出、长期股权投资等	应收票据	应交税费	主营业务收入
			其他应收款	应付利息	主营业务成本
			坏账准备	应付股利	税金及附加
负债	流动负债	短期借款、应付票据、应付账款、应付职工薪酬、应交税费、其他应付款等	材料采购	其他应付款	销售费用
			原材料	长期借款	管理费用
			库存商品	应付债券	研发费用
			存货跌价准备	**所有者权益类**	财务费用
	非流动负债	长期借款、应付债券等	长期股权投资	实收资本	其他收益
所有者权益		实收资本、资本公积、盈余公积、未分配利润	其他应收款	资本公积	投资收益
			固定资产	盈余公积	净敞口套期损益
收入		主营业务收入、其他业务收入	累计折旧	本年利润	公允价值变动损益
			在建工程	利润分配	信用减值损失
费用		主营业务成本、其他业务成本、销售费用、管理费用、研发支出、财务费用	固定资产清理		资产减值损失
			无形资产		资产处置损益
			累计摊销		营业外收入
利润		营业利润、利润总额、净利润	长期待摊费用		营业外支出
			待处理财产损溢		所得税费用

6.2 账户科目的关系式

会计账户和科目都是为记录和表达经济业务设置的，科目在会计实务中的体现就像天平，经济业务在科目记录中体现为有借有贷，借贷相等。账户就像生活中设置的一个个整理箱，也是会计行业中的一种专用语言表达。所有企业在经营过程中涉及的名词和概念都被财务制度进行了规范。这是因为会计信息的公用性比较强，企业要依法纳税，用统一的方式表达，不但方便了企业财务数据的使用人，还可以使数据更合理、准确地记录和表达。

学习了会计科目的分类及相关会计分录表达，为了更好地理解并在会计实务中应用，下面要介绍会计要素的恒等式：资产 = 负债 + 所有者权益。在会计工作中有了这个等式，再通过观察和解读各相关会计科目在资产负债表、利润表中的位置，就能够找出科目间借贷方的平衡与报表之间的勾稽关系。

资产负债表、利润表如下图所示。

资 产 负 债 表

编制单位：大连金诺格工业科技股份有限公司　　　　　　　　　　　　　　　　会企01表
所属期间：2020年12月　　　　　　　　　　　　　　　　　　　　　　　　　单位：元

资产	年初余额	期末余额	负债和所有者权益（或股东权益）	年初余额	期末余额
流动资产：			流动负债：		
货币资金	16,796,980.89	11,608,215.86	短期借款		4,000,000.00
交易性金融资产			交易性金融负债		
应收票据	3,194,592.00	2,825,143.00	应付票据		
应收账款	453,551.16	28,900.00	应付账款	18,291,065.85	21,782,201.79
预付款项	1,685,939.92	842,682.30	预收款项	9,820,668.08	5,521,655.23
合同资产			应付职工薪酬	1,156,862.51	515,784.00
应收利息			应交税费	142,051.84	232,092.48
应收股利			应付利息		
其他应收款	288,241.80	250,379.03	应付股利		
存货	27,454,590.69	32,941,048.31	其他应付款	102,998,092.35	93,009,531.45
一年内到期的非流动资产			合同负债		
其他流动资产			其他流动负债		
流动资产合计	49,873,896.46	48,496,368.50	流动负债合计	132,408,740.63	125,061,264.95
非流动资产：			非流动负债：		
可供出售金融资产			长期借款		
持有至到期投资			应付债券		
长期应收款			长期应付款		
长期股权投资			专项应付款		
投资性房地产			预计负债		
固定资产原价	84,925,526.80	86,419,406.91	递延所得税负债		
减：累计折旧	28,489,428.53	34,383,219.16	其他非流动负债		
固定资产净值	56,436,098.27	52,036,187.75	非流动负债合计	—	—
减：固定资产减值准备			负债合计	132,408,740.63	125,061,264.95
固定资产净额	56,436,098.27	52,036,187.75			
在建工程	842,057.55	1,430,368.03	所有者权益（或股东权益）：		
工程物资			实收资本（或股本）	50,000,000.00	50,000,000.00
固定资产清理			资本公积		
生产性生物资产			减：库存股		
公益性生物资产	—		专项储备		
无形资产	29,467,493.36	28,785,563.00	盈余公积		
商誉			未分配利润	-43,690,680.78	-41,419,393.91
长期待摊费用	2,098,514.21	2,893,383.76	所有者权益（或股东权益）合计	6,309,319.22	8,580,606.09
递延所得税资产					
其他非流动资产					
非流动资产合计	88,844,163.39	85,145,502.54			
资产总计	138,718,059.85	133,641,871.04	负债和所有者权益（或股东权益）合计	138,718,059.85	133,641,871.04

利　润　表

编制单位：大连×××有限公司
所属期间：2020年12月

会企02表
单位：元

项　　目	本期金额	本年累计金额
一、营业收入	4,993,156.17	71,631,949.82
减：营业成本	4,211,965.43	58,894,319.46
税金及附加	79,102.38	949,990.07
销售费用	203,665.80	1,495,911.92
管理费用	472,146.37	5,007,645.41
研发费用	205,942.88	2,902,884.83
财务费用	252,188.87	427,614.52
加：其他收益	116,695.86	182,597.33
资产减值损失		
加：公允价值变动收益（损失以"−"号填列）		
投资收益（损失以"−"号填列）		
资产处置损益（损失以"−"号填列）		
二、营业利润（亏损以"−"号填列）	−315,159.70	2,136,180.94
加：营业外收入	−2,390.57	135,753.27
减：营业外支出		647.34
三、利润总额（亏损总额以"−"号填列）	−317,550.27	2,271,286.87
减：所得税费用		
四、净利润（净亏损以"−"号填列）	−317,550.27	2,271,286.87
以前年度损益调整		
可供分配的净利润	−317,550.27	2,271,286.87

这两张报表中科目位置和计算逻辑关系要熟记于心。对于刚从事财务工作的人员来说，直接看财务报表会觉得科目多、数字多，其实常用的并不多，由大到小分解树形结构可以帮助记忆。从会计六要素入手，资产负债表排列顺序：资产类、负债类、所有者权益类。损益表排列顺序：收入、成本费用、利润。资产负债表排列如下图所示。

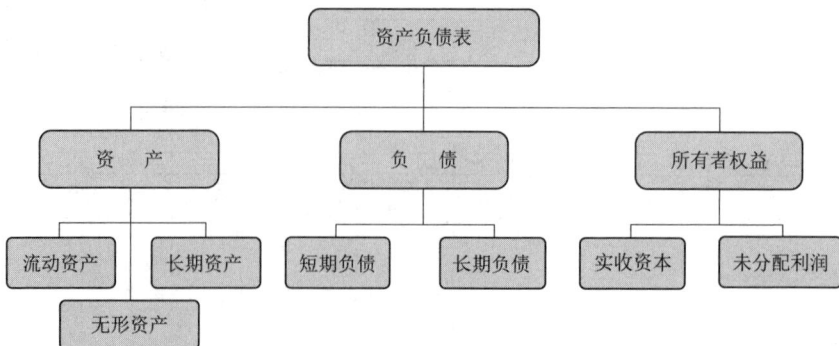

资产负债表中资产类和负债类分到第三类明细时才是各会计科目。所有者权益第二类就是实收资本、未分配利润及资本公积、盈余公积等会计科目。损益表排列如下图所示。

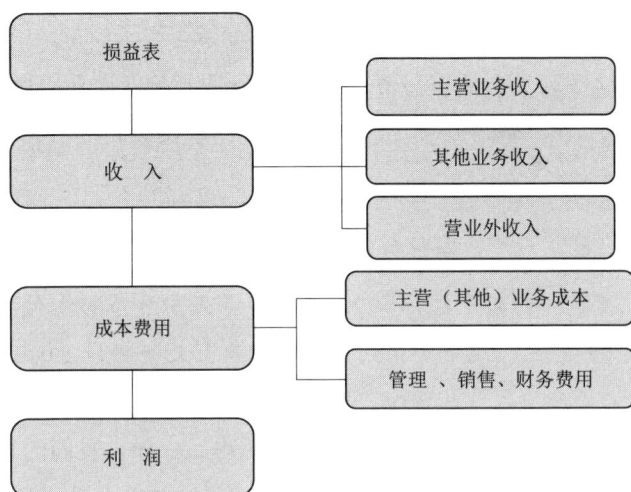

结合实际生活比较容易理解会计要素、科目的应用，下面介绍在会计科目应用中进行区别和记住的方法。

⚙ 实务案例 1：收入的分类体会

小菊在一公司做出纳工作每月工资 2 500 元。她的叔叔开了一家废品回收站，小菊每周末休息时间去帮忙，叔叔也会给小菊一笔辛苦费。一个周末小菊在去帮忙的路上遇到爱心捐助活动捐了 50 元，在整理废旧书时在书页中整理出 100 元钱并交给了叔叔，工作结束后，叔叔给小菊结算了整月劳务费 600 元，小菊每月的劳务费为 500 元，叔叔说废品回收站这个月的生意好，收入了 20 000 元，多出的 100 元是给小菊的奖励。

业务分析：本例中小菊每月的工资收入属于主营业务收入，本月在废品站帮助的收入 600 元属于其他业务收入，爱心捐助 50 元属于营业外支出，在整理废品中发现的 100 元钱属于废品站的营业外收入。

⚙ 实务案例 2：主营业务收入、其他业务收入

作为一名财务人员的小丁最高兴的日子就是每月 15 日，这是发工资的日子。

那可是她安身立命的"主营业务收入"到账时间，她偶尔也在公司的刊物上发表一点小文章，相应有点稿费收入，这一部分收入对小丁来说就是"其他业务收入"。

❀ 实务案例3：其他业务收入、其他业务成本

小凯在下班路上买5张福利彩票，花了10元，中了1张兑奖20元。这一项活动中小凯的"其他业务收入"20元减"其他业务成本"10元，得到"其他业务利润"10元。

❀ 实务案例4：固定资产、库存现金、其他应付款

小张本月买了一部新手机花费2 000元，导致工资不够支付生活费用，向朋友林明借款1 000元。这里小张的"固定资产"又新增加2 000元手机一部，同时负债类的"短期借款"也增加"其他应付款"1 000元。

会计科目是账户明细分类。就像生活中的物品一样，我们的日常所需通常分为"衣、食、住、行"四大类。一年又可以分为"春、夏、秋、冬"四季，每个季节里又可以分出多种款式。四季就是会计里面的二级明细，各种款式又像三级明细。衣食住行是我们的主要生活成本，随着种类的形态性能等与会计语言的科目也是可以对号入座的，如房屋、车子就是我们的"固定资产"，食物、衣服、鞋子、交通出行等就是生活中的"成本费用"支出。

账户和科目的关系，形象地理解就像服装和衣服的关系，两者表达一样的含义和内容。衣服有春夏秋冬四季多种，风格也很多样、颜色各不相同，都属于服装类。我们在资产类账户里可以看到几大类：流动资产、固定资产、长期股权投资、无形资产、在建工程等。它们都是会计科目，也是账户要表达的概念。理解这些概念后对工作中的实务操作应用才会得心应手。

第7章

"会计科目" 设置

> 会计科目特点、核算内容、科目设置、科目应用这些内容就像土石等建筑材料，是构成会计学大厦的必备条件，也是进入会计实务操作的基础理论部分。要知道建筑离不开砖瓦，还必须要清楚哪里用砖、哪里用瓦。

通过第6章对会计科目和账户的学习了解，结合对财务报表的熟悉，我们对会计日常业务核算必要的会计科目已经有了认识。本章开始会计科目的深入学习，从科目的名称、特点等系统地介绍，通过本章的学习要明白科目如何设置，为以后的会计实务做好基础工作。

7.1 会计科目特点

7.1.1 资产类科目特点

资产类科目主要有"现金""银行存款""应收账款""存货""原材料""固定资产"等，各科目下根据需要设置明细科目。这一类科目的特点是增加时计入借方，减少时计入贷方。其中坏账准备、累计折旧两个科目属于备抵账户，是相反的，具体将在后面介绍。"备抵"是抵减账户的准备户。负债是企业过去的交易或事项形成的，预期将来会使经济利益流出企业的现时义务。就是说企业在一定时期之后必须偿还的债务，而且偿还期和所应偿还的金额在发生时就已经由合同等条件约定，也是企业必须履行的一种义务。

7.1.2 负债类科目特点

体现负债的会计科目有"短期借款""应付职工薪酬""应交税费""应付账款"等，各科目可根据企业实际业务需要设置二级、三级明细科目，如"应交税费——应交增值税（进项税额）"。

负债类科目的特点是增加时计入贷方，减少时计入借方，如银行存款支付职工工资 35 000 元业务的会计分录：

借：应付职工薪酬　　　　　　　　　　　　　　　35 000

　　贷：银行存款　　　　　　　　　　　　　　　　35 000

7.1.3 所有者权益类科目特点

所有者权益又称为净资产，是企业资产扣除负债，余下的由所有者享有的剩余权益。主要包括所有者投入的资本、直接计入所有者权益的利得与损失、企业的留存收益等。所有者权益涉及的科目有"实收资本""资本公积""盈余公积""未分配利润"等，这几项都是企业盈利后按相关的法律法规计提和分配的内容，后面会具体介绍。

所有者权益类科目和负债类科目特点相同，也是增加时计入贷方，减少时计入借方。

AB 公司注册资金 300 万元，股东 A、B 分别出资 100 万元和 200 万元。

会计分录：

借：银行存款　　　　　　　　　　　　　　　　3 000 000

　　贷：实收资本——A　　　　　　　　　　　　　1 000 000

　　　　实收资本——B　　　　　　　　　　　　　2 000 000

这表示公司的启动资金由出资人 A 享有 100 万元的所有权，B 享有 200 万元的所有权。A、B 两人将自己的钱投入公司，站在他们的角度就是自己的现金或银行存款减少，而相应的权益也就增加了。将来公司盈利他们也会获得应有的利润分配回报。

7.1.4 损益类科目特点

损益类科目指体现企业在一定时期内全部生产经营活动成果的科目，也就是人们常说的"利润"或"亏损"所指的情况。与利润有关的会计科目主要有体现收入的"主营业务收入""其他业务收入"，还有体现支出的"管理费用"

"销售费用"等科目。这一类科目的理解和我们日常生活中收支道理相同，工资就是收入，生活所需的各项开销就是费用。

损益类科目包含收入和费用两类。收入类科目的特点是增加计入贷方，减少计入借方。费用类科目与成本、资产类一样，增加时计入借方，减少时计入贷方。结合生活也不难理解，有收入最后一定会收到钱，也就是会计科目中的现金、银行存款或应收账款。这些都是资产，资产类的增加计入借方，很明显对应的收入就在贷方，这样才符合前面介绍的"有借必有贷，借贷必相等"原则。T 字形账户的发生额列示就更明显。

7.1.5 成本类科目特点

成本类科目用于反映成本费用和支出情况，核算成本的发生和归集，按成本费用和支出的项目内容不同可以分为"生产成本""制造费用""劳务成本"等。成本费用类科目的特点是增加时计入借方，减少时计入贷方，如生产车间领用为生产 A 产品的原材料 E 共计 500 千克，金额 10 000 元。会计分录：

借：生产成本——A   10 000
　　贷：原材料——E   10 000

不难看出，A 产品的生产成本增加，原材料减少。原材料属于资产类科目，增加时计入借方，减少时计入贷方。根据恒等式可知，生产成本增加应计入借方。

═══ 7.2 会计科目的核算内容 ═══

7.2.1 资产类

（1）"现金"科目核算的是企业的库存现金。

（2）"银行存款"科目核算的是企业存入银行的各种存款。

（3）"应收票据"科目核算的是企业因销售商品、产品，提供劳务等收到的商业汇票，包括银行承兑汇票和商业承兑汇票。

（4）"应收账款"科目核算的是企业因销售商品、产品，提供劳务等，应向购货单位或接受劳务单位收取的款项。

（5）"其他应收款"科目核算的是除应收票据、应收账款、预付账款等以外的其他各种应收、暂付款项。

（6）"坏账准备"科目核算的是企业提取的坏账准备。主要是对应收账款不能收回的可能性而做的预算和准备工作。

（7）"合同资产"科目核算的是依据合同能够确定收回的业务款项。该科目为新收入准则增加。

（8）"原材料"科目核算的是企业库存的各种材料的计划成本或实际成本。

（9）"库存商品"科目核算的是企业库存的各种商品的实际成本或计划成本。

（10）"长期待摊费用"科目核算的是企业已经支出，但应由本期和以后各期分别负担的分摊期限在三年以上的各项费用。

（11）"长期股权投资"科目核算的是企业投出的期限在一年以上各种股权性质的投资，包括购入的股票和其他股权投资等。

（12）"固定资产"科目核算的是企业的固定资产的原价。

（13）"累计折旧"科目核算的是企业固定资产的累计折旧金额。

（14）"在建工程"科目核算的是进行基建工程、安装工程、技术改造工程、大修理工程等发生的实际支出，包括需要安装的设备的价值。

（15）"固定资产清理"科目核算的是企业因出售、报废和毁损等原因转入清理的固定资产价值及其在清理过程中所发生的清理费用和清理收入等。

（16）"无形资产"科目核算的是企业为生产商品、提供劳务、出租给他人或为管理目的而持有的、没有实物形态的非货币性长期资产，主要包括专利权、非专利技术、商标权、著作权、土地使用权等。

（17）"待处理财产损溢"科目核算的是企业在清查财产过程中查明的各种财产盘盈、盘亏和毁损的价值。

（18）"预付账款"科目核算的是预付账款企业预付给供应单位的款项。

7.2.2 负债类

（1）"短期借款"科目核算的是企业向银行或者其他金融机构等借入的期限在一年以下的各种借款。

（2）"应付票据"科目核算的是企业因购买材料、商品和接受劳务供应等而开出并承兑的商业汇票，包括银行承兑汇票和商业承兑汇票。

（3）"应付账款"科目核算的是企业因购买材料、商品和接受劳务供应等而应付给供货单位的款项。

（4）"预收账款"科目核算的是企业按照合同规定向购货单位预收的款项。

（5）"应付职工薪酬"科目核算的是企业应该支付给职工的工资总额，包括各种工资、奖金、津贴等。但是注意：退休人员的工资不在本科目核算，而是在实际发放时直接计入管理费用。

（6）"合同负债"科目核算依据合同订立并确定需要支付相关合同金额的款项。与预收账款的分别在于必须是订立合同且能够收到的款项。

（7）"应交税费"科目核算的是企业应该缴纳的各种税金，但是注意：印花税、耕地占用税以及契税不通过应交税费科目核算。

（8）"其他应付款"科目核算的是企业应付、暂收其他单位或个人的款项。

（9）"长期借款"科目核算的是企业向银行或其他金融机构借入的期限在一年以上的各种借款。

7.2.3 所有者权益类

（1）"实收资本（或股本）"科目核算的是企业按照企业章程的规定，投资者投入企业的资本。对于股份有限公司的投资者投入的资本，通过"股本"科目核算。企业收到的投资者投入的资金，超过其在注册资本所占份额的部分，作为资本溢价或股本溢价，在"资本公积"科目核算，不计入实收资本或股本科目。

（2）"资本公积"科目核算的是企业取得的资本公积。

（3）"盈余公积"科目核算的是企业从净利润中提取的盈余公积。本科目常用的明细科目包括法定盈余公积、任意盈余公积。

（4）"本年利润"科目核算的是企业本年实现的净利润（或发生的净亏损）。

（5）"利润分配"科目核算的是企业利润的分配（或亏损的弥补）和历年分配（或弥补）后的积存余额。

7.2.4 成本类

（1）"生产成本"科目核算的是企业进行工业性生产所发生的各项生产费用。

（2）"制造费用"科目核算的是企业为生产产品和提供劳务而发生的各项间接费用。

（3）"劳务成本"科目核算的是企业对外提供劳务所发生的成本。

7.2.5 损益类

（1）"主营业务收入"科目核算的是企业在销售商品、提供劳务及让渡资产使用权等日常活动中所产生的收入。

（2）"其他业务收入"科目核算的是企业除主营业务收入以外的其他销售或其他业务的收入，如材料销售、代购代销、包装物出租等收入。

（3）"投资收益"科目核算的是企业对外投资所取得的收益或发生的损失。

（4）"营业外收入"科目核算的是企业发生的与其生产经营无直接关系的各项收入，包括固定资产盘盈、处置固定资产净收益、出售无形资产收益、罚款净收入、教育费附加返还等。

（5）"主营业务成本"科目核算的是企业因销售商品、提供劳务或让渡资产使用权等日常活动而发生的实际成本。

（6）"税金及附加"科目核算的是企业日常经营活动应负担的税金及附加，包括城市维护建设税、资源税、土地增值税和教育费附加等。注意：不包括增值税。

（7）"其他业务支出"科目核算的是企业除主营业务收入以外的其他销售或其他业务所发生的支出。

（8）"销售费用"科目核算的是企业销售商品过程中发生的费用（包括运输费、装卸费、包装费、保险费、展览费和广告费），以及为销售本企业的商品而专设的销售机构的职工工资及福利费、类似工资性质的费用、业务费等经营费用。

（9）"管理费用"科目核算的是企业为组织和管理企业生产经营所发生的费用，主要包括行政管理部门职工工资、福利费、办公费、差旅费、业务招待费等。

（10）"财务费用"科目核算的是企业为筹集生产经营所需资金等发生的费用。注意：为构建固定资产的专门借款所发生的借款费用，在固定资产达到预定可使用状态之前按规定应予以资本化的部分计入"在建工程"，不计入"财务费用"。

（11）"营业外支出"科目核算的是企业发生的与其生产经营无直接关系的各项支出，如罚款支出、捐赠支出、固定资产盘亏、处置固定资产净损失、出售无形资产损失等。

（12）"所得税"科目核算的是企业按照规定根据"利润总额 × 适用的所得

税税率"计算得来，它是从当期损益中减去的所得额。

会计科目的学习比较枯燥，内容也多。这是为适用大多数行业企业而设置的，具体到某个企业或单位时所应用的科目还是很有限的，科目应用企业可以根据实际情况进行选用和设置。本书仅以工业企业为基础背景，介绍和讲解相关的基础科目特点、核算范围、记账方向等会计应用。常用的会计科目具体实务、会计核算及案例将在以后章节进行详细介绍。

第8章
"会计科目"设置与应用

会计科目的设置根据企业的核算需要选择,原则为合法、相关、实用和全面。科目的合理设置能够准确和清晰地反映核算的账务内容,是财务数据核算准确清晰的保证,也是科目实务应用的重要前提。本章还要介绍资产类的会计科目实务应用案例。

会计科目的设置可以把各项会计要素的增减变化分门别类地归集起来,一目了然,便于企业内部经营管理和向有关方面提供一系列具体分类核算指标。但会计科目的设置有标准和要求,不能随意设置。特别是一级科目,前面介绍是由财务部统一设置。此外,会计科目是复式记账的基础,是编制记账凭证的基础,为成本核算及财产清查提供了前提条件,使会计报表编制更加简化和方便。

8.1 科目设置的原则

会计科目设置原则包括以下几点:

(1)合法性原则:指所设置的会计科目应当符合国家统一的会计制度的规定。

(2)相关性原则:指所设置的会计科目应当提供有关各方所需的会计信息服务,满足对外报告与对内管理的要求。

(3)实用性原则:指所设置的会计科目应符合单位自身特点,满足单位实际需要。

在此基础上还有全面性,会计科目作为对会计要素具体内容进行分类核算的项目,其设置应能保证对各会计要素做全面的反映,形成一个完整的、科学的体系。具体地说，应该包括资产、负债、所有者权益、收入、费用和利润的若干会计科目，不能有任何漏洞，要覆盖全部核算内容。而且，每一个会计科目都应有特定的核算内容，要有明确的含义和界限，各个会计科目之间既要有一定的联系，又要各自独立，不能交叉重叠，含糊不清。

全面性的同时还要兼顾简要性，会计核算的目标就是向各方使用者提供有用的会计信息，以满足他们的判断、决策需要。一方面会计科目的名称要明了，能够代表经济业务的主要特点，使人易懂；另一方面，不同的信息使用者，如国家宏观调控部门、企业内部管理部门、投资者、债权人、公众等对会计信息的需求不尽相同，会计科目设置既要兼顾不同信息使用者的需要，又要考虑会计信息的成本。也就是说，会计科目设置应简单明了、通俗易懂，要突出重点，对不重要的信息进行合并或删减，尽量使报表阅读者一目了然，易于理解。同时，要考虑会计信息化的要求，方便计算机操作，要加设会计科目编号。

8.2 科目设置的注意事项

为了保证会计信息的连贯性、可比性，便于不同时期、不同行业间的会计核算指标的分析和比较，提高会计信息的有效性，会计科目的设置应在一定时期内保持稳定，不能经常变更。值得注意的是，强调会计科目的稳定性，并非要求会计科目绝对不能变更，当会计环境发生变化时，会计科目也应随之做相应的调整，以便及时全面地反映经济活动。

为了适应国家宏观管理的需要，保证对外提供会计信息指标口径的一致性和可比性，国务院财政部门根据《企业会计准则》制定了统一的《企业会计制度》，相应规定了统一的会计科目名称，并对每一会计科目的使用做了详细的说明。统一性就是要求企业设置会计科目时，应根据提供会计信息的要求，对一些主要会计科目的设置及核算内容应保证与《企业会计制度》的规定相一致；灵活性指在不影响会计核算要求和会计报表指标汇总，以及对外提供统一的财务会计报告的前提下，企业可以根据本单位的具体情况、行业特征和业务特点，对统一规定的会计科目做必要的增设、删减或合并，有针对性地设置会计科目。

注意总账科目排列顺序，与前面的资产负债表、利润表中各科目的位置加以熟悉，通过这两个表了解熟悉科目的记账借贷方向，余额的方向通常都是在科目的增加一方，即余额为正数。另外要熟悉会计科目在财务报表中的位置，为以后编制财务报表工作奠定一个好基础。

8.3 科目的具体设置

会计科目的具体应用，以设置原则为基础。在应用中根据需要可以设置二级科目、三级科目，如有外贸业务时，要根据情况设置主营业务收入的二级科目"内销收入""外销收入"。现金核算的是企业日常业务中往来的货币现金额。设有工会组织的企业还要设置"工会现金"明细科目，核算工会业务相关的现金收支情况。后面还要做更进一步的科目学习。

8.3.1 会计中的必设科目

新建企业的科目设置，可按资产负债表的列示情况进行科目设置，也可以选择常用设置，不常用科目在实务业务发生时再增加相应设置。

必设的科目：流动资产中"现金""银行存款""应收账款""其他货币资金""坏账准备""其他应收款""预付账款""存货"，存货中的科目"原材料""产成品"，商贸企业为"库存商品"，生产加工企业多道工序还有"自制半成品"等。企业的运营离不开现金和银行存款的业务，除了现金和银行存款，现在的交易途径和方法很多，如果有订立大笔的合同需要开立保函时就会用到"其他货币资金"，在销售的过程中也不能够保证全是现金收款。对于不能及时收账的就要挂到"应收账款"科目中。

8.3.2 设置科目类别和记账方向

科目设置中最重要的工作还是要设置好分类和发生时的记账方向，也是前面介绍的增加和减少时的记账是借方还是贷方。有了增加和减少自然就会有余额，在科目设置时一定要设置好余额的借贷方向。前面的总账科目可以看到各科目的发生额，在记账中的借贷方向和余额方向。通常情况下科目的余额与科目的增加是同一个方向，如现金增加计入借方，通过报销费用、支付款项以后余额也在借方，现金不可能在贷方（出现负数）。而应收账款则不同，如果出现了贷方余额，表示我们多收了客户的款项，往往是客户多付给我们的预付款部分。

科目设置中有几个特殊的科目，资产类中的"预付账款""坏账准备""累计折旧"科目是增加时计入贷方，减少时计入借方。负债中的"预收账款"增加时计入借方，减少时计入贷方。

8.3.3 快速记住会计科目的方法

如何能够简单轻松地记住会计科目，结合经验总结如下：

把自己设想成是所在企业的老板，看看营业执照上的经营范围，就可以想到企业经营的业务情况。

接下来介绍实务业务情况和涉及的会计科目：有赊购、赊销（应收账款，应付账款），购进时作为企业的存货（原材料、库存商品），销售时产成品的出库和成本结转（产成品、主营业务成本），有借款、还款（其他应收款、其他应付款），有预收款也有预付款（预收账款、预付账款），有工人就有应付职工薪酬，有销售人员就有销售费用的差旅费。同理，管理人员也存在管理费用，财务部门在开立银行账户起就意味着会产生财务费用，有了经营业务就要缴纳相关的税费（应交税费、税金及附加），有生产加工离不开机器设备（固定资产、制造费用），向银行借款经营的现象（短期借款），如果有融资租入固定资产设备时（长期应付款），收到投资款（实收资本），其他就是年末涉及的科目了（本年利润、未分配利润）。详见资产负债表和利润表。

本年利润这个科目是每月都用到的，每个月末终了时都要对当月的收入、成本费用进行核算，最后核算出来看看企业的盈余情况。月末将全月的收入转到本年利润的借方，而成本费用类的科目借方发生额全部转入本年利润的贷方。余额如果在借方就是盈余，余额如果在贷方就说明成本费用大于收入数，表明企业是亏损的状态。

8.4 资产类科目应用实务

8.4.1 库存现金

库存现金是存在保险柜里的钱，相当于生活中自己钱包里的钱。

库存现金是企业的资产，在资产负债中的货币资金呈科目反映。库存现金是流动性最强的资产，可以随时用于购买商品和劳务、支付费用、偿还债务及存入银行。

现金科目属于资产类科目，按照资产类科目进行核算。

会计相关法律对现金管理做出了明确规定，3～5天的公司日常业务零星开支是安全的现金库存量。有个真实的案例，某单位有一天收到了大量现金，没有及时存入银行，结果晚上被盗，现金全部丢失。报案时也没敢说出实情，因为说出实情会被处罚，老板只能自己掏钱补齐。不"按章办事"只能"后果自负"。因此大家一定要警惕，不要失去财务人员应有的谨慎。

◉ 实务案例 1：基本户提现

正华公司出纳员李雪 3 月 2 日发现库存现金余额不足。填写了一张 30 000 元的现金支票和提现业务申请单，并到基本户银行进行了提现业务，相关业务单据已由总经理审批签字并收妥。

会计分录：

借：库存现金	30 000
贷：银行存款——工行	30 000

◉ 实务案例 2：现付差旅费

支付销售部王波报销差旅费 5 385.25 元。报销单据已经审核完毕，各签字环节确认无误，符合报账付款流程。出纳李雪凭单据现金支付此笔报销业务。

会计分录：

借：销售费用——差旅费	5 385.25
贷：库存现金	5 385.25

◉ 实务案例 3：收现借款偿还

收到生产管理人员张华以前临时借款 5 000 元。已经收妥款项，并开具了收款收据。交款人、收款人等均完成签字确认。

会计分录：

借：库存现金	5 000
贷：其他应收款——张华	5 000

实务案例4：现金销售产品

收到一笔现金销售A产品100件，含税单价为200元／件，已经开具增值税专用发票。发票货款金额17 699.12元，税额2 300.88元，现金已经收妥。

会计分录：

借：库存现金   20 000.00

    贷：主营业务收入   17 699.12

        应交税费——应交增值税（销项税额）   2 300.88

8.4.2 银行存款

银行存款是企业存放在各银行的货币资金。按照国家现金管理和结算制度的规定，每个企业都要在银行开立账户，用来办理存款、取款和转账结算业务，方便结算和监管。银行存款账户分为基本存款账户、一般存款账户、临时存款账户和专用账户。一个企业只能开立一个基本账户，一般存款和临时性存款账户可根据需要开立多个。下面先看一下爱华公司银行存款科目余额明细表。

科目余额表

科目代码	科目名称	期初余额	
		借方	贷方
1002	银行存款	769,850.20	
1002.001	中国工行春柳支行3400200809004730	156,727.42	
1002.002	中国银行玉华支行2999563195	16,005.48	
1002.003	中国农行辛寨支行3403400104002112	403,363.66	
1002.004	中国银行大连甘井子支行2843563242	10,693.91	
1002.005	中国银行甘井子支行美元户28305624	10,510.99	
1002.006	中国农行旅顺支行3428700104002181	53,198.54	
1002.007	中国银行甘井子支行美元户30515835	7.75	
1002.008	中国农业银行辛寨子支行工会户3400	119,342.45	
1002.009	中国工行沙河口支行欧元户待核查户		
	合计	769,850.20	

实务案例5：银行收到货款

工行基本户收到进账通知单100 000元，此笔收款为收回北京旺达公司前欠货款。

会计分录：

借：银行存款——工行   100 000

    贷：应收账款——北京旺达公司   100 000

8.4.3 其他货币资金

其他货币资金指企业除库存现金、银行存款以外的各种货币资金，主要包括银行汇票存款、银行本票存款、信用卡存款、信用证保证金存款、存出投资款、外埠存款等。企业如果有涉及上述科目的业务时，均在"其他货币资金"科目下设置相应的明细科目进行核算。增加时计入借方，减少时计入贷方。

（1）银行汇票：指由出票银行签发的，由其在见票时按照实际结算金额无条件支付给收款人或者持票人的票据。银行汇票的出票银行为银行汇票的付款人。单位和个人各种款项的结算，均可使用银行汇票。银行汇票可以用于转账。

🔘 **实务案例 6：办理银行汇票**

爱华公司因销售业务需要办理银行汇票一张，申请金额 500 000 元，开通银行汇票存款账户，银行相关业务办理完毕，单据已收妥。

会计分录：

借：其他货币资金——银行汇票存款　　　　　　　　500 000

　　贷：银行存款——工行　　　　　　　　　　　　　　　500 000

> **小提示**：填明"现金"字样的银行汇票也可以用于支取现金。

（2）银行本票存款。银行本票指银行签发的，承诺自己在见票时无条件支付确定的金额给收款人或持票人的票据。单位和个人在同一票据交换区域需要支付的各种款项，均可使用银行本票。银行本票可以用于转账。

> **小提示**：注明"现金"字样的银行本票可以用于支取现金。

（3）信用卡存款：指企业为取得信用卡而存入银行信用卡专户的款项。信用卡是银行卡的一种。信用卡按使用对象分为单位卡和个人卡；按信用等级分为金卡和普通卡；按是否向发卡银行交存备用金分为贷记卡和准贷记卡。

（4）信用证保证金存款：指采用信用证结算方式的企业，为了开具信用证而存入银行信用证保证金专户的款项。企业向银行申请开立信用证，应按规定向银行提交开证申请书、信用证申请人承诺书和购销合同。

实务案例 7：办信用保证金

爱华公司根据业务需要，应销售部申请同意开通建设银行信用证保证金账户，并依据合同转入保证金存款账户人民币 125 000 元，银行相关业务单据已经收妥。

会计分录：

借：其他货币资金——信用证保证金　　　　　　　　　125 000

　　贷：银行存款——工行　　　　　　　　　　　　　　　125 000

会计在"其他货币资金"科目下设置了"信用证保证金"明细如下图所示。

（5）存出投资款：指企业已存入证券公司但尚未进行投资的资金。

（6）外埠存款：指企业到外地进行临时或零星采购，而汇往采购地银行开立采购专户的款项。该账户的存款不计利息、只付不收、付完清户，除了采购人员可从中提取少量现金外，一律采用转账结算。

实务案例 8：办理外埠存款

因为采购业务需要开立外埠农行存款账户，并转入采购备用金 500 000 元，相关业务单据已经收妥。

会计分录：

借：其他货币资金——外埠存款　　　　　　　　　　　500 000

　　贷：银行存款——工行　　　　　　　　　　　　　　　500 000

> **小提示：**现在电汇网上银行操作比较方便快捷，此种情况也较为少见。

8.4.4　应收票据

应收票据科目核算主要是针对商业承兑汇票和银行承兑汇票，承兑汇票指办理过承兑手续的汇票。即在交易活动中，售货人为了向购货人索取货款而签发汇票，并经付款人在票面上注明承认到期付款的"承兑"字样及签章。付款人承兑以后成为汇票的承兑人。经购货人承兑的称为"商业承兑汇票"，经银行承兑的称为"银行承兑汇票"。

商业承兑汇票和银行承兑汇票的区别在于，承兑人不同，决定了商业承兑汇票是商业信用，银行承兑汇票是银行信用。银行承兑汇票一般由银行签发并承兑，而商业承兑汇票可以不通过银行签发并背书转让，但在信用等级和流通性上低于银行承兑汇票，在银行办理贴现的难度较银行承兑汇票高。

❀ **实务案例 9：收到银行汇票**

（1）爱华公司财务 3 月 10 日收到北京旺达公司转来银行汇票一张，汇票号码 10033572，金额 80 000 元支付前欠货款，本张银行汇票出票人为杭州金普科技有限公司。经检查汇票背书连续，符合票据相关要求，出纳人员已经开具收款收据扫描传给旺达公司财务人员。

会计分录：

借：应收票据——北京旺达公司　　　　　　　　　　80 000
　　贷：应收账款——北京旺达公司　　　　　　　　　　　80 000

（2）爱华公司于 3 月 12 日将收到旺达公司转来号码为 10033572 银行汇票背书，转付列入 10 日内付款计划的正大工程公司。正大公司已开具收款收据。

会计分录：

借：应付账款——正大工程公司　　　　　　　　　　80 000
　　贷：应收票据——北京旺达公司　　　　　　　　　　　80 000

8.4.5　应收账款

应收账款指企业在正常的经营过程中因销售商品、产品，提供劳务等业务，应向购买单位和接受劳务的单位收取的款项（就是在外的应收销售业务欠款，如果不是企业经营业务的欠款放在其他应收款中核算，账务清晰也方便管理）。

❀ **实务案例 10：销售与收款**

爱华公司 3 月 22 日收到销售部传来销售出库单据一批，签字流程符合要求。

财务人员依据销售发票申请单开具增值税专用发票，购货单位：北京丰顺配件公司明细科目依出库单开列，含税价款总金额 322 000 元，不含税价款 284 955.75 元，税额 37 044.25 元。货已发出，合同约定货到付款 80%，一年后无质量故障付 20% 尾款，此笔业务符合收入确认条件。3 月 28 日爱华公司收到 80% 货款，银行单据已收妥。

会计分录：

借：应收账款——北京丰顺配件公司　　　　　　　　322 000.00
　　贷：主营业务收入　　　　　　　　　　　　　　284 955.75
　　　　应交税费——应交增值税（销项税额）　　　 37 044.25
借：银行存款——工行　　　　　　　　　　　　　　257 600.00
　　贷：应收账款——北京丰顺配件公司　　　　　　257 600.00

8.4.6　其他应收款

其他应收款指除销售业务以外的各类其他性质暂借款在该科目进行核算。该科目的普遍应用体现在公司内部人员临时性的暂借款，如临时性的零星采购借款，或销售人员的差旅费暂借款项。

实务案例 11：差旅费暂借款

爱华公司财务 3 月 20 日收到销售部传来借款单 3 份，借款事由为差旅借款，借款人和借款金额分别为夏迪借款 5 000 元，张振德 6 000 元，郭威 10 000 元，审批手续齐全。出纳现金支付并在借款单上盖付讫印章。

会计分录：

借：其他应收款——夏　迪　　　　　　　　　　　　 5 000
　　　　　　　　——张振德　　　　　　　　　　　 6 000
　　　　　　　　——郭　威　　　　　　　　　　　10 000
　　贷：库存现金　　　　　　　　　　　　　　　　21 000

8.4.7　原材料

原材料为生产或销售而购进的材料、产品等在该科目核算。如果是生产加工企业就是购进用于生产产品的各种原材料，如面包加工厂购进的面粉、奶油等。商贸企业不涉及这个科目，一般都是购进产成品直接销售，购进时直接在库存商品核算。

实务案例 12：材料采购入库

3 月 25 日，爱华公司采购传来正大机械配件厂开来增值税专用发票一张，为购进生产用 W 原材料 200 千克，含税单价 600 元 / 千克，收到库房传来入库单，手续齐全符合入账条件。款项尚未支付。

会计分录：

借：原材料——W 材料	106 194.69
应交税费——应交增值税（进项税额）	13 805.31
贷：应付账款——正大机械配件厂	120 000.00

8.4.8 库存商品

库存商品指（工业企业为库存产品）商贸企业购进的可用于直接出售的产品或材料。工业企业的库存产品指完成加工过程、结转完工入库持有待销的产成品。

实务案例 13：产成品入库

爱华公司 3 月份生产车间完工产成品 A 为 3 000 千克，产品 B 为 2 000 千克，生产成本单价分别为 100 元 / 千克、150 元 / 千克，经质检员检验合格，车间已经办理移交入库手续。

会计分录：

借：产成品——A	300 000
——B	300 000
贷：生产成本——A	300 000
——B	300 000

8.4.9 低值易耗品

低值易耗品就是价值相对较低、容易消耗的物品，指劳动资料中单位价值在 10 元 ~ 2 000 元，或者使用年限在一年以内，不能作为固定资产的劳动资料。例如管理部门的花盆、椅子、电话机等，与固定资产有相似的地方，在生产过程中可以多次使用不改变其实物形态，在使用时也需维修，报废时可能也有残值。由于它价值低、使用期限短，所以采用简便的方法，将其价值摊入产品成本，如生产加工部门使用的辅助性工具扳手、办公桌椅及文件柜等。有一些根据企业规模和核算制度要求确定列入本科目核算或者直接计入相关费用科目。

❀ **实务案例 14：低值易耗品购入与摊销**

爱华公司 3 月 20 日，综合管理部传来会议室用盆花 20 盆，单价 100 元 / 盆，开来普通发票金额 2 000 元。入库手续齐全，当日即全部领出。报销申请单签字审批手续齐全，符合报账条件。出纳已经现金支付并盖好付讫印章。低值易耗品采用五五摊销法。

会计分录：

借：低值易耗品——盆花　　　　　　　　　　　　　　　　 2 000

　　贷：库存现金　　　　　　　　　　　　　　　　　　　 2 000

借：管理费用——办公费　　　　　　　　　　　　　　　　 1 000

　　贷：低值易耗品　　　　　　　　　　　　　　　　　　 1 000

若本例中不要求采用五五摊销法，则在领用时一次性计入费用科目。

会计分录：

借：管理费用——办公费　　　　　　　　　　　　　　　　 2 000

　　贷：低值易耗品　　　　　　　　　　　　　　　　　　 2 000

8.4.10　固定资产

固定资产指企业为生产产品、提供劳务、出租或者经营管理而持有的，使用时间超过 12 个月的，价值达到一定标准的非货币性资产，包括房屋、建筑物、机器、机械、运输工具及其他与生产经营活动有关的设备、器具、工具等。固定资产是企业的劳动手段，也是企业赖以生产经营的主要资产。

❀ **实务案例 15：购入设备与折旧**

爱华公司 3 月 23 日收到采购部转来 2 月份购进增值税专用发票一张，发票列明购进货物为生产用机床设备一台，含税价格 192 100 元，税额为 22 100 元。安装调试于当日完成，款项已经银行电汇支付。财务制度规定预计残值率 5%，折旧年限 10 年，平均年限法计提折旧。

会计分录：

借：固定资产——机床 170 000.00

应交税费——应交增值税（进项税额） 22 100.00

贷：银行存款——工行 192 100.00

4月份折旧会计分录：

折旧费用：170 000×（1–5%）÷10÷12=1 345.83（元）

借：制造费用——折旧 1 345.83

贷：累计折旧——生产用固定资产 1 345.83

8.4.11 无形资产

无形资产指企业拥有或者控制的没有实物形态的可辨认的非货币性资产。资产满足下列条件之一的，符合无形资产定义中的可辨认性标准。

（1）能够从企业中分离或者划分出来，并能够单独或者与相关合同、资产或负债一起，用于出售、转移、授予许可、租赁或者交换。

🌐 **实务案例16：购入管理软件**

爱华公司从德力科技公司购入一款专项开发的管理用软件，软件合同销售单价80 000元，一次性买断价款135 000元，取得增值税普通发票。独享免费技术服务期限10年。服务期内德力公司不允许再行销售类似软件产品。付款审批单手续齐全，出纳人员已经办理电汇支付，相关业务单据已收妥。

会计分录：

借：无形资产——管理软件 80 000

——服务费 55 000

贷：银行存款——工行 135 000

（2）源自合同性权利或其他法定权利，无论这些权利是否可以从企业或其他权利和义务中转移或者分离。无形资产主要包括专利权、非专利技术、商标权、著作权、土地使用权、特许权等。

🌐 **实务案例17：软件费用摊销**

爱华公司取得一项专利技术，合同约定使用期5年，金额40 000元，取得增值税专用发票，用于产品生产的定型环节。公司财务制度规定该专利技术预计净残值为零，按直线法计进行费用摊销。

会计分录：

借：无形资产——专利技术   35 398.23

  应交税费——应交增值税（进项税额）   4 601.77

  贷：银行存款——工行   40 000.00

借：制造费用——折旧   589.97

  贷：累计摊销——专利技术摊销   589.97

第 9 章

科目应用实务

为了巩固前面的基础知识学习，本章对会计账户分类中负债类、所有者权益类、损益类、成本类，共四大类会计科目实务应用案例进行讲解。通过案例的应用，财务人员可以加深对各会计科目的印象，对核算范围有一个具体的概念，科目的实务应用也是从会计理论到实践的开始。

9.1 负债类科目应用实务

9.1.1 短期借款

短期借款指企业用来维持正常的生产经营所需的资金，或为抵偿债务而向银行或其他金融机构等外单位借入的、还款期限在一年或超过一年的一个经营周期内的各种借款。

实务案例 1：取得短期借款

爱华公司为增加周转资金，从银行贷款 2 000 000 元，期限为 1 年，年利率 6%，按月计息支付，已经办妥相关业务，款项转入公司基本账户工商银行，相关单据均收妥。

会计分录：

借：银行存款　　　　　　　　　　　　　　　　　　　　　　2 000 000

　　贷：短期借款　　　　　　　　　　　　　　　　　　　　　　2 000 000

计息支付会计分录：

按月计息支付费用：6% ÷ 12 × 2 000 000=10 000（元）

借：财务费用　　　　　　　　　　　　　　　　　　　　　　10 000

　　贷：银行存款　　　　　　　　　　　　　　　　　　　　　　10 000

9.1.2　应付账款

应付账款指因购买材料、商品或接受劳务供应等发生的债务，这是买卖双方在购销活动中由于取得物资与支付货款在时间上不一致而产生的负债（与应收账款概念相反，应收账款是债权，应付债款是债务，企业经营业务中与供应商采购等发生的欠款都在这个科目进行核算）。

实务案例及会计分录部分前面多处已涉及，此处略。

9.1.3　应付票据

应付票据是企业在商品购销活动和对工程价款进行结算采用商业汇票结算方式而发生的、由出票人出票，委托付款人在指定日期无条件支付确定的金额给收款人或者票据的持票人，包括商业承兑汇票和银行承兑汇票。

✿ 实务案例 2：办理银行汇票

爱华公司 3 月份办理银行汇票存款业务，于 4 月 5 日办理完银行汇票，有一张用于支付异地购入华生机械设备有限公司生产设备款，生产设备含税价款 830 000 元，余款部分依合同作为货到验收合格银行电汇支付。银行汇票已经办妥交给合同签订人员并收到销售方开具收款收据的传真件。

4 月办妥汇票付款时会计分录：

借：应付票据——华生机械设备有限公司　　　　　　　　830 000

　　贷：其他货币资金——银行汇票　　　　　　　　　　　　830 000

9.1.4　应付职工薪酬

应付职工薪酬指企业根据有关规定应付给职工的各种薪酬。按照"工资、奖金、津贴、补贴""职工福利""社会保险费""住房公积金""工会经费""职工教育经费""解除职工劳动关系补偿""非货币性福利""其他与获得职工提供的服务相关的支出"等应付职工薪酬项目进行明细核算。

✿ 实务案例 3：计提和支付职工工资

爱华公司 4 月 1 日收到人事部门传来应付职工薪酬清单。列明管理人员工资 100 000 元，生产人员工资 150 000 元，销售人员工资 180 000 元，审核无误后于 5 日银行存款支付完成。

计提工资会计分录：

借：管理费用——工资	100 000
制造费用——工资	150 000
销售费用——工资	180 000
贷：应付职工薪酬——工资	430 000

银行支付会计分录：

借：应付职工薪酬——工资	430 000
贷：银行存款——工行	430 000

9.1.5　应交税费

应交税费是企业应该缴纳的各项税费。企业运营中买货卖货都少不了相关的税金。新《企业会计准则》规定，"应交税费"科目核算企业按照税法等规定计算应缴纳的各种税费，包括增值税、消费税、所得税、资源税、土地增值税、城市维护建设税、房产税、土地使用税、车船使用税、教育费附加、矿产资源补偿费等。企业代扣代缴的个人所得税也通过该科目核算。而"税金及附加"科目的核算内容为企业经营活动发生的消费税、城市维护建设税、资源税和教育费附加等相关税费。企业缴纳的房产税、车船使用税、土地使用税、印花税随着税政改革也调整在"税金及附加"科目中设税金二级明细核算。

应交税费会计科目的设置可根据需要设置二级、三级明细，具体设置如下图所示。

应交税费——应交增值税（进项税额），此科目为购买材料或物料时取得增值税发票入账登记的情况。

应交税费——应交增值税（销项税额），此科目为销售货物取得收入时开具增值税发票税金登记的情况。

应交税费——应交增值税（已交税金），此科目为在税务系统里申报并进行扣税缴纳入国库的税金登记情况。

应交税费的相关明细科目及核算将在后面税金核对环节进行更详细的介绍。

9.1.6 其他应付款

其他应付款指企业在商品交易业务以外发生的应付和暂收款项，是企业除应付票据、应付账款、应付工资、应付利润等以外的应付、暂收其他单位或个人的款项。通常情况下，该科目核算企业应付、暂收其他单位或个人的款项，包括应付租入固定资产和包装物的租金，存入保证金，应付、暂收所属单位、个人的款项，管辖区内业主和物业管理装修存入保证金，应付职工统筹退休金，以及应收、暂付上级单位、所属单位的款项。

实务案例 4：付投标保证金

爱华公司财务部于 3 月 24 日收到销售部转来一笔项目投标保证金付款申请，附件中列明付款金额 50 000 元，参与投标项目为中国石油天然气有限公司西北分公司的 100 万吨天然气工程，收款单位为北京长城招标代理有限公司。出纳已经办理电汇支付，并收妥相关业务单据。

会计分录：

借：其他应付款——北京长城招标代理有限公司　　　　　　50 000
　　贷：银行存款——工行　　　　　　　　　　　　　　　　　　50 000

9.1.7 长期应付款

长期应付款是在未来很长时间内应付的款项，而会计业务中的长期应付款指除了长期借款和应付债券以外的其他多种长期应付款，主要有应付补偿贸易引进设备款和应付融资租入固定资产租赁费等（这项业务与生活中的分期付款支付购物性质相同，在一般企业活动中不涉及，此处不做赘述）。

9.2 权益类科目应用实务

9.2.1 实收资本

上市公司与其他公司的股本（实收资本）比较，最显著的特点就是将上市公司的全部资本划分为等额股份，并通过发行股票的方式来筹集资本。股东以其所认购股份对公司承担有限责任，股份是很重要的指标。股票的面值与股份总数的乘积即为股本，股本应等于公司的注册资本，所以，股本也是很重要的指标。为了直观地反映这一指标，在会计核算上股份公司应设置"股本"科目，一般性企业设置"实收资本"科目。

9.2.2 资本公积

资本公积是企业最初投入的资本多于注册资本的部分。股份公司发行股票中溢价发生的部分也在资本公积核算。这些情况都属于业务中资本的公共积累情况，与科目的概念是一致的。

🌀 **实务案例 5：收到投资款项**

爱华公司注册资本 500 万元，其中投资人甲、乙、丙分别认缴出资额 200 万元、200 万元、100 万元。银行如数收到各款项。

会计分录：

借：银行存款——工行　　　　　　　　　　　　　　5 000 000

　　贷：实收资本——甲　　　　　　　　　　　　　　　2 000 000

　　　　　　　　——乙　　　　　　　　　　　　　　　2 000 000

　　　　　　　　——丙　　　　　　　　　　　　　　　1 000 000

🌀 **实务案例 6：超额投入资本**

还依上例，如果丙存入资金 150 万元，则有如下会计分录：

借：银行存款——工行　　　　　　　　　　　　　　5 500 000

　　贷：实收资本——甲　　　　　　　　　　　　　　　2 000 000

　　　　　　　　——乙　　　　　　　　　　　　　　　2 000 000

　　　　　　　　——丙　　　　　　　　　　　　　　　1 000 000

　　　　资本公积　　　　　　　　　　　　　　　　　　500 000

9.2.3 盈余公积

盈余公积指企业从税后利润中提取形成的、存留于企业内部、具有特定用途的收益积累。盈余公积包括法定盈余公积、任意盈余公积、法定公益金。盈余公积根据其用途不同分为公益金和一般盈余公积两类。盈余公积是指企业从税后利润中提取形成的、存留于企业内部、具有特定用途的收益积累。公益金专门用于企业职工福利设施的支出，如购建职工宿舍、托儿所、理发室等方面的支出。旧《公司法》第一百七十七条规定，公司制企业按照税后利润的 5% ~ 10% 的比例提取法定公益金。2006 年，新《公司法》仅规定公司按照税后利润的 10% 提取法定公积金，取消了所有关于"法定公益金"的规定。盈余公积的概念与生活中的定期零存整取很相似，如小王根据自己的收入情况，每月从收入扣除实际生活开支后的余额中抽出 100 元，作为一笔固定爱心善款的项目存入专用账户，用于社会上的爱心及特困救助活动。

⚙ 实务案例 7：提取法定盈余公积

爱华公司按照税后利润的 10% 提取法定盈余公积。2020 年度爱华公司税后利润为 1 500 000 元。财务部核算提取金额 150 000 元。

会计分录：

借：利润分配——提取法定盈余公积	150 000
贷：盈余公积——法定盈余公积	150 000

盈余公积的用途（一般了解）如下：

（1）弥补亏损。

企业发生亏损时，应由企业自行弥补。弥补亏损的渠道主要有以下三条。

①用以后年度税前利润弥补。按照现行制度规定，企业发生亏损时，可以用以后五年内实现的税前利润弥补，即税前利润弥补亏损的期间为五年。

②用以后年度税后利润弥补。企业发生的亏损经过五年期间未弥补足额的，尚未弥补的亏损应用所得税后的利润弥补。

③以盈余公积弥补亏损。企业以提取的盈余公积弥补亏损时，应当由公司董事会提议，并经股东大会批准。

（2）转增资本。

企业将盈余公积转增资本时，必须经股东大会决议批准。在实际将盈余公积转增资本时，要按股东原有持股比例结转。盈余公积转增资本时，转增后留存的盈余公积的数额不得少于注册资本的 25%。

（3）分配股利。

分配股利，原则上企业当年没有利润，不得分配股利，如为了维护企业信誉，用盈余公积分配股利，必须符合以下条件。

① 用盈余公积弥补亏损后，该项公积金仍有结余。

② 用盈余公积分配股利时，利率不能太高，不得超过股票面值的 6%。

③ 分配股利后，法定盈余公积金不得低于注册资本的 25%。

9.2.4　本年利润

本年利润是权益类科目，借方代表本年亏损，贷方表示本年的利润。利润总额核算方法为账结法。

（1）企业每月结账时，将损益类科目的余额，全部转入"本年利润"科目，通过"本年利润"科目结出本月份的利润总额或亏损总额，以及本年累计损益。

（2）将所有收入类科目余额转入"本年利润"科目时，借记"主营业务收入""其他业务收入""投资收益""营业外收入"等科目，贷记"本年利润"科目。

（3）将所有支出科目余额转入"本年利润"科目时，借记"本年利润"科目，贷记"税金及附加""主营业务成本""销售费用""其他业务支出""管理费用""财务费用""营业外支出"等科目。

结转"本年利润"科目的最终余额（净利润或净亏损）结转后，"本年利润"科目应无余额。

⊛ 实务案例 8：账结法结转损益

爱华公司 2020 年 4 月份实现销售收入 100 万元，主营业务成本 55 万元，销售费用 17 万元，管理费用 15 万元，财务费用 6 万元。其他科目余额忽略不计。

结转本年利润会计分录：

借：主营业务收入	1 000 000
贷：本年利润	1 000 000
借：本年利润	930 000
贷：主营业务成本	550 000
销售费用	170 000
管理费用	150 000
财务费用	60 000
借：本年利润	70 000
贷：利润分配——未分配利润	70 000

如果结转损益后为借方余额，会计分录：

借：利润分配——未分配利润   7 500

  贷：本年利润   7 500

9.2.5 利润分配

利润分配是将企业实现的净利润，按照国家财务制度规定的分配形式和分配顺序，在企业和投资者之间进行的分配。利润分配的过程与结果，是关系到所有者的合法权益能否得到保护，企业能否长期、稳定发展的重要问题。为此，企业必须加强利润分配的管理和核算。

9.3 损益类科目应用实务

9.3.1 销售费用

销售费用科目核算企业销售商品和材料、提供劳务的过程中发生的各种费用，包括保险费、包装费、展览费和广告费、商品维修费、预计产品质量保证损失、运输费、装卸费等，以及为销售本企业商品而专设的销售机构（含销售网点、售后服务网点等）的职工薪酬、业务费、折旧费等经营费用。本科目应当按照费用项目进行明细核算。期末，应将本科目余额转入"本年利润"科目，结转后本科目应无余额。

实务案例 9：销售相关费用

爱华公司 3 月份实现预期销售目标 600 万元，经统计本月共发生与销售商品相关的包装费 73 000 元、广告业务宣传费 220 000 元、运输装卸费 150 000 元、销售部门的工资福利费 282 000 元。包装、业务宣传费已经办妥手续并完成网银付款。运输装卸费公司月结，此款项暂不支付。

会计分录：

借：销售费用——包装费   73 000

  销售费用——业务宣传费   220 000

  销售费用——运输装卸费   150 000

  销售费用——工资福利   282 000

贷：银行存款	293 000
应付账款	150 000
应付职工薪酬	282 000

9.3.2 管理费用

管理费用是企业行政管理部门为组织和管理生产经营活动而发生的各项费用。管理费用属于期间费用，在发生的当期就计入当期的损益。本科目核算的明细比较多：公司经费、职工教育经费、业务招待费、税金（在应交税费科目介绍过，管理费用中的税金指印花税、车船税等）、技术转让费、无形资产摊销、咨询费、诉讼费、开办费摊销、上缴上级管理费、劳动保险费、待业保险费、董事会会费及其他管理费用。

月终，将借方归集的管理费用全部由"管理费用"科目的贷方转入"本年利润"科目的借方，计入当期损益。结转管理费用后，"管理费用"科目期末无余额。

直接支付费用，属于直接支付费用的主要业务有招待费、审计费、诉讼费、土地使用税、印花税、车船使用税等。

（⊛）**实务案例 10：管理相关费用**

爱华公司月末用现金 40 元支付印花税。结转应付房产税 3 000 元，车船使用税 4 000 元，土地使用税 8 500 元，共计 15 500 元。

会计分录：

借：管理费用	40	
贷：库存现金		40
借：管理费用	15 500	
贷：应交税费		15 500

9.3.3 财务费用

财务费用指企业在生产经营过程中为筹集资金而发生的筹资费用，包括企业生产经营期间发生的利息支出（减利息收入）、汇兑损益（有的企业如商品流通企业、保险企业进行单独核算，不包括在财务费用）、金融机构手续费，企业发生的现金折扣或收到的现金折扣等。但在企业筹建期间发生的利息支出，应计入开办费；为购建或生产满足资本化条件的资产发生的应予以资本化的借款费用，在"在建工程""制造费用"等账户中核算。

财务费用发生时，计入该科目的借方，期末将余额结转"本年利润"账户，结转后，该账户无余额。财务费用科目可根据需要设置二级明细，如"利息收入""利息支出"，有外币业务的还会设置"汇兑损益"，而我们最常用的则是"手续费"。

实务案例 11：利息、手续费

3月末爱华公司基本户银行收到第一季度银行计息收入653.47元，款项已经入账。网银电汇付款的电汇手续支出共79笔，合计金额395元，相关业务单据收妥。

会计分录：

借：银行存款——工行   653.47

    贷：财务费用——利息收入   653.47

借：财务费用——手续费   395.00

    贷：银行存款——工行   395.00

9.3.4　主营业务收入

主营业务收入指企业经常性的、主要业务所产生的基本收入，如制造业的销售产品、非成品和提供工业性劳务作业的收入；商品流通企业的销售商品收入；旅游服务业的门票收入、客户收入、餐饮收入等。主营业务收入发生时是在贷方，每到月末要在借方转入本年收入，主营业务收入月末没有余额，所以就没有借贷差。通常累计栏填写本会计年度截至本期的累计发生额，具体情况具体处理。主营业务收入可以记录本月发生额，也可以设置累计发生额栏。

实务案例 12：销售产品与成本损益结转

亿锦科技公司经销办公用品，3月份共开具销售增值税专用发票122份，合计销售金额320 000元。产品成本共计225 000元，销售费用16 000元，管理费用11 000元，假设全部款项银行已经收妥，无其他项目业务发生。

确认收入会计分录：

借：银行存款 320 000.00

　　贷：主营业务收入 283 185.84

　　　　应交税费——应交增值税（销项税额） 36 814.16

结转成本会计分录：

借：主营业务成本 225 000.00

　　贷：库存商品 225 000.00

月末结转损益会计分录：

借：主营业务收入 283 185.84

　　贷：本年利润 283 185.84

借：本年利润 252 000.00

　　贷：主营业务成本 225 000.00

　　　　销售费用 16 000.00

　　　　管理费用 11 000.00

通过结转本年利润可以看出，最终的本年利润为贷方余额283 185.84-252 000=31 185.84（元）。

9.3.5 主营业务成本

利润表中的"主营业务成本"反映的是企业当期销售产品或提供劳务所含的成本，即产品成本。每期期末实现销售收入的产品都要做相应的成本结转，结转后一般本科目无余额。实务案例见前例。

9.3.6 税金及附加

企业生产经营活动中的相关税费，主要是增值税附征的城建税、教育费附加、地方教育费附加等。

9.3.7 其他业务收入

其他业务收入账户属于损益类账户，核算企业除产品销售以外的其他销售或其他业务收入，如材料销售、技术转让、固定资产出租、包装物出租、运输等非工业性的劳务收入。

9.3.8 营业外收入

营业外收入账户属于损益类账户，核算企业发生与企业生产经营无直接关系的各项收入，包括固定资产盘盈、处理固定资产净收益、违约金收入、确实无法支付而应转作营业外收入的应付款项、教育费附加返还等。

⚙ **实务案例 13：出租闲置办公楼**

爱华公司为食品生产加工企业，2月1日公司将自有办公楼闲置部分用于对外出租，租期自3月1日起到8月31日止，时长6个月，租金12 000元。款项已经收入银行。

会计分录：

借：银行存款   12 000

    贷：其他业务收入   12 000

营业外收入指与企业生产经营活动没有直接关系的各种收入。营业外收入并不是由企业经营资金耗费所产生的，不需要企业付出代价，实际上是一种纯收入，不可能也不需要与有关费用进行配比。因此，在会计核算上，应当严格区分营业外收入与营业收入的界限。营业外收入主要包括：固定资产盘盈、处置固定资产净收益、罚款净收入等。

9.3.9 营业外支出

营业外支出指与企业生产经营无直接关系的各项支出。主要有固定资产盘亏、报废、毁损的损失，是企业的固定资产清查盘点后盘亏的损失，以及固定资产受自然灾害等人类无法抗拒原因而报废、毁损的损失。企业的一些罚没款项也在本科目核算。

⚙ **实务案例 14：固定资产报废**

兴达公司在月末盘点时发现固定资产报废1台光谱扫描仪，原价8 000元，预计净残值500元，已提完折旧7 000元，取得残值300元（此处不考虑相关税费）。

转入清理会计分录：

借：固定资产清理   1 000

    累计折旧   7 000

    贷：固定资产   8 000

收到残值会计分录：

借：银行存款   300

  贷：固定资产清理   300

结转清理会计分录：

借：营业外支出   700

  贷：固定资产清理   700

❀ 实务案例 15：月末结转损益

汉城公司 2020 年 4 月份损益科目余额表如下。财务已经做完所有业务凭证，要求按下图所示进行月末结转。

科目余额表		
科目名称	本期借方发生额	本期贷方发生额
主营业务收入	3,427,326.46	3,427,326.46
主营业务成本	2,306,857.93	2,306,857.93
税金及附加	11,946.71	11,946.71
销售费用	1,454,234.04	1,454,234.04
管理费用	1,341,749.79	1,341,749.79
财务费用	1,560.19	1,560.19
营业外收入	204,166.67	204,166.67
资产减值损失	893,302.19	893,302.19
营业外支出	15,649.55	15,649.55
合　计	9,656,793.53	9,656,793.53

结转收入会计分录：

借：主营业务收入   3 427 326.46

  营业外收入   204 166.67

  贷：本年利润   3 631 493.13

结转成本费用会计分录：

借：本年利润   4 571 066.36

  贷：主营业务成本   2 306 857.93

    税金及附加   11 946.71

    管理费用   1 341 749.79

    销售费用   1 454 234.04

    财务费用   1 560.19

    资产减值损失   893 302.19

    营业外支出   15 649.55

本年利润的借贷方余额：借方总计 4 571 066.36 元，贷方总计 3 631 493.13 元，余额在借方 939 573.23 元。

本科目余额借方表示本月收入减去成本费用后的余额是负数。本月经营情况为亏损 939 573.23 元。

9.3.10 所得税费用

🌀 **实务案例 16：计算结转所得税**

爱华公司 3 月末利润表中本年利润本月 10 320 元，本年累计总额 30 000 元，按相关规定计算预缴一季度所得税。企业适用所得税率 25%。

会计分录：

借：所得税费用   7 500

  贷：应交税费——应交所得税   7 500

将费用转入本年利润，会计分录：

借：本年利润   7 500

  贷：所得税费用   7 500

以前年度损益调整科目核算企业本年度发生的调整、以前年度损益的事项及本年度发现的重要前期差错，更正涉及调整以前年度损益的事项，企业在资产负债表日至财务报告批准报出日之间发生的需要调整报告年度损益的事项，也可以通过本科目核算，即"以前年度损益调整"主要调整的是以前年度的重要差错，以及资产负债表日后事项。作为损益类项目的过渡性科目，其余额最终转入"利润分配——未分配利润"科目。该调整金额不体现在本期利润表上，而是体现在未分配利润中。

通过对科目设置、核算范围、实务案例的学习，我们可以对会计的专用语言表达有更深刻的印象。会计科目的设置可依"资产负债表""利润表"并结合企业实际情况进行。实务中多做业务、多用科目、多问为什么、多请教有经验的同事和老师，将使自己受益良多。同时，送给大家一句话：实践出真知！

第三部分

会计实务案例篇

第 10 章

建　　账

建账就是建立账簿，也是将企业实务以专业的会计语言"会计科目"表达和专用格式"会计账簿"记载列示过程的开始，它是会计理论和实践的连接点，如下图所示。本章开始手工建账流程和注意事项的学习及软件建账的概括内容。

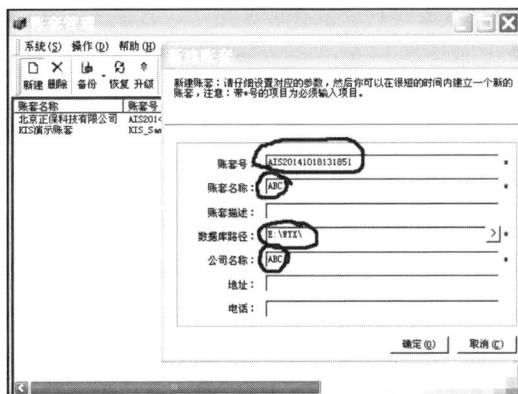

▆▆▆ 10.1　建账的流程 ▆▆▆

建账就是把会计要做的凭证和要登记的账本分列并标记好。这一项工作并不难，通过企业的业务常用科目建立即可。前面我们学习过科目的设置，那也是建账工作的前提，只有清楚企业的经营业务涉及的相关会计科目才能够将建账做到得心应手。下面介绍手工账情况。

10.1.1　手工账介绍

准备账簿工作中企业建账需要的账本，具体如下：

（1）两本三栏日记账，分别是库存现金日记账和银行存款日记账，用来登记"库存现金"和"银行存款"科目的收付情况。

（2）一本多栏明细账作为费用明细账，这本账可以设置"管理费用""销售费用""财务费用""应付职工薪酬"科目。根据企业费用账务的多少分配账页，如管理费用比较多就多留账页，财务费用比较少可以适当减少账页。

（3）一本数量金额式账簿，做商品账使用。登记"库存商品""原材料"等存货科目。

（4）一本固定资产明细账，登记"固定资产"和"累计折旧"科目的情况。

（5）一本应交税费明细账，登记"应交税费"科目下的各项明细情况。这本账只供一般纳税人使用。

（6）一本成本账，专门登记"生产成本"和"制造费用"科目的账务核算情况。

（7）一本往来账，往来账户多的企业要按"应收账款""应付账款"分别建账。

（8）一本三栏式明细账，登记"主营业务收入""主营业务成本""税金及附加""其他业务收入""其他业务成本""所得税费用""实收资本""盈余公积""本年利润""利润分配"等科目。

（9）一本总账，登记明细账的汇总情况。总账里的每一个科目都有相应的明细账科目。因为总账的科目数据都是由明细账而来。

总账及明细账如下图所示。

科目名称　　原材料明细分类账

类别：原料及主要材料　　　　　　　　　　　　　　　　　　　　　　　编号：

品名或规格：2#不纹纸　　　　　　　　存放地点：材料仓库　　　　　　　总第　页

储备定额：　　　　　　最高储备量：　　　　　　最低储备量：　　计量单位：张　　分第　页

年		凭证		摘要	对应科目	借　方			贷　方			余　额		
月	日	类别	号数			数量	单价	金额	数量	单价	金额	数量	单价	金额
12	1			期初结余								1 700	10	17 000.00
	8	领料单	0619	生产领料					420			1 280		
	31	转	3	结转发出材料成本	生产成本				420	10	4 200	1 280	10	12 800
	31			本月合计					420	10	4 200	1 280	10	12 800

　　总账建立：按资产、负债、所有者权益、成本、收入、费用的顺序将各项一级科目设置好，手工账的建立相对简单。将总账科目根据情况用口取纸分页写好，分配好会计科目占用的账页数量粘在总账账页上标明即可。根据总账科目分别选择相应的进销存三栏明细账和多栏明细账，建好账页以后，凭证业务做完就要逐笔登记到明细账中，月末再根据明细账进行总账登记。

10.1.2　软件建账介绍

　　随着软件的应用越来越广泛，下面简单介绍一下软件建账的情况。软件财务账的建立与手工账的原理相同，只是在有些科目的设置中涉及的条件更多些，企业常用科目及建账设置事项见下表。

企业常用科目及建账设置事项

科目代码	科目名称	科目类别	余额方向	外币核算	期末调汇	在来业务核算	数量金额辅助核算	现金科目	银行科目	出日记账	现金等价物	科目记息	日利率/‰	项目辅助
1001	库存现金	流动资产	借	否	否	否	否	是	否	否	否	否	0	
1002	银行存款	流动资产	借	否	否	否	否	否	是	否	否	否	0	
1122	应收账款	流动资产	借	是	是	否	否	否	否	否	否	否	0	客户
1123	预付账款	流动资产	借	否	否	否	否	否	否	否	否	否	0	供应商
1231	其他应收款	流动资产	借	否	否	否	否	否	否	否	否	否	0	
1241	坏账准备	流动资产	贷	否	否	否	是	否	否	否	否	否	0	
1403	原材料	流动资产	借	否	否	否	是	否	否	否	否	否	0	
1406	库存商品	流动资产	借	否	否	否	否	否	否	否	否	否	0	
1412	包装物	流动资产	借	是	否	否	否	否	否	否	否	否	0	
1413	低值易耗品	流动资产	借	否	否	否	否	否	否	否	否	否	0	
1601	固定资产	长期资产	借	否	否	否	否	否	否	否	否	否	0	
1602	累计折旧	长期资产	贷	否	否	否	否	否	否	否	否	否	0	
1606	固定资产清理	长期资产	借	否	否	否	否	否	否	否	否	否	0	
1701	无形资产	长期资产	借	否	否	否	否	否	否	否	否	否	0	
1702	累计摊销	长期资产	贷	否	否	否	否	否	否	否	否	否	0	
1901	待处理财产损溢	流动资产	借	否	否	否	否	否	否	否	否	否	0	
2001	短期借款	流动负债	贷	否	否	否	否	否	否	否	否	否	0	
2201	应付票据	流动负债	贷	否	否	否	否	否	否	否	否	否	0	供应商
2202	应付账款	流动负债	贷	是	是	否	否	否	否	否	否	否	0	供应商
2205	预收账款	流动负债	贷	否	否	否	否	否	否	否	否	否	0	
2211	应付职工薪酬	流动负债	贷	否	否	否	否	否	否	否	否	否	0	

科目代码	科目名称	科目类别	余额方向	外币核算	期末调汇	往来业务核算	数量金额辅助核算	现金科目	银行科目	出日记账	现金等价物	科目记息	日利率/‰	项目辅助
2221	应交税费	流动负债	贷	否	否	否	否	否	否	否	否	否	0	
2241	其他应付款	流动负债	贷	否	否	否	否	否	否	否	否	否	0	
4001	股本	所有者权益	贷	否	否	否	否	否	否	否	否	否	0	
4002	资本公积	所有者权益	贷	否	否	否	否	否	否	否	否	否	0	
4101	盈余公积	所有者权益	贷	否	否	否	否	否	否	否	否	否	0	
4103	本年利润	所有者权益	贷	否	否	否	否	否	否	否	否	否	0	
4104	利润分配	所有者权益	贷	否	否	否	否	否	否	否	否	否	0	
5001	生产成本	成本	借	否	否	否	否	否	否	否	否	否	0	
5101	制造费用	成本	借	否	否	否	否	否	否	否	否	否	0	
6001	主营业务收入	营业收入	贷	所有	否	否	否	否	否	否	否	否	0	
6051	其他业务收入	营业收入	贷	所有	否	否	否	否	否	否	否	否	0	
6301	营业外收入	其他收益	贷	否	否	否	否	否	否	否	否	否	0	
6401	主营业务成本	营业成本及税金	借	否	否	否	否	否	否	否	否	否	0	
6402	其他业务成本	营业成本及税金	借	否	否	否	否	否	否	否	否	否	0	
6403	税金及附加	营业成本及税金	借	否	否	否	否	否	否	否	否	否	0	
6601	销售费用	期间费用	借	否	否	否	否	否	否	否	否	否	0	
6602	管理费用	期间费用	借	否	否	否	否	否	否	否	否	否	0	
6603	财务费用	期间费用	借	否	否	否	否	否	否	否	否	否	0	
6711	营业外支出	其他损失	借	否	否	否	否	否	否	否	否	否	0	
6801	所得税	所得税	借	否	否	否	否	否	否	否	否	否	0	
6901	以前年度损益调整	以前年度损益调整	贷	否	否	否	否	否	否	否	否	否	0	部门

10.2 建账的注意事项

在软件中与建账科目相关的设置条件及明细，如现金、银行存款、应收账款等科目设置时要考虑到是否有外币、外币币种等，然而在手工账操作中，不会这么复杂。只做前一天基本的科目设置，其他的具体明细以及根据企业核算需要新增科目只需在账本中直接新增即可（看上表各列中，对相应的科目进行了规定，比前一天的更细致，资产类中又细分为流动资产和非流动资产。像每天生活开销支出的钱就是流动资产，如分期付款购入一台电脑就是"固定资产"，属于非流动资产，即长期拥有的资产）。

我们看到有关科目设置过程中的补充项，如应收账款设置时要选择辅助核算中的客户，选择该项以后可以列示客户的明细情况。应付账款则要选择供应商，在供应商明细账查询中方便区分。有外币业务的科目会有提示，是否外币核算。有外币时涉及的科目应该选择所有币别，如应收账款一定不只是外币，还有人民币的部分。这些具体的细节设置都在账套科目设置时有标明，根据需要选择即可。科目的明细级别如下图所示。这里设置了级别后，在接下来的科目中就可以设置二级、三级科目，如 1002 科目代码对应银行存款，可以设置 100201 工商银行二级明细，还可以进一步设置 100201001 工商银行南华支行，其他科目同理。

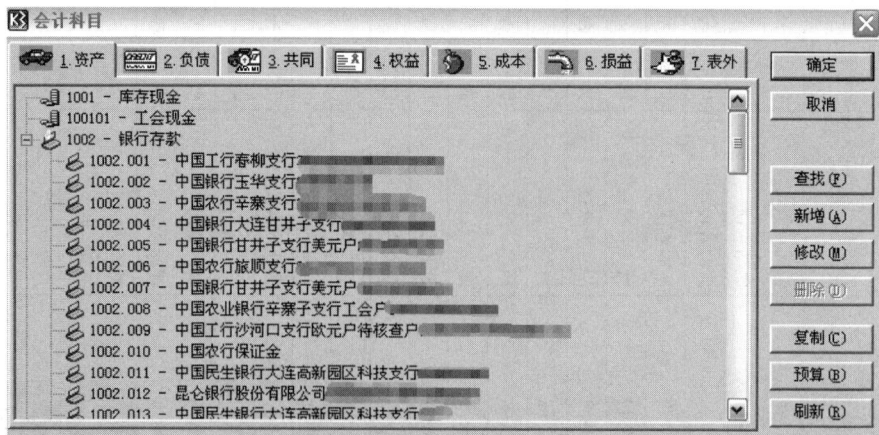

电脑软件设置好的总账账目表如下图所示：

科目代码	科目名称	期间	摘要	借方	贷方		余额
1001	库存现金	11	期初余额			借	177,106.12
		11	本期合计	380,491.68	398,359.87	借	159,237.93
		11	本年累计	4,603,242.44	4,452,384.50	借	159,237.93
100101	工会现金	11	期初余额			借	5,273.10
		11	本期合计			借	5,273.10
		11	本年累计	126,349.14	121,076.04	借	5,273.10
1002	银行存款	11	期初余额			借	3,356,173.85
		11	本期合计	8,186,350.29	8,030,474.26	借	3,512,049.88
		11	本年累计	122,316,938.40	122,464,927.49	借	3,512,049.88
1015	其他货币资金	11	期初余额			借	2,526,226.98
		11	本期合计	513,000.00	313,000.00	借	2,726,226.98
		11	本年累计	2,726,200.00	388,099.46	借	2,726,226.98
1121	应收票据	11	期初余额			平	
		11	本期合计	4,955,575.00	4,955,575.00	平	
		11	本年累计	31,866,845.52	32,136,845.52	平	
1122	应收账款	11	期初余额			借	72,612,208.39
		11	本期合计	3,743,557.06	7,081,407.70	借	69,274,357.75
		11	本年累计	55,243,520.33	63,534,460.82	借	69,274,357.75
1231	其他应收款	11	期初余额			借	2,566,686.76
		11	本期合计	1,268,673.41	1,010,494.17	借	2,824,866.00
		11	本年累计	6,823,474.78	5,452,233.26	借	2,824,866.00
1241	坏账准备	11	期初余额			贷	10,082,333.06
		11	本期合计			贷	10,082,333.06
		11	本年累计		3,012,298.33	贷	10,082,333.06
1401	发出商品调整	11	期初余额			贷	8,445,271.35
		11	本期合计		1,387,173.27	贷	9,832,444.62
		11	本年累计	30.00	-1,267,789.01	贷	9,832,444.62
1403	原材料	11	期初余额			借	5,293,160.51
		11	本期合计	3,433,549.73	3,302,009.38	借	5,424,700.86
		11	本年累计	36,425,488.40	34,581,413.13	借	5,424,700.86
1405	发出商品备件	11	期初余额			借	486,345.24
		11	本期合计	458,316.28	107,228.05	借	837,433.47
		11	本年累计	1,320,127.42	642,928.24	借	837,433.47
1406	库存商品	11	期初余额			借	4,992,614.48
		11	本期合计	2,798,683.72	2,095,054.76	借	5,696,243.44
		11	本年累计	33,561,540.64	34,891,101.23	借	5,696,243.44
1407	发出商品	11	期初余额			借	7,958,926.11
		11	本期合计	1,555,064.43	518,979.39	借	8,995,011.15
		11	本年累计	18,007,148.57	19,952,166.76	借	8,995,011.15
1408	自制半成品	11	期初余额			借	2,066,825.51
		11	本期合计		58,803.41	借	2,008,022.10
		11	本年累计	384,344.74	220,467.59	借	2,008,022.10

	总分类账					期间：20□□年第11期	币别：(综合本位币

科目代码	科目名称	期间	摘要	借方	贷方		余额
1409	进料加工自制半成品	11	期初余额			平	
		11	本期合计			平	
		11	本年累计			平	
1411	委托加工物资	11	期初余额			借	725,569.68
		11	本期合计	1,786,142.31	98,720.95	借	2,412,991.04
		11	本年累计	3,775,457.67	2,144,701.99	借	2,412,991.04
1412	包装物	11	期初余额			平	
		11	本期合计			平	
		11	本年累计			平	
1413	低值易耗品	11	期初余额			平	
		11	本期合计			平	
		11	本年累计	-30,174.48		平	
1461	存货跌价准备	11	期初余额			贷	739,958.96
		11	本期合计			贷	739,958.96
		11	本年累计			贷	739,958.96
1524	长期股权投资	11	期初余额			借	30,000,000.00
		11	本期合计			借	30,000,000.00
		11	本年累计			借	30,000,000.00
1601	固定资产	11	期初余额			借	15,315,087.90
		11	本期合计	137,059.84		借	15,452,147.74
		11	本年累计	1,685,202.16	1,396,378.53	借	15,452,147.74
1602	累计折旧	11	期初余额			贷	7,834,079.26
		11	本期合计		165,159.32	贷	7,999,238.58
		11	本年累计	1,197,716.37	1,695,471.26	贷	7,999,238.58
160201	累计折旧调整	11	期初余额			平	
		11	本期合计			平	
		11	本年累计			平	
1604	在建工程	11	期初余额			平	
		11	本期合计			平	
		11	本年累计			平	
1606	固定资产清理	11	期初余额			平	
		11	本期合计			平	
		11	本年累计	223,838.83	223,838.83	平	
1701	无形资产	11	期初余额			借	571,898.04
		11	本期合计			借	571,898.04
		11	本年累计	101,406.84		借	571,898.04
1702	累计摊销	11	期初余额			贷	220,870.68
		11	本期合计		7,166.46	贷	228,037.14
		11	本年累计		80,830.13	贷	228,037.14
1811	递延所得税资产	11	期初余额			借	2,685,003.75
		11	本期合计			借	2,685,003.75
		11	本年累计	487,372.00	-182,465.69	借	2,685,003.75

　　资产类科目总账。财务人员刚看到表格一定会觉得比较乏味枯燥，很多时候我们需要学会调动自己的兴趣点，找到爱好所在。选择从事财务行业，一定有一个最开始的初衷，哪怕是很简单的一个理由。我们可以自己做一个假设，假设你自己拥有一家企业，而这个报表的数据是你的企业财务提供的，想到这里看看这张总资产表是不是心情很不一样呢？

　　财务人员需要学会看账和表。资产总账体现的是企业的总资产价值情况。资产总账期初余额 + 本期增加（借方）- 本期减少（贷方）= 本期余额。当然这里想确定全部资产总计金额需要将"库存现金"至"递延所得税资产"科目的所有科目余额相加计算得出。需要注意的是"应收账款"有备抵科目"坏账准备"。固定资产和无形资产的余额也要减掉相应的"累计折旧"和"累计摊销"科目的贷方余额，如下图所示：

负债类科目总账。当然还有短期借款、长期借款等科目企业可根据实际情况进行设置。顾名思义，负债就是企业应该承担的需要付出款项的义务体现。负债的总计金额为各科目贷方余额合计得出，如有借方余额科目需要在合计里减除，如下图所示：

权益及成本类科目总账。股本、盈余公积、专项储备、本年利润、利润分配为权益类科目。权益类科目体现的是企业的投资人所拥有企业的权益情况。此处的生产成本属于企业资产中的存货范围，因为生产还没有结束，会有发生的成本费用体现在科目中。制造费用、技术研发成本都是月末正常不会存在余额的科目。正常情况下，在月末时当期发生的费用都要进行结转至已完工产品。有未完工产品情况就会存在于生产成本科目中。成本类科目总账体现的是企业在生产加工状态的价值情况如下图：

总分类账

期间：□□□年第11期　币别：(综合本位币

科目代码	科目名称	期间	摘要	借方	贷方	余额
6001	主营业务收入	11	期初余额			平
		11	本期合计	3,024,046.14	3,024,046.14	平
		11	本年累计	45,175,502.92	45,175,502.92	平
6051	其他业务收入	11	期初余额			平
		11	本期合计	88,743.59	88,743.59	平
		11	本年累计	313,529.91	313,529.91	平
6301	营业外收入	11	期初余额			平
		11	本期合计			平
		11	本年累计	3,255,124.01	3,255,124.01	平
6401	主营业务成本	11	期初余额			平
		11	本期合计	2,095,054.76	2,095,054.76	平
		11	本年累计	34,713,670.89	34,713,670.89	平
6402	其他业务成本	11	期初余额			平
		11	本期合计			平
		11	本年累计	265,895.72	265,895.72	平
6403	税金及附加	11	期初余额			平
		11	本期合计	105,357.52	105,357.52	平
		11	本年累计	335,520.47	335,520.47	平
6601	销售费用	11	期初余额			平
		11	本期合计	2,007,840.14	2,007,840.14	平
		11	本年累计	13,602,938.23	13,602,938.23	平
6602	管理费用	11	期初余额			平
		11	本期合计	1,523,280.00	1,523,280.00	平
		11	本年累计	16,873,117.79	16,873,117.79	平
6603	财务费用	11	期初余额			平
		11	本期合计	12,462.16	12,462.16	平
		11	本年累计	44,802.15	44,802.15	平
6701	资产减值损失	11	期初余额			平
		11	本期合计			平
		11	本年累计	3,012,298.33	3,012,298.33	平
6711	营业外支出	11	期初余额			平
		11	本期合计			平
		11	本年累计	-14,917.11	-14,917.11	平
6801	所得税费用	11	期初余额			平
		11	本期合计			平
		11	本年累计	-937,282.40	-937,282.40	平
6901	以前年度损益调整	11	期初余额			平
		11	本期合计			平
		11	本年累计	363,055.78	363,055.78	平

损益类科目总账。体现的是企业收入和期间费用发生情况。损益类的科目每期都会全额结转，月末差额会体现在本年利润科目中，反映的是企业的盈利信息。

电子系统的软件建账比手工建账程序上多了一些设置环节，如会计账套的启用选择，凭证的借贷方向设置、现金流量设置等。除了这些以外，系统还有自动提示功能，原理与手工账相同。软件建账比手工建账的优势在于月末结算时节省了大量汇总和核对时间，降低了财务人员的劳动强度，也减轻了工作压力。通过本章的学习，就是要将前面学习的会计科目最初始应用操作起来，学习建立账簿。手工、软件的账簿建立，其实就是对企业会计核算业务中涉及的会计科目进行分类并登记，以便于后续的凭证业务登记和汇总登记业务顺利展开，这也是为月末的报表工作做好准备。为了加深理解应用可通过 Excel 表格进行手工建账的练习，多动手操作，多练习使用会计科目，自然会熟能生巧。

第 11 章

货币资金核算

企业生产经营活动离不开货币资金，也正是企业的生产经营活动和社会发展的进步需要，才使货币资金由原来的库存现金和银行存款慢慢衍生出其他货币资金中的若干项内容。由此可知，货币资金的核算也是财务核算工作的重要组成部分。

══ 11.1 货币资金概念 ══

货币资金指在企业生产经营过程中处于货币形态的那部分资金，按其形态和用途不同可分为库存现金、银行存款和其他货币资金。它是企业中最活跃的资金，流动性强，是企业的重要支付手段和流通手段，是企业流动资产的重点。

══ 11.2 核算范围 ══

货币资金是资产负债表的一个流动资产项目，包括库存现金、银行存款和其他货币资金三个总账账户的期末余额。其他货币资金包括外埠存款、银行汇票存款、银行本票存款、信用证保证金存款、信用卡存款、存出投资款等。具有专门用途的货币资金不包括在内。

企业在经营过程中，大量的经济活动都是通过货币资金的收支来进行的。例如，商品的购进、销售，工资的发放，税费的缴纳等都需要通过货币资金进行收付结算。一个企业货币资金拥有量的多少，也是企业偿债能力和支付能力大小的体现，是投资者分析、判断企业财务状况的重要指标。在企业资金循环周转过程中起着连接和纽带的作用。因此，企业需要保持一定数量的货币资金，保证业务经营的正常需要，同时避免和减少不合理的占压资金，并按照货币资金管理的有关规定，对各种收付款项进行结算。

11.3 实务会计处理

货币资金是资产类项目。关于资产类科目的会计核算，增加时计入相关科目的借方，减少时计入相关科目的贷方。结合会计有借必有贷，借贷必相等的原则。以下是对企业的日常涉及货币资金业务进行会计语言表达、记录和处理的相关案例。

◉ **实务案例**

正华公司 2020 年 3 月 10 日共发生 10 笔货币资金业务。

（1）预付款采购。

收到采购部付款申请单两份，一份为新建采购供应商北方工具有限公司预付款金额 5 000 元，附件为采购合同、审批单手续齐全；另一份为 10 日内月结付款计划的丰顺配件厂，付款审批金额为 30 000 元，经查丰顺配件厂应付账款余额为 72 000 元。审核无误出纳已经在工商银行基本户办理电汇支付，相关业务单据已经收妥。

会计分录：

借：预付账款——北方工具有限公司	5 000
贷：银行存款——工商银行	5 000
借：应付账款——丰顺配件厂	30 000
贷：银行存款——工商银行	30 000

（2）付生产用电费。

收到生产管理部转来报销单一笔，费用项目为 2 月份电费 21 500 元，附件为供电公司开具增值税专用发票列明费用 19 026.55 元，税额 2 473.45 元。审核各项手续齐全，出纳现金支付。

会计分录：

借：制造费用——水电费	19 026.55
应交税费——应交增值税（进项税额）	2 473.45

貸：库存现金　　　　　　　　　　　　　　　　　21 500

（3）现付管理部招待费。

现金报销综合管理部王菲的业务招待费3 200元，附件为招待餐饮定额发票及消费清单。收到归还预借招待费4 000元，已经开具收款收据并盖收讫印章。

会计分录：

借：管理费用——业务招待费　　　　　　　　　3 200

　　贷：库存现金　　　　　　　　　　　　　　3 200

借：库存现金　　　　　　　　　　　　　　　　4 000

　　贷：其他应收款——王菲　　　　　　　　　4 000

（4）办理保函。

应客户要求办理一笔保函保证金150 000元，款项已由一般户农业银行济南路支行转出，已经办妥收到银行划账通知单。

会计分录：

借：其他货币资金——保函保证金　　　　　150 000

　　贷：银行存款——农业银行济南路支行　150 000

（5）缴纳员工保险。

收到综合管理部转来支票申请单一份，领用事由为缴纳职工社会保险费用，金额13 850.24元，其中个人部分3 205.14元。审核无误出纳开具中国银行支票一张。

会计分录：

借：应付职工薪酬——养老保险　　　　　　　4 155.07

　　应付职工薪酬——医疗保险　　　　　　　3 349.52

　　应付职工薪酬——生育保险　　　　　　　1 108.02

　　应付职工薪酬——工伤保险　　　　　　　　731.66

　　应付职工薪酬——失业保险　　　　　　　1 300.83

　　其他应付款——代扣个人部分　　　　　　3 205.14

　　贷：银行存款——中国银行　　　　　　　13 850.24

（6）银行收到款项。

收到基本户工商银行回单两张，一张收款金额60 000元，收款项目为货款，付款人为北京旺达公司。另一张收款金额22 000元，收款项目为投标保证金退回，付款人为北京嘉盛招标代理有限公司。

会计分录：

借：银行存款——工商银行　　　　　　　　　　　　　　60 000
　　贷：应收账款——北京旺达公司　　　　　　　　　　　　　60 000
借：银行存款——工商银行　　　　　　　　　　　　　　22 000
　　贷：其他应付款——北京嘉盛招标代理有限公司　　　　　　22 000

（7）支付食堂费用。

收到综合管理部转来电汇申请单一张，用款事项为2月份食堂用米、面、蔬菜共计13 000元。附件为悦来粮油蔬菜批发部开具的普通发票，食堂验收人已经在发票上签字确认收货。审核无误出纳办理电汇业务并收妥相关业务单据。同时收到本月采购蔬菜发票及验收单金额为3 500元，款项下月支付。

会计分录：

借：应付账款——悦来粮油蔬菜批发部　　　　　　　　13 000
　　贷：银行存款——工商银行　　　　　　　　　　　　　　13 000
借：管理费用——职工福利费　　　　　　　　　　　　　3 500
　　贷：应付职工薪酬——福利费　　　　　　　　　　　　　　3 500
借：应付职工薪酬——福利费　　　　　　　　　　　　　3 500
　　贷：应付账款——悦来粮油　　　　　　　　　　　　　　　3 500

（8）支付办公楼现金。

收到综合管理部转来支票申请单，用款事项为新增办公区2019年3月1日至2021年2月28日租金款240 000元。经审核无误手续齐全，出纳开出中国银行支票完成付款。财务制度要求按月摊销费用。

会计分录：

借：长期待摊费用——办公区租金　　　　　　　　　　240 000
　　贷：银行存款——中国银行　　　　　　　　　　　　　　240 000
借：管理费用——办公区租金　　　　　　　　　　　　10 000
　　贷：长期待摊费用——办公区租金　　　　　　　　　　　10 000

（9）银行划付工资。

收到人力资源部转来工资发放审批单，附件中工资表数列示：应付工资总额375 000元，保险及公积金个人扣除部分38 500元，个人所得税1 455元，实付工资总额335 045元。审核无误、手续齐全，出纳完成网银工资发放并收妥业务单据。工商银行收取工资发放手续费35元。

会计分录：

借：应付职工薪酬——工资　　　　　　　　　　　　 375 000
　　贷：银行存款——工商银行　　　　　　　　　　　 335 045
　　　　其他应付款——代扣个人部分　　　　　　　　　 38 500
　　　　应交税费——应交个人所得税　　　　　　　　　 1 455
借：财务费用——手续费　　　　　　　　　　　　　　　　 35
　　贷：银行存款——工商银行　　　　　　　　　　　　　 35

（10）收付承兑汇票。

收到销售部转来工商银行承兑汇票两张，分别为票号10045271，金额为100 000元；票号10312214，金额为50 000元。此汇票为北京旺达公司支付的前欠货款。经审核汇票背书连续符合要求，出纳开具收款收据并收妥单据。当日依付款计划单经审批将此笔汇票转付供应商正大机械购货款。收妥对方开具的收款收据。10312214号汇票已经临期，出纳填写汇票收款单据办理了收款业务，收妥相关业务单据。

会计分录：

借：应收票据——北京旺达公司　　　　　　　　　　 150 000
　　贷：应收账款——北京旺达公司　　　　　　　　　 150 000
借：应付账款——正大机械　　　　　　　　　　　　 100 000
　　贷：应收票据——北京旺达公司　　　　　　　　　 100 000
借：银行存款——工商银行　　　　　　　　　　　　　 50 000
　　贷：应收票据——北京旺达公司　　　　　　　　　　 50 000

涉及现金、银行的款项收付业务处理多种多样，有一个共同的特点就是收款项目。现金、银行存款计入科目的借方，表示来款和款项的增加，计入贷方时表示付款和款项的减少。

现金出纳每天的收付款记录单应与会计的凭证账内收付金额一致，现金业务为日清日结。出纳对相关的业务票据做完收付款后，在相应的票据上签章，然后将票据交付给会计，会计再依据票据做记账凭证。每日的现金收发及结余要与出纳的账一致，还要对现金进行抽盘，保证账实相符。

银行存款的业务也要每天登记入账，涉及同城的收发支票有账务处理时间，正常在月末25日企业将不再对外支票付款，这样会减少和避免出现因支票引起的未达账项。月末尽量保持与银行的流水账单一致，如果出现了差异，就要编制"银行存款余额调节表"。

本章所讲的内容，其实就是一个概念——钱。货币是钱，资金也是钱，货币资金当然更是钱！其实在会计核算中钱只有两种状态，一种是进，另一种是出。支票、现金或是汇票——不管用什么形式进，什么形式出，财务的责任就是要把钱进出的流向弄清楚、记明白。现金、银行存款等货币资金科目的收付（进出）业务都是资产类科目，增加时计入借方，减少时计入贷方。

第12章
存货核算

存货是企业生产经营活动不可缺少的部分，也是企业用以实现增值达到最终运营目的的重要条件。利润来源于销售收入，如果没有可供销售的存货就难以实现收入目标。认识和了解存货概念并掌握会计核算方法是本章的主要内容。

12.1 存货的概念

存货指企业在日常活动中持有以备出售的原料或产品、处在生产加工过程中的在产品、在生产过程或提供劳务过程中耗用的材料、物料等。存货属于流动资产，和固定资产等非流动资产的区别在于持有目的不同。企业持有存货的最终目的是出售而换取利润，如企业的产成品、可对外直接销售的自制半成品、原材料等。

12.2 核算范围及会计处理

存货的概念比较广，包括企业在生产经营过程中为销售或者耗用而储备的物资，它是流动资产中所占比例最大的项目，以及各种原材料、燃料、包装物、低值易耗品、在产品、外购商品、协作件、自制半成品、产成品等。存货按实物形态分类可以分为以下几类：

1. 材料

材料指企业购入的各种原材料，包括原料及主要材料、辅助材料、外购半成品（外购件）、修理备件（备品、备件）、包装材料、燃料等。

2. 包装物

包装物指为了包装本企业产品而储备的各种包装容器，包括生产过程中用于包装产品，作为产品组成部分的包装物品，随同产品出售而单独计价的包装物品及出租或借给购买单位使用的包装物品等。

3. 低值易耗品

低值易耗品指单位价值在规定限额以下，或者使用年限在1年以内，不作为固定资产核算的各种物品，如工具、管理用具、玻璃器皿，以及在经营过程中周转使用的包装容器等。

❀ 实务案例1：购入原材料

爱华公司3月20日收到仓库转来入库单据5份，如下表所示，发票均已由采购部转来核对无误收妥。其中正大机械、韩华钢构材料厂为月结账，其他采购均符合付款手续，出纳已经办理电汇付款。

3月20日收到仓库转来入库单据汇总表

送货单位	送货产品类别	数量	含税单价	金额
正大机械	标准件（原材料）	150 千克	200	30 000
丰顺配件厂	配件（原材料）	3 000 件	5	15 000
韩华钢构材料厂	圆钢（原材料）	2 000 千克	60	120 000
功成科技公司	包装材料（原材料）	10 000 个	2.2	22 000
北方工具厂	维修工具（低值易耗品）	60 件	8	480
北方工具厂	护理材料（低值易耗品）	500 千克	10	5 000

会计分录：

借：原材料——标准件	26 548.67
应交税费——应交增值税（进项税额）	3 451.33
贷：应付账款——正大机械	30 000.00
借：原材料——配件	13 274.34
应交税费——应交增值税（进项税额）	1 725.66
贷：银行存款——工商银行	15 000.00
借：原材料——圆钢	106 194.69
应交税费——应交增值税（进项税额）	13 805.31
贷：应付账款——韩华钢构材料	120 000.00

借：原材料——包装物 19 469.03
    应交税费——应交增值税（进项税额） 2 530.97
    贷：银行存款——工商银行 22 000.00
借：低值易耗品——维修工具 424.78
    低值易耗品——护理材料 4 424.78
    应交税费——应交增值税（进项税额） 630.44
    贷：银行存款——工商银行 5 480.00

4. 自制半成品

自制半成品指经过一定生产过程并已检验合格交付半成品仓库，但尚未制造成为产品，仍可继续加工的半成品或中间产品。

⊛ **实务案例 2：自制半成品加工**

爱华公司 3 月份生产加工车间完成自制半成品 A 为 2 000 件，生产成本核算单列示成本构成明细如下：直接原材料 M 为 800 千克，单价 50 元 / 千克，直接人工费用共计 11 000 元，辅助直接材料 2 000 元，制造费用分摊成本 5 000 元。

会计分录：

借：自制半成品——A 产品成本 58 000
    贷：生产成本——基本生产成本——直接材料 40 000
        基本生产成本——直接人工 11 000
        辅助生产成本——直接材料 2 000
        间接生产成本——制造费用分摊 5 000

5. 产成品

产成品指企业已经完成全部生产过程并验收入库，合乎标准规格和技术条件，可以按照合同规定的条件送交订货单位，或者可以作为商品，对外销售的产品。有的企业用库存商品科目，其含义相同，关于本科目后面章节还要做更详细的介绍。

资产负债表里的存货是库存商品（原材料、产成品、半成品）、生产成本、周转材料（包装物、低值易耗品）、材料采购等的合计金额。因此在填报财务报表时就不会对存货金额填错导致报表不平。

下图所示为立得公司的部分资产会计科目表。1401 ~ 1461 均为存货相关的项目，只是有些企业分的详细，一般企业可能没有这么具体。需要特别注意的是低值易耗品属于存货，而固定资产不属于企业的存货。

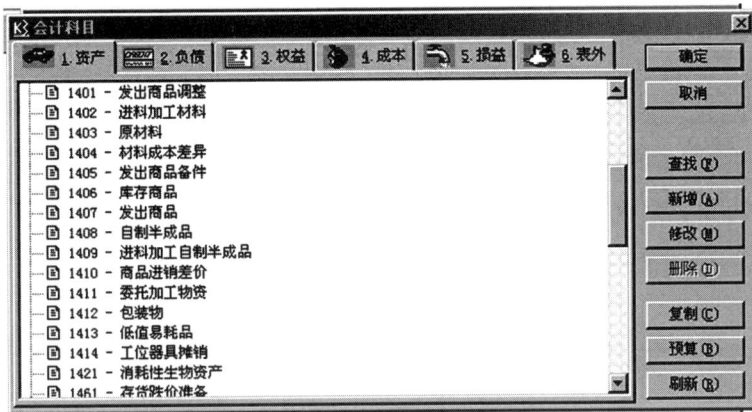

存货核算的实例，领用时如下处理。

原材料在领用时库房会填写出库单，财务在收到出库单时做会计分录如下：

借：生产成本——基本生产成本

　　贷：原材料

原材料的核算很重要，只有核算清楚原材料的相关问题，才能知道自己的货物成本是多少，卖了多少，否则将搞不清楚后期亏损状况。

12.3 主要核算方法

原材料的核算按照成本会计的方法有多种，如先进先出法、移动加权平均法、一次加权平均等方法，通过相关的核算，可以发现哪些方法比较好用。

1. 先进先出法

先进先出法，主要是先进来的货物需要先进行核算。比如，1日进货，2日进货，3日发货，那么3日所发的货物成本应该用1日的进货信息进行核算。

实务案例3：材料出入库

爱华公司4月份原材料A明细账如下表所示（数量：件，单价：元）。公司所有购进业务为赊购，账款为季度结算（结存数量单价不做明细单独列示）。

原材料 A 明细分类账

2020年		摘要	购入			发出			结存		
月	日		数量	单价	金额	数量	单价	金额	数量	单价	金额
4	1	期初存货							1 000	5	5 000
4	10	购入	500	6	3 000						8 000
4	12	发出				1 000	5	5 000			3 000
						200	6	1 200	300	6	1 800
4	15	购入	1 000	5.5	5 500				1 300		7 300
4	18	购入	500	6	3 000				1 800		10 300
4	20	发出				300	6	1 800	1 500		8 500
						100	5.5	550	1 400		7 950

4月12日发出的存货1 200件，发出期初的存货1 000件，其余的数量用后来15日购入的补足。按购入时间的先后计算发出材料的成本。

根据表中信息对本月购入及发出做会计业务处理（忽略税金）。会计分录如下：

4月10日购入：

借：原材料——A材料   3 000

  贷：应付账款——××公司   3 000

4月12日发出：

借：生产成本——基本生产成本   6 200

  贷：原材料——A材料   6 200

4月15日购入：

借：原材料——A材料   5 500

  贷：应付账款——××公司   5 500

4月18日购入：

借：原材料——A材料   3 000

  贷：应付账款——××公司   3 000

4月20日发出：

借：生产成本——基本生产成本   2 350

  贷：原材料——A材料   2 350

2. 移动加权平均法

移动加权平均法就是每一次购入和发出都要计算出综合的平均单价，以计算出的单位作为发出存货的单价计算成本。这种方法如果用手工账操作的话工作量很大，对会计人员的核算是一个挑战。接前面所讲的来理解，就是 3 日发货时将 1 日与 2 日的货物价格平均后计算成本进行核算，根据上面的案例按移动加权平均法计算的结果见下表：

原材料 A 明细分类账

2020 年		摘要	购入			发出			结存		
月	日		数量	单价	金额	数量	单价	金额	数量	单价	金额
4	1	期初存货							1 000	5	5 000
4	10	购入	500	6	3 000				1 500	5.33	8 000
4	12	发出				1 000	5.33	5 330	500	5.34	2 670
4	15	购入	1 000	5.5	5 500				1 500	5.45	8 170
4	18	购入	500	6	3 000				2 000	5.59	11 170
4	20	发出				300	5.59	1 677	1 500	6.33	9 493

购入的单价是不变的，但每次购入后库存的原材料价格会变动，因此发出的存货单价也会跟着变动。会计业务分录除金额不同外，其他都一样，此处省略。

3. 一次加权平均法

一次加权平均法月中对领出不做处理，在月末时一次算清，从而做到一次算出本月发出存货的成本。还以前例数据为基础，月末一次加权平均法的结果见下表：

存货明细分类账

2020 年		摘要	购入			发出			结存		
月	日		数量	单价	金额	数量	单价	金额	数量	单价	金额
4	1	期初存货							1 000	5	5 000
4	10	购入	500	6	3 000				1 500		8 000
4	12	发出				1 000			500		8 000
4	15	购入	1 000	5.5	5 500				1 500		13 500
4	18	购入	500	6	3 000				2 000		16 500
4	20	发出				300			1 500		16 500
											16 500
		合计	2 000			1 300	5.5	7 150	1 700		9 350

结果显示发出的单价为 5.5 元，金额 7 150 元，相比较移动加权平均法和先进先出法，都会有一些差异，这是因计算方法的选择而出现的。实务工作中，哪种方法更适合企业就选择哪种方法。目前来说一般企业用先进先出法还是比较普遍。

本章学习了存货的收、发、存、核算，可是在实际中还是有许多问题有待解决，因此需要进行深度的了解企业自身的实际情况才能进行相关的核算。初步的应用和学习先掌握这些，更具体的应用在实际工作中磨合和探索，不断地总结归纳，才有助于存货核算工作的顺利开展。

总结：存货收发存，多种方法可选择，先进先出用频繁。

第13章
固定资产、无形资产核算

固定资产是每个企业都涉及的项目，因此本章对固定资产的核算情况进行详细地介绍，主要包括概念、核算方法和相关政策的学习。无形资产虽然不是每个企业都涉及的核算项目，但随着电脑和管理系统软件应用的普及，本章将对无形资产的概念、核算方法和相关政策也做相应的介绍。

13.1 固定资产的概念

固定资产科目前面已经介绍过，现在了解一下固定资产的概念。固定资产指企业为生产产品、提供劳务、出租或者经营管理而持有的、使用时间超过1年且价值达到一定标准的非货币性资产。如房屋、建筑物、机器、机械、运输工具及其他与生产经营活动有关的设备、器具、工具等。

13.2 固定资产的折旧及相关规定

固定资产的折旧：因固定资产的单位价值较高，使用年限较长，所以需要固定资产的价值分期摊入使用期内，这也体现了会计的权责发生制原则。对于固定资产购入当月不提折旧，次月起开始计提折旧，折旧期满后不再计提，也就是当月增加的固定资产当月不提折旧，当月减少的固定资产当月照提折旧。

13.3 固定资产折旧方法及实务案例解析

13.3.1 年限平均法（直线法）

年限平均法又称直线法，指将固定资产的应计折旧额均衡地分摊到固定资产预计使用寿命内的一种方法。采用这种方法计算的每期折旧额均相等。它是最简单的也是应用最普遍的折旧方法，适用于各个时期折旧基本相同的固定资产。

公式：

年折旧率 =（1 – 预计净残值率）÷ 预计使用寿命（年）× 100%

月折旧额 = 固定资产原价 × 年折旧率 ÷ 12

💮 **实务案例 1**

爱华公司 3 月生产管理部门购进小刀电动车 2 辆，含税单价 3 600 元，取得增值税专用发票，增值税率 13%。财务经审核符合入账手续，出纳以中国银行支票付款。确定折旧年限为 4 年，采用平均年限法计提折旧，预计净残值率为 5%。

会计分录如下：

购入：

借：固定资产——小刀电动车	6 371.68
应交税费——应交增值税（进项税额）	828.32
贷：银行存款——中国银行	7 200.00

月折旧计算：6 371.68 ×（1–5%）÷ 4 ÷ 12=126.11（元）

借：制造费用——折旧费	126.11
贷：累计折旧	126.11

13.3.2 工作量法

工作量法的公式如下：

单位工作量折旧额 = 固定资产原价 ×（1– 预计净残值率）÷ 预计总工作量

某项固定资产月折旧额 = 该项固定资产当月工作量 × 单位工作量折旧额

💮 **实务案例 2：购入生产设备**

爱华公司从大禹公司购入生产线一条，价值 240 000 元，已开具增值税专用发票金额 271 200 元，税额 31 200 元。根据企业生产情况 24 小时生产，预计总运转 96 000 小时，决定采用工作量法计提折旧。预计净残值率 10%。财务审核手续齐备符合要求。款项待机器正常运转 240 小时后支付。

会计分录如下：

购入：

借：固定资产——生产线   240 000

  应交税费——应交增值税（进项税额）   31 200

 贷：应付账款——大禹公司   271 200

单位工作量折旧额：240 000 ×（1–10%）÷ 96 000=2.25（元 / 时）

月折旧额：30 × 24 × 2.25=1 620（元）

借：制造费用——折旧费   1 620

 贷：累计折旧   1 620

13.3.3 双倍余额递减法

双倍余额递减法是加速折旧法的一种，相对于其他方法这种折旧速度比较快，通常适用于折旧速度比较快的电子类产品。

公式：

年折旧率 =2 ÷ 预计使用寿命（年）× 100%

月折旧额 = 固定资产净值 × 年折旧率 ÷ 12

实务案例 3：购入销售用设备

2020 年 1 月爱华公司销售部 2019 年 12 月份提出申请一部笔记本电脑的折旧，单价 6 000 元。取得普通发票，手续齐全经财务审核已经入账，款项以现金支付。电子类产品的更新速度快，公司预计使用 3 年，采用双倍余额递减法计提折旧。

会计分录：

借：固定资产——电脑   6 000

 贷：库存现金   6 000

第一年月折旧额：6 000 × 2 ÷ 3（预计使用年限）÷ 12=333.33（元）

年总折旧额：4 000 元

借：销售费用——折旧   333.33

 贷：累计折旧   333.33

第二年月折旧额：（6 000–4 000）× 2 ÷ 3 ÷ 12=111.11（元）

年总折旧额：1 333.33 元

借：销售费用——折旧 111.11

　　贷：累计折旧 111.11

第三年月折旧额：（6 000–4 000–1 333.33）÷12=55.56（元）

年总折旧额：666.67 元

借：销售费用——折旧 55.56

　　贷：累计折旧 55.56

按月分摊后会有小数尾差 0.04 元，在实务中可以按年一次摊，也可以按月摊入成本费用项目，小数尾差可以在最后摊销的月份找齐。

13.3.4　年数总和法

年数总和法也是固定资产加速折旧法的一种，是将固定资产的原值减去残值后的净额乘以一个逐年递减的分数，计算确定固定资产折旧额的一种方法。适用于由于技术进步、产品更新换代较快的固定资产和常年处于强震动、高腐蚀状态的机器设备。

公式如下：

年折旧率 = 尚可使用寿命 ÷ 预计使用寿命的年数总和 ×100 %

月折旧额 =（固定资产原价 – 预计净残值）× 年折旧率 ÷12

一般企业使用较多的是直线法。企业计提折旧可以个别计提，也可分类计提。

实务案例 4：购入商务车辆

爱华公司购入管理用商务车一辆，取得增值税抵扣发票，价值为 152 000 元，不含税金额为 134 513.27 元，增值税率 13%，可抵扣金额 17 486.73 元，款项由中行支票支付。车辆购置税率 10%，税额 13 451.33 元，已经现金支付税法规定折旧年限不得低于 4 年。因此财务确定车辆的折旧期为 4 年，预计净残值率为 10%，采用年数总和法计提折旧。

货车入账金额为：134 513.27+13 451.33=147 964.60（元）

会计分录：

借：固定资产——生产用固定资产——货车 147 964.60

　　应交税费——应交增值税（进项税额） 17 486.73

　　贷：银行存款——中行 152 000.00

库存现金 13 451.33

　　第一年年折旧率 =4÷（1+2+3+4）×100%=40%

　　月折旧额 =（147 964.60–14 796.46）×40%÷12=4 438.94（元）

　　借：管理费用——车辆折旧 4 438.94

　　　　贷：累计折旧——生产用车辆 4 438.94

　　第二年年折旧率 =3÷（1+2+3+4）×100%=30%

　　月折旧额 =（147 964.60–14 796.46）×30%÷12=3 329.20（元）

　　借：管理费用——车辆折旧 3 329.20

　　　　贷：累计折旧——生产用车辆 3 329.20

　　第三年年折旧率 =2÷（1+2+3+4）×20%=20%

　　月折旧额 =（147 964.60–14 796.46）×20%÷12=2 219.47（元）

　　借：管理费用——车辆折旧 2 219.47

　　　　贷：累计折旧——生产用车辆 2 219.47

　　第四年年折旧率 =1÷（1+2+3+4）×10%=10%

　　月折旧额 =（147 964.60–14 796.46）×10%÷12=1 109.73（元）

　　借：管理费用——车辆折旧 1 109.73

　　　　贷：累计折旧——生产用车辆 1 109.73

最后的两个月平均分摊计入折旧。

13.4 固定资产的期末处理

　　固定资产的期末处理是将折旧计入各所属项目的费用科目，前面介绍的折旧方法都是这些业务情况。这里介绍一下固定资产的处置业务。

实务案例 5：固定资产处置

　　IT 部门转来固定资产报废清单，处理折旧到期的电脑一台取得残值收入 20 元，款项已收、出纳收妥并开具收款收据加盖收讫印章，该资产购入时间为 2011 年 2 月 25 日，原值 4 500 元，净残值率 5%，折旧年限为 3 年。

　　会计分录如下：

　　转入清理：

　　借：固定资产清理 225

累计折旧	4 275
贷：固定资产——管理用电脑	4 500

取得清理收入：

借：库存现金	20
贷：固定资产清理	20

确定损益：

借：营业外支出	205
贷：固定资产清理	205

≡ 13.5 无形资产的概念 ≡

无形资产指企业拥有或者控制的没有实物形态的可辨认非货币性资产，如企业的专利权、商标权、购入的各种财务、办公、管理软件等称为无形资产。

≡ 13.6 国家对无形资产的相关规定 ≡

无形资产按合同规定受益年限（法律未规定）或法律规定使用年限（合同未规定）或合同规定与法律规定（两者均规定）受益年限中较短者作为其摊销年限进行摊销。如果合同、法律均未规定，则摊销年限不应少于 10 年。

关于无形资产的摊销：使用寿命确定的无形资产在使用寿命内摊销。使用寿命不确定的无形资产不需摊销，于每年末对无形资产的价值进行复核。

当月增加的无形资产当月即开始摊销，当月减少的无形资产当月即不再摊销。

≡ 13.7 无形资产实务案例 ≡

⊛ 实务案例 6：专利权购入摊销

（1）2020 年 1 月 1 日，爱华公司以银行存款 100 000 元购入一项产品包装专利权，该无形资产法律规定的使用年限为 10 年。

会计分录：

借：无形资产——专利权（包装）	100 000
贷：银行存款	100 000

每月摊销会计分录：

每月摊销费用：100 000÷10÷12=833.33（元）

借：制造费用——无形资产摊销   833.33

    贷：累计摊销——包装专利   833.33

（2）2021年12月1日由于公司改进包装设计，将该专利权对外出售，收取款项40 000元，增值税率6%。

会计分录：

借：银行存款   40 000.00

    累计摊销   19 999.92

    资产处置损失   42 264.23

    贷：无形资产——专利权（包装）   100 000.00

        应交税费——应交增值税（销项税额）   2 264.15

无形资产的核算与固定资产相似。固定资产是累计折旧，无形资产是累计摊销。这两个科目表达的是一个内容，都是将原价值分期摊入企业营业期费用的金额。

本章对于固定资产、无形资产进行了系统的讲解，从概念到核算内容、核算方法、折旧年限等方面都做了相关的介绍。固定资产核算实务案例精选了每个企业基本都存在的车辆问题做了全面介绍，无形资产不是每个企业都存在，但随着软件的普遍应用，很容易涉及相关的业务，希望以上的讲解可以解决现阶段企业的相关核算应用。

第 14 章

收入核算

收入是企业实现利润的基础，也是企业上缴税款的重要参数。本章将对收入的概念、确认条件、核算分类进行的具体学习，结合实务案例加深理论学习的应用和理解。

14.1 收入的会计概念

收入是损益类科目，收入的发生是有益于企业的业务。收入的会计概念是企业在销售商品、提供劳务及他人使用本企业资产等日常活动中所形成的经济利益的总流入。收入不包括为第三方或客户代收的款项。企业日常生产经营活动所取得的收入抵偿了为取得收入所发生的消耗即为盈利，具体表现为企业净资产的增加。这句话的理解就是收入减掉成本费用后的利润。理解此概念时，建议对照利润表，这样思路便会更加清晰。

14.2 收入的核算分类

按企业经营业务的主次不同，收入分为主营业务收入和其他业务收入。

14.2.1 主营业务收入

不同行业企业的主营业务收入所包括的内容不同。比如，工业企业的主营业务收入主要包括销售商品、自制半成品、提供劳务等实现的收入；商业企业的主营业务收入主要包括销售商品实现的收入；咨询公司的主营业务收入主要包括提供咨询服务实现的收入；安装公司的主营业务收入主要包括提供安装服务实现的收入。由此可以看出，无论哪种行业，都是为付出成本获取利益的主要活动为收入确认的目标。

企业实现的主营业务收入在"主营业务收入"科目进行核算，"主营业务成本"科目核算为取得主营业务收入发生的相关成本。

14.2.2 其他业务收入

其他业务收入核算不是企业日常发生的业务收入，属于企业的其他业务收入，不同行业企业的其他业务收入所包括的内容不同。比如，生产加工企业对外销售生产用原材料等，便属于其他业务收入。

═══ 14.3 收入的确认 ═══

销售商品取得的收入同时满足下列条件才能予以确认。

（1）卖方已将商品所有权上的主要风险和报酬转移给买方。这一点要从实质上并结合所有权凭证的转移进行判断。如已经发货并开具增值税销售发票，合同约定验货合格付款。这种情况下虽然货已经发出但未达买方，也未满足验收合格的条件时不能够确认收入。一般情况下的销售都是以发货并开具发票时确认收入（双方合同约好并已经把货交出去，这时没给钱也不属于存货。货没发但已经收取全部货款并开具发票也是一样，货在不在企业不是关键，关键是看风险的转移）。

（2）企业既没有保留通常与所有权相联系的继续管理权，也没有对已售出的商品实施有效控制。这种情况通常应在发出商品时确认收入（控制权随合同的签订，在时间条件成熟的情况下，卖方对货物的管理和控制权已经发生了转移）。

（3）相关的经济利益很可能流入企业，指销售商品价款收回的可能性超过50%，如估计销售价款不可能收回，即使收入确认的其他条件均已满足，也不应当确认收入。生活中的例子很多，比较常见的就是如果一个不守信用经常借款不还的朋友提出借款，一般都是不会借给他的。因为根据已经存在的情况判断，结果很可能有借无回，收入确认同此理。

（4）收入的金额能够可靠地计量，就是在发生销售业务时一定是有确定的单价和明确的数量。例如，A 售给 C 一批矿泉水，数量 100 000 瓶，售价 0.5 元 / 瓶，金额 50 000 元，成本 0.4 元/瓶，日期都是新近生产。A 按合同发货后即确认不含税收入 =（50 000÷1.13）=44 247.79（元），如果说其中有 10 000 瓶经检查已经为过期商品。C 与 A 协商达成退货协议，A 同意将超期部分的货款从总款中扣除。那么 C 付款时就应该 =50 000–10 000×0.5=45 000（元）。A 将在收到退货后开具红字发票冲回收入 5 000 元。

（5）相关的已发生或将发生的成本能够可靠地计量。根据收入和费用配比原则，与同一项销售有关的收入和费用应在同一会计期间予以确认，即企业应在确认收入的同时或同一会计期间结转相关的成本。因此，如果成本不能可靠计量，相关的收入就不能确认。接上例，在第一种情况下 A 结转成本 = 100 000×0.4=40 000（元）。而第二种情况发生时 A 在冲销收入的同时，对已经结转的成本也要冲销 =10 000×0.4=4 000（元）。

行业不同收入的确认方法也略有不同，如建筑企业往往根据建筑工程的完成进度确认收入。此处只针对一般性企业产品销售收入进行举例说明。

══ 14.4 关于"收入"在不同情况下的案例实操解析 ══

✿ 实务案例

（1）爱华公司 3 月 18 日与正大机械达成一项交易，爱华公司销售给正大机械 A 产品 1 000 件，单价 100 元，增值税率 13%，金额 113 000 元。开具了增值税专用发票，货已经发出，款项尚未收到。A 产品单位成本 80 元。

会计分录：

借：应收账款——正大机械   113 000

 贷：主营业务收入   100 000

   应交税费——应交增值税（销项税额） 13 000

结转成本会计分录：

借：主营业务成本   80 000

 贷：库存产品——A 产品   80 000

（2）3 月 19 日销售给新客户乙公司 A 产品 300 件，当日发货开具发票，单价 100 元，增值税率 13%，金额 33 900 元。A 产品单位成本 80 元，合同约定质量保证期 30 天，质保期满时乙公司发现有 10 件质量不合格，需要退货处理。

经协商爱华公司为乙公司换货 10 件，乙公司付货款到建设银行欣乐支行。

会计分录如下：

发货开票时：

借：发出商品——A 产品　　　　　　　　　　　　24 000

　　贷：库存商品——A 产品　　　　　　　　　　　　24 000

质保期满时：

借：银行存款——建设银行欣乐支行　　　　　　　33 900

　　贷：主营业务收入　　　　　　　　　　　　　　30 000

　　　　应交税费——应交增值税（销项税额）　　　3 900

收到退货时：

借：库存产品——A 产品　　　　　　　　　　　　　800

　　贷：发出商品——A 产品　　　　　　　　　　　　800

结转成本时：

借：主营业务成本　　　　　　　　　　　　　　　24 000

　　贷：发出商品——A 产品　　　　　　　　　　　23 200

　　　　库存产品——A 产品　　　　　　　　　　　　800

该业务主要是有质保期不符合收入确认条件时，不能够确认收入。在符合条件时再确认收入并结转成本。

（3）接上例，如果爱华公司 19 日银行收到乙公司预付货款 10 000 元，其他条件同上。

会计分录如下：

银行收款时：

借：银行存款——建设银行欣乐支行　　　　　　　10 000

　　贷：预收账款——乙公司　　　　　　　　　　　10 000

发货开票时：

借：发出商品——A 产品　　　　　　　　　　　　24 000

　　贷：库存商品——A 产品　　　　　　　　　　　24 000

质保期满时：

借：预收账款——乙公司　　　　　　　　　　　　10 000

　　　银行存款——建设银行欣乐支行　　　　　　　23 900

贷：主营业务收入　　　　　　　　　　　　　　　　　30 000

　　　　应交税费——应交增值税（销项税额）　　　　　　3 900

　收到退货时：

　借：库存产品——A产品　　　　　　　　　　　　　　　800

　　贷：发出商品——A产品　　　　　　　　　　　　　　800

　结转成本时：

　借：主营业务成本　　　　　　　　　　　　　　　　　24 000

　　贷：发出商品——A产品　　　　　　　　　　　　　　23 200

　　　　库存产品——A产品　　　　　　　　　　　　　　800

　　（4）2月份爱华公司收到供电公司开来电费发票金额17 699.12元，增值税额2 300.88元，共计20 000元。其中，7 605元为启明公司使用，管理部门使用1 988.16元，生产部门用电8 105.96元，财务已经于2月末电汇支付。

　　会计分录：

　　（2月份支付时）

　借：管理费用——电费　　　　　（1 988.16+988.65）2 976.81

　　　制造费用——电费　　　　　　　　　　　　　　　　8 105.96

　　　其他应收款——启明公司　　　　　　　　　　　　　7 605.00

　　　应交税费——应交增值税（进项税额）　　　　　　　2 300.88

　　贷：银行存款——建设银行欣乐支行　　　　　　　　　20 000.00

　　　　应交税费——应交增值税（进项税额转出）　　　　988.65

　　3月19日收到启明公司开来支票金额20 000元，支付2月份厂房租金12 395元和耗用电费7 605元，增值税率分别为9%和13%，财务已于当日填制进账单存入银行。

　　收支票存入银行：

　借：银行存款——建设银行欣乐支行　　　　　　　　　20 000.00

　　贷：其他业务收入——房租　　　　　　　　　　　　　11 371.56

　　　　应交税费——应交增值税（销项税额）　　　　　　1 023.44

　　　　其他应收款——启明公司　　　　　　　　　　　　7 605.00

　　本例重点结合了前面介绍的代收款项不列为收入，即不是公司主要业务的收入应列为其他业务收入核算。电费的共用现象很多，实务中计算的形式也不同。

多为代缴后再转开增值税专用发票，单价往往会高于供电公司的价格。此处是以代收的形式，因此并未开具专用发票给启明公司，只是将启明公司耗用的电量按供电公司单价计算收取。爱华公司为生产加工型企业，主营业务是销售产品。房租收入即列为其他业务收入。

为什么收入的确认需要谨慎对待呢？这是因为会计的核算原则很重要的一条便是谨慎性原则。谨慎和严格也是真实性原则的体现，其目的是不能虚增收入，避免人为操控企业利润现象的出现。本节的学习重点为收入的确认，关于收入形成后退换货和发票开具业务会在后面进行详细介绍。

第 15 章

个人所得税核算

个人所得税是诸多税种中针对自然人征收的税，也是国家税收的一项重要内容，征税对象为国家公民。核算的内容很多，涉及各行各业各个领域。仅个人所得税一项就有很多专题和专著讲解。本章只为财务核算在企业中涉及的个人工资所得和个体工商户个人所得相关的内容结合实务进行讲解。

15.1 个人所得税的概念

个人所得税，顾名思义，就是国家对个人（公民）收入所得征缴的税，是国家对本国公民、居住在本国境内的个人所得和境外个人来源于本国的所得征收的一种所得税。有的国家，个人所得税是主体税种，在财政收入中占较大比重。

15.2 核算范围和方法

个人所得税包括（1）工资薪金所得；（2）劳务报酬所得；（3）稿酬所得；（4）特许权使用费所得；（5）经营所得；（6）利息、股息、红利所得；（7）财产租赁所得；（8）财产转让所得；（9）偶然所得；居民个人所得的第（1）至（4）项以下简称综合所得。按适用的超额累计 7 级税率按月计算年度汇算的方式计缴个人所得税。

15.2.1 新规税率表

2019 年 1 月 1 日新修订的个税法是综合与分类相结合的个人所得税制正式实施。与分类税制相比，新税制将居民个人工资、薪金所得，劳务报酬所得，稿酬所得，特许权使用费所得纳入综合所得，由扣缴义务人按月或者按次预扣预缴税款。年度终了后纳税人进行汇算清缴，税款多退少补。个人免征额提高到 5 000 元，还可以减去 6 项专项附加扣除，分别为子女教育、继续教育、赡养老人、大病医疗、住房贷款利息和住房租金，扣除五险一金和专项附加，工资大于 5 000 元需要缴纳个人所得税，若小于 5 000 元则不需要缴纳。2019 年工资薪金等综合所得适用的个税表如下：

个人所得税预扣率表一

（综合所得适用）

级数	预扣预缴应纳税所得额	税率（%）	速算扣除数
1	不超过 36 000 元的部分	3	0
2	超过 36 000 元至 144 000 元的部分	10	2 520
3	超过 144 000 元至 300 000 元的部分	20	16 920
4	超过 300 000 元至 420 000 元的部分	25	31 920
5	超过 420 000 元至 660 000 元的部分	30	52 920
6	超过 660 000 元至 960 000 元的部分	35	85 920
7	超过 960 000 元的部分	45	181 920

15.2.2 核算方法

新个税实施后税款的计算需要根据不同的纳税人和所得项目，采用不同的方法计算应当预扣、扣缴的税款：

（一）需要代扣代缴税款的所得项目

扣缴义务人应代扣代缴的应税所得项目包括：①工资、薪金所得；②劳务报酬所得；③稿酬所得；④特许权使用费所得；⑤利息、股息、红利所得；⑥财产租赁所得；⑦财产转让所得；⑧偶然所得。换句话说，除了经营所得，其他所得项目均需代扣代缴税款。居民个人综合所得预扣预缴税款的计算方法：居民个人取得工资、薪金所得、劳务报酬所得、稿酬所得、特许权使用费四项综合所得时，由扣缴义务人按月或者按次预扣预缴税款，具体方法规定如下：

1. 工资、薪金所得税款计算方法

扣缴义务人向居民个人支付工资、薪金所得时，需要按照"累计预扣法"计算预扣预缴税款。具体方法为：

（1）计算累计预扣预缴应纳税所得额。对居民个人，按照其在本单位截至当前月份工资、薪金所得的累计收入，减除累计免税收入、累计减除费用、累计专项扣除、累计专项附加扣除和累计依法确定的其他扣除计算预扣预缴应纳税所得额。具体公式：

累计预扣预缴应纳税所得额 = 累计收入 – 累计免税收入 – 累计减除费用 – 累计专项扣除 – 累计专项附加扣除 – 累计依法确定的其他扣除

（2）计算本期应预扣预缴税额。根据累计预扣预缴应纳税所得额，对照个人所得税预扣率表一，查找适用预扣率和速算扣除数，据此计算累计应预扣预缴税额，再减除累计减免税额和累计已预扣预缴税额。如果计算本月应预扣预缴税额为负值时，暂不退税。纳税年度终了后余额仍为负值时，由纳税人通过办理综合所得年度汇算清缴，税款多退少补。

具体公式：本期应预扣预缴税额 =（累计预扣预缴应纳税所得额 × 预扣率 – 速算扣除数）– 累计减免税额 – 累计已预扣预缴税额。

⊛ 实务案例 1

爱华公司员工王丽 2015 年入职，2019 年每月应发工资均为 10 000 元，每月减除费用 5 000 元，"五险一金"等专项扣除为 1 500 元，从 1 月起享受子女教育专项附加扣除 1 000 元，假设没有减免收入及减免税额等情况。以前三个月为例，应当按照以下方法计算预扣预缴税额：

1 月份：（10 000–5 000–1 500–1 000）×3% =75（元）；

2 月份：（10 000×2–5 000×2–1 500×2–1 000×2）×3%–75 =75（元）；

3 月份：（10 000×3–5 000×3–1 500×3–1 000×3）×3%–75–75 =75（元）；

进一步计算可知，该纳税人全年累计预扣预缴应纳税所得额为 30 000 元，一直适用 3% 的税率，因此各月应预扣预缴的税款相同。

⊛ 实务案例 2

爱华公司员工吴飞 2015 年入职，2019 年每月应发工资均为 30 000 元，每月减除费用 5 000 元，"五险一金"等专项扣除为 4 500 元，享受子女教育、赡养老人两项专项附加扣除共计 2 000 元，假设没有减免收入及减免税额等情况。以前三个月为例，各月计算应预扣预缴税额如下：

1 月份：（30 000–5 000–4 500–2 000）×3%=555（元）；

2月份：（30 000×2–5 000×2–4 500×2–2 000×2）×10%–2 520–555=625（元）；

3月份：（30 000×3–5 000×3–4 500×3–2 000×3）×10%–2 520–555–625=
1 850（元）；

上述计算结果表明，由于2月份累计预扣预缴应纳税所得额为37 000元，已适用10%的税率，因此2月份和3月份应预扣预缴税款有所增加。

2. 劳务报酬所得、稿酬所得、特许权使用费所得税款的计算方法

扣缴义务人向居民个人支付劳务报酬所得、稿酬所得、特许权使用费所得时（以下简称"三项综合所得"），按以下方法按月或者按次预扣预缴个人所得税：

（1）计算预扣预缴应纳税所得额。三项综合所得以每次收入减除费用后的余额为收入额，其中稿酬所得的收入额减按70%计算。当三项综合所得每次收入不超过四千元的，减除费用按八百元计算；当每次收入在四千元以上的，减除费用按20%计算。三项综合所得以每次收入额为预扣预缴应纳税所得额。

（2）计算预扣预缴应纳税额。根据预扣预缴应纳税所得额乘以适用预扣率计算应预扣预缴税额。其中，劳务报酬所得适用个人所得税预扣率表二，稿酬所得、特许权使用费所得适用20%的比例预扣率。

个人所得税预扣率表二

（居民个人劳务报酬所得预扣预缴适用）

级数	预扣预缴应纳税所得额	预扣率	速算扣除数
1	不超过20 000元的	20%	0
2	超过20 000元至50 000元的部分	30%	2 000
3	超过50 000元的部分	40%	7 000

⚙ 实务案例3

居民个人曹丽敏6月份为社区服务取得劳务报酬所得2 000元。曹丽敏6月劳务报酬所得应预扣预缴税额为：收入额：2 000–800=1 200（元），应预扣预缴税额：1 200×20%=240（元）。

⚙ 实务案例4

居民个人王小张6月完成一部书稿并发表取得出版社支付的稿酬40 000元。

薛平 6 月应预扣预缴应纳税所得额：（40 000−40 000×20%）×70%=22 400（元）。

应预扣预缴税额：224 00×20%=4 480（元）。

（3）关于"按次"的具体规定。劳务报酬、稿酬所得、特许权使用费所得三项综合所得，属于一次性收入的，以取得该项收入为一次；属于同一项目连续性收入的，以一个月内取得的收入为一次。

（二）其他分类所得代扣代缴税款的计算方法

支付财产租赁所得，财产转让所得，利息、股息、红利所得和偶然所得时，不用区分纳税人是否为居民个人，扣缴义务人应直接采用以下方法代扣代缴：

1.财产租赁所得每次收入不超过四千元的,减除费用八百元;四千元以上的,减除 20% 的费用，其余额为应纳税所得额，乘以 20% 的比例税率计算税款。

2.财产转让所得以转让财产的收入额减除财产原值和合理费用后的余额为应纳税所得额，乘以 20% 的比例税率计算税款。

3.利息、股息、红利所得和偶然所得以每次收入额为应纳税所得额，乘以 20% 的比例税率计算税款。

15.3 实务案例及申报缴纳

实务案例 5

爱华公司财务 3 月 1 日收到人事部转来 2 月工资表如下图所示：

2月工资汇总表

部门名称	基本工资	岗位工资	工龄工资补计	加班费用	书报费	取款会计	应发工资总额	取暖补助	社保及公积金个人扣缴					子保险金	小计	实发薪金	社保及公积金公司费用					
									养老	失业	医疗	大病险	公积金				养老	失业	医疗	生育	工伤	公积金
总经办	10,699.53	28,800.00			1,834.00		51,333.53	499.32	2,410.82	150.60	603.34	-	1,311.99	1,011.34	5,493.17	46,339.68	4,821.64	150.62	2,433.35	365.00	422.16	1,311.99
经营室	2,700.00	5,000.00	200.00		175.00		6,075.00	171.00	251.44	15.72	71.90	-	381.72	720.78	5,525.22	302.89	15.71	287.60	43.14	50.29	381.72
生产技术部	4,180.00	5,000.00	120.00		576.00		9,876.00	171.00	502.88	15.72	71.90	-	381.72	815.43	9,231.27	502.88	15.71	287.60	43.14	50.29	381.72
磷化剂车间	21,346.00	28,800.00	4,740.00	796.24	3,743.00		56,425.24	1,479.00	2,514.40	157.20	719.00	-	3,817.20	6.90	7,214.70	50,609.54	5,028.80	157.14	2,876.00	431.40	502.88	3,817.20
机炉车间	6,448.00	8,400.00	150.00	673.96	1,600.00	564.83	12,902.72	138.00	502.88	31.44	143.00	-	381.72	-	1,089.84	14,901.89	1,005.76	31.43	575.20	86.28	100.58	381.72
均配车间	36,280.00	49,200.00	1,576.00	10,943.01	13,808.00	2,823.91	107,363.10	2,881.50	5,558.82	347.41	1,589.90	-	8,054.20	-	15,347.33	94,694.78	11,113.61	347.26	6,355.96	953.39	1,111.36	8,054.20
合缝车间	10,636.00	20,200.00	1,230.00		1,681.50		43,977.48	1,137.00	2,262.96	141.48	647.10	-	3,435.48	-	6,487.02	40,927.44	4,525.92	141.42	2,588.40	388.26	452.39	3,435.48
安环部	4,178.00	7,200.00	80.00		1,608.00		13,047.00	308.00	502.88	31.44	143.00	-	763.44	-	1,489.56	11,894.44	1,005.76	31.43	575.20	86.28	100.58	763.44
财务部	5,190.00	7,200.00	150.00		290.00		12,830.00	308.00	502.88	31.44	143.00	-	763.44	37.72	1,529.29	11,609.72	1,005.76	31.43	575.20	86.28	100.58	763.44
综合管理部	12,584.00	14,100.00	950.00	529.19	380.00		27,903.23	585.00	1,257.20	78.60	359.50	-	1,526.88	-	3,222.18	25,321.07	2,514.40	78.57	1,438.50	215.70	251.44	1,526.88
食堂	4,200.00	2,700.00	90.00	1,130.24	380.00		10,460.24	138.00	502.88	31.44	143.00	24.00	763.44	-	2,463.56	9,273.78	31.43	575.20	86.28	100.58	763.44
捣制车间	14,588.00	22,300.00	260.00		3,126.00		39,969.00	651.00	1,257.20	78.60	359.50	-	1,902.40	212.76	3,814.60	36,702.40	3,314.40	78.56	1,438.00	215.70	255.44	1,908.60
合 计	147,817.99	198,900.00	6,826.00	18,392.30	29,390.50	3,088.74	297,117.93	8,468.52	17,773.50	1,111.17	5,001.43	24.00	23,489.93	1,431.31	48,831.64	356,724.12	35,847.61	1,110.70	20,009.71	2,900.06	2,554.76	23,489.93

经审核已符合入账条件。财务依据工资表做出相应费用分配表格及相应的会计处理如下图所示：

2月份工资明细表

部门	分配 应得工资总额	管理费用	福利费	销售费用	均酐 直接人工	均酐 间接人工	催化剂 直接人工	待分摊 机动车间	在建工程
总经办	51333.53	51333.53							
经营部	6075.00			6075.00					
生产技术部	9876.00	9876.00							
催化剂车间	56425.24						56425.24		
机动车间	15903.73							15903.73	
均酐车间	107363.10				107363.10				
仓储车间	45977.46					45977.46			
安环部	13047.00	13047.00							
财务部	12830.00	12830.00							
综合管理部	27958.25	27958.25							
食 堂	10460.34		10460.34						
精制车间	39868.00								39868.00
取暖费	8468.52		8468.52						
合 计	405586.17	115044.78	18928.86	6075.00	107363.10	45977.46	56425.24	15903.73	39868.00

记账凭证

凭证字：通用
凭证号：191
已指定流量
附件数：2
序号：0

参考信息：
业务日期：2021年2月28日
日期：2021年2月28日 2021年第2期

	摘要	科目	借方	贷方
1	计提2月工资	6602.06.01 - 管理费用 - 人力资源费用 - 工资	11504478	
2	计提2月工资	6601.01.01 - 销售费用 - 人力资源费用 - 工资	607500	
3	计提2月工资	5001.01.02.01 - 生产成本 - 均酐 - 人工费 - 工资	10736310	
4	计提2月工资	5001.02.01.01.02.01 - 生产成本 - 催化剂 - 苯酐催化剂 - 内销 - 人工费 - 工资	5642524	
5	计提2月工资	5101.01.09 - 制造费用 - 均酐 - 工资	4597746	
6	计提2月工资	6602.06.04.02 - 管理费用 - 人力资源费用 - 福利费 - 取暖费	846852	
7	计提2月工资	2211.02 - 应付职工薪酬 - 福利费	1046034	
8	计提2月工资	5101.96.03.03 - 制造费用 - 待分摊费用 - 机动车间费用 - 职工薪酬	1590373	
9	计提2月工资	1604.02.130 - 在建工程 - 安装工程 - 精制项目	3986800	
10	计提2月工资	2211.01 - 应付职工薪酬 - 职工薪酬		38665731
11	计提2月工资	2211.02 - 应付职工薪酬 - 福利费		1046034
12	计提2月工资	2211.02 - 应付职工薪酬 - 福利费		846852
	合计：肆拾万伍仟伍佰捌拾陆元壹角柒分		40558617	40558617

2月份五险明细

部门	分配 五险	管理费	福利费	销售费用	生产成本 均酐直接人工	生产成本 均酐间接人工	生产成本 催化剂直接人工	待分摊费用 机动车间	在建工程
总经办	8,252.78	8,252.780							
经营部	899.62			899.62					
生产技术部	899.62	899.622							
催化剂车间	8,996.22						8,996.22		
机动车间	1,799.24							1,799.24	
均酐车间	19,881.65				19,881.65				
仓储车间	8,096.60					8,096.60			
安环部	1,799.24	1,799.245							
财务部	1,799.24	1,799.245							
综合管理部	4,498.11	4,498.112							
食 堂	1,799.24		1,799.24						
精制项目	4,498.10								4,498.10
合 计	63,219.69	17,249.00	1,799.24	899.62	19,881.65	8,096.60	8,996.22	1,799.24	4,498.10

记账凭证

凭证字：通用
凭证号：192
附件数：2
序号：0

参考信息：
业务日期：2021年2月28日　　　　日期：2021年2月28日 - 2021年第2期

	摘要	科目	借方	贷方
1	计提2月社保费	6602.06.02 - 管理费用 - 人力资源费用 - 社会保险费	1724900	
2	计提2月社保费	6601.01.03 - 销售费用 - 人力资源费用 - 社会保险费	89962	
3	计提2月社保费	5001.01.02.02 - 生产成本 - 均酐 - 人工费 - 社会保险	1988165	
4	计提2月社保费	5001.02.01.01.02.02 - 生产成本 - 催化剂 - 苯酐催化剂 - 内销 - 人工费 - 社会保险	899622	
5	计提2月社保费	5101.01.13 - 制造费用 - 均酐 - 社会保险费	809660	
6	计提2月社保费	2211.02 - 应付职工薪酬 - 福利费	179925	
7	计提2月社保费	5101.98.03.03 - 制造费用 - 待分摊费用 - 机动车间费用 - 职工薪酬	179925	
8	计提2月社保费	1604.02.130 - 在建工程 - 安装工程 - 精制项目	449811	
9	计提2月社保费	2211.04.02 - 应付职工薪酬 - 社保费 - 基本医疗		2000571
10	计提2月社保费	2211.04.05 - 应付职工薪酬 - 社保费 - 生育保险		300086
11	计提2月社保费	2211.04.01 - 应付职工薪酬 - 社保费 - 基本养老保险		3554761
12	计提2月社保费	2211.04.03 - 应付职工薪酬 - 社保费 - 失业保险		111076
13	计提2月社保费	2211.04.04 - 应付职工薪酬 - 社保费 - 工伤保险		355476
	合计：陆万叁仟贰佰壹拾玖元柒角整		6321970	6321970

结算方式：　　　　　　　　　　　　　　　　经办：
结算号：　　　　　　　　　　　　　　　　往来业务：

审核：　　过账：　　出纳：　　制单：范继云　　核准：

2月份公积金分配表

部门	分配				生产成本			待分摊费用	
	五险	管理费	福利费	销售费用	均酐直接人工	均酐间接人工	催化剂直接人工	机动车间	在建工程
总经办	1,311.99	1,311.99							
经营部	381.72			381.72					
生产技术部	381.72	381.72							
催化剂车间	3,817.20						3,817.20		
机动车间	381.72							381.72	
均酐车间	8,054.29				8,054.29				
仓储车间	3,435.48					3,435.48			
安开部	763.44	763.44							
财务部	763.44	763.44							
综合管理部	1,526.88	1,526.88							
食堂	763.44		763.44						
精制项目	1,908.60								1,908.60
合计	23,489.93	4,747.47	763.44	381.72	8,054.29	3,435.48	3,817.20	381.72	1,908.60

记账凭证

凭证字：通用
凭证号：193
附件数：2
序号：0

参考信息：
业务日期：2021年2月28日　　　　日期：2021年2月28日 - 2021年第2期　　已指定流量

	摘要	科目	借方	贷方
1	计提2月公积金	6602.06.03 - 管理费用 - 人力资源费用 - 公积金	474747	
2	计提2月公积金	6601.01.04 - 销售费用 - 人力资源费用 - 公积金	38172	
3	计提2月公积金	5001.01.02.03 - 生产成本 - 均酐 - 人工费 - 公积金	805430	
4	计提2月公积金	5101.01.14 - 制造费用 - 均酐 - 公积金	343548	
5	计提2月公积金	5001.02.01.01.02.03 - 生产成本 - 催化剂 - 苯酐催化剂 - 内销 - 人工费 - 公积金	381720	
6	计提2月公积金	2211.02 - 应付职工薪酬 - 福利费	76344	
7	计提2月公积金	5101.98.03.03 - 制造费用 - 待分摊费用 - 机动车间费用 - 职工薪酬	38172	
8	计提2月公积金	1604.02.130 - 在建工程 - 安装工程 - 精制项目	190860	
9	计提2月公积金	2211.03 - 应付职工薪酬 - 住房公积金		2348993
	合计：贰万叁仟肆佰捌拾玖元玖角叁分		2348993	2348993

130

3 月 10 日，财务部发放工资、社保及公积金，银行划款完成会计处理如下图所示：

记账凭证

凭证字：通用
凭证号：284
附件数：3
序号：0

参考信息：
业务日期：2021年3月10日　日期：2021年3月10日　2021年第3期

	摘要	科目	借方	贷方
1	综合管理部付员工工资	2211.01 - 应付职工薪酬 - 职工薪酬	38665731	
2	综合管理部付员工工资	2211.02 - 应付职工薪酬 - 福利费	1892886	
3	综合管理部请付员工工资	1221.02 - 其他应收款 - 个人/02 - 代垫员工扣款		4740033
4	综合管理部请付员工工资	2221.08 - 应交税费 - 应交个人所得税		143131
5	综合管理部付员工工资	1002.03 - 银行存款 - 浦发大开支行		35675453
	合计：肆拾万伍仟伍佰捌拾陆元壹角柒分		40558617	40558617

记账凭证

凭证字：通用
凭证号：325
附件数：3
序号：0

参考信息：
业务日期：2021年3月15日　日期：2021年3月15日　2021年第3期

	摘要	科目	借方	贷方
1	综合管理部付员工保险费	2211.04.04 - 应付职工薪酬 - 社保费 - 工伤保险	355476	
2	综合管理部付员工保险费	2211.04.05 - 应付职工薪酬 - 社保费 - 生育保险	300086	
3	综合管理部请付员工保险费	2211.04.03 - 应付职工薪酬 - 社保费 - 失业保险	111076	
4	综合管理部请付员工保险费	2211.04.01 - 应付职工薪酬 - 社保费 - 基本养老保险	3554761	
5	综合管理部请付员工保险费	2211.04.02 - 应付职工薪酬 - 社保费 - 基本医疗保险	2000571	
6	综合管理部请付员工保险费	1221.02 - 其他应收款 - 个人/02 - 代垫员工扣款	4740033	
7	综合管理部付员工保险费	1002.02 - 银行存款 - 大连银行第四中心支行		11062003
	合计：壹拾壹万零陆佰贰拾元零叁分		11062003	11062003

记账凭证

凭证字：通用
凭证号：326
已指定流量
附件数：2
序号：0

参考信息：
业务日期：2021年3月28日　日期：2021年3月28日　2021年第3期

	摘要	科目	借方	贷方
1	综合管理部曹月稿请付员工公积金款	2211.03 - 应付职工薪酬 - 住房公积金	2348993	
2	综合管理部曹月稿请付员工公积金款	1221.02 - 其他应收款 - 个人/02 - 代垫员工扣款	2348993	
3	综合管理部曹月稿请付员工公积金款	1002.03 - 银行存款 - 浦发大开支行		4697986
	合计：肆万陆仟玖佰柒拾玖元捌角陆分		4697986	4697986

银行缴纳个人所得税时

借：应交税费——应交个人所得税　　　　　　　　　　　　1 431.31

　　贷：银行存款　　　　　　　　　　　　　　　　　　　1 431.31

个人所得税的申报缴纳可通过个人所得税申报系统实名注册登录后申报，工资薪金等由法定扣缴义务人即企事业单位在向职工支付工资薪金时代扣代缴。此前要对纳税人信息采集并验收通过。按月预缴按年度汇算清缴。

关于个人所得税学习，总结起来就是明明白白工资表，清清楚楚算个税，踏踏实实缴税款，高高兴兴做贡献。本章对工资薪金和劳务报酬、个体工商户收入的个人所得税计算缴纳进行了介绍。这些都是日常发生的、熟悉的现象，有必要学习和掌握，作为财务人员更应该熟练会计业务的处理。

第 16 章
期间费用核算

期间费用是企业生产经营期间，为管理和运营业务发生的，不能够直接计入相关产品成本中的费用支出。这一部分的费用发生是生产营业中必然存在的，随着费用的多少变化最终影响到企业的利润。涉及的三个会计科目"管理费用""销售费用""财务费用"及会计实务将在本章详细介绍。

16.1 期间费用的概念

期间费用就是企业生产经营期间，为管理和运营业务发生的，没有计入相关成本中的费用支出。对于企业每一天什么也不干，已经在产生费用的描述。许多人会产生疑问，这是怎么回事呢？其实大多费用是日常性的，体现在日常的生产生活中，只有少部分的费用是在某一特定的条件下才会出现。譬如，每个人每天都在产生费用，体现在衣、食、住、行中，从起床开始，洗脸、刷牙的水、电、牙膏等都是每天在发生的一般性耗费，当然还有一日三餐的固定消费，这是在生活中的体现。甚至休息时也在产生费用，如房子的折旧、水电物业等都是以月为单位计费收取，均摊到每天都要承担一定的费用。对于普通的工薪人员来说，收入就是每月的工资。如果月收入 5 000 元，各种日常耗费固定费用 3 000 元，那么结余就是 2 000 元（相当于企业的利润）。如果某月有朋友来访，会产生业务招待费，那么结余（利润）就会减少。在企业中也是同理，只是分类更明确、系统，费用会发生多笔，而且种类也更多、更复杂一些。

══ 16.2 期间费用的分类与核算 ══

企业的期间费用分为管理费用、销售费用、财务费用。

16.2.1 管理费用

为管理企业生产经营而发生的一系列费用称为管理费用。核算内容包括职工工资、修理费、办公费、劳动保险及公积金、差旅费、邮电费、业务招待费、小额税金、排污费等。

⊛ 实务案例 1：管理费用

（1）人事部员工档案。

爱华公司财务部 3 月 5 日收到综合部转来一张报销单据，列明事由为员工档案管理费，金额 2 720 元。报销单据手续齐全，附件取得服务费发票，经审核符合报账、入账规定。出纳以银行支票付款。

会计分录：

借：管理费用——其他管理费用　　　　　　　　　　　2 720

　　贷：银行存款　　　　　　　　　　　　　　　　　　　　2 720

（2）总经理差旅费。

财务部收到总经理差旅报销发票，金额合计 8 745.21 元，其中交通费用 2 700 元，机票保险 60 元，住宿 1 721 元，电话费 387.21 元，业务招待费 1 800 元，咨询费 2 000 元，退票手续费 77 元。财务经审核符合报销要求，给予现金报销入账。住宿费为增值税专用发票，税率 6%。其他各项均取得增值税普通发票。

会计分录：

借：管理费用——差旅费　　　　　　　　　　　　　4 460.58

　　管理费用——邮电费　　　　　　　　　　　　　　387.21

　　管理费用——业务招待费　　　　　　　　　　　1 800.00

　　管理费用——咨询费　　　　　　　　　　　　　2 000.00

　　应交税费——应交增值税（进项税额）　　　　　　97.42

　　贷：库存现金　　　　　　　　　　　　　　　　　8 745.21

（3）月末财务计提印花税款 374.24 元。

会计分录：

借：管理费用——税金   374.24

  贷：应交税费——应交印花税   374.24

（4）结转管理费用损益。

期末结转损益（将费用转到本年利润科目），会计分录：

借：本年利润   11 367.79

  贷：管理费用——其他管理费用   2 720.00

       管理费用——差旅费   4 460.58

       管理费用——邮电费   387.21

       管理费用——业务招待费   1 800.00

       管理费用——咨询费   2 000.00

       管理费用——税金   374.24

16.2.2 销售费用

为销售产品列支及与销售相关的业务产生的一系列费用属于销售费用。核算内容包括包装费、保险费、广告费、展览费、运输费、折旧费用、差旅费、业务招待费、办公费、职工工资等。

🔹 **实务案例 2：销售费用**

（1）销售差旅费用。

爱华公司财务部 3 月 12 日收到销售部李冬转来一张差旅费报销单据，行程单据及发票经审核无误，金额 8 651.33 元。其中差旅费及住宿 6 600 元，招待客户餐饮 480 元，电话费用 385.33 元，垫付运输费用 1 186 元。报销单据审批手续齐全，经审核符合报账入账规定。运费取得增值税，专用发票列明税率 9%，其他各项均取得增值税普通发票。出纳以银行支票付款。

会计分录：

借：销售费用——差旅费   6 600.00

    销售费用——业务招待费   480.00

    销售费用——邮电费   385.33

    销售费用——运输费   1 186.00

    应交税费——应交增值税（进项税额）   97.93

  贷：银行存款   8 651.33

（2）销售运输费用。

爱华公司3月末销售部转来运输费用支付申请单。开具增值税专用发票，含税金额53 000元，税率3%。审批手续齐全符合报销条件。财务以建设银行电汇支付。

会计分录：

借：销售费用——运输费	51 456.31
应交税费——应交增值税（进项税额）	1 543.69
贷：银行存款——建设银行欣乐支行	53 000.00

（3）结转销售费用损益。

期末结转损益（将费用转到本年利润科目），会计分录：

借：本年利润	61 651.33
贷：销售费用——差旅费	6 600.00
销售费用——业务招待费	480.00
销售费用——邮电费	385.33
销售费用——运输费	54 186.00

16.2.3　财务费用

财务费用指企业在办理银行业务时产生的手续费或存在外币业务、借款业务时产生的汇兑损益和利息费用。

实务案例3：财务费用

（1）利息收入到账。

爱华公司3月末银行账户收到结息，列示金额43.22元。另本月综合支付划款手续费共计765.88元。单据均已经核实收妥。

会计分录：

借：财务费用——利息收入	43.22（红字）
贷：银行存款	43.22

（2）银行划扣手续费。

会计分录：

借：财务费用——手续费	765.88
贷：银行存款	765.88

（3）结转财务费损益。

期末结转损益（将财务费用转到本年利润科目），会计分录：

借：本年利润   722.66

　　贷：财务费用   722.66

这些费用的发生不能够直接计入产品的生产成本，从实务的案例和讲解上看并不复杂，会计分录也很简单。期间费用的要点在于明细分类很多，要核算的内容多。特别是在绩效考核中，涉及按部门进行效益的考核测评。期间费用的准确核算和控制也是企业效益提高的一种因素，通过费用的比较分析，可以很好地减少和避免不合理项目支出。

16.3 期间费用案例解析

下面是某公司管理费用和销售费用的二级明细核算科目。有很多明细科目是企业根据实际情况的需要设置的，如管理费用中的小车费用，销售费用中的招标费用等。财务费用科目核算内容比较简单，一般情况下只有手续费支付和利息收入，管理费用、销售费用，明细如下图所示。

明细科目的设置方便账务处理登记、管理细化，明确具体也方便在预算与绩效考核业务中发挥作用。考核与预算差异会在不同期间、预算与执行对比中清晰得出差异项目，有助于及时调整费用支出控制和达成预算目标的最终实现。

科目代码	科目名称	科目代码	科目名称
6602	管理费用	6601	销售费用
6602	无形资产摊销	6601	电费
6602	税金	6601	水费
6602	办公费	6601	办公费
6602	差旅费	6601	差旅费
6602	邮电费	6601	邮电费
6602	修理费用	6601	小车费
6602	运输费用	6601	修理费用
6602	小车费用	6601	运输费用
6602	工会经费	6601	展览费
6602	劳动保护费	6601	社会保险费
6602	社会保险费	6601	业务招待费
6602	业务招待费	6601	业务宣传费
6602	职工教育经费	6601	劳动保护费
6602	管理人员工资	6601	职工教育经费
6602	管理人员福利费	6601	销售人员工资
6602	固定资产保险费	6601	销售人员福利费
6602	认证与技术研发服务费	6601	房租费
6602	审计、咨询、诉讼费用	6601	认证、技术及设计服务费
6602	其他管理费用	6601	招标费用
6602	管理用固定资产折旧费	6601	安装调试费
6602	会费	6601	住房公积金
6602	安全生产费用	6601	预交采暖费
6602	招聘费	6601	销售用固定资产折旧
6602	每月预交采暖费	6601	其他销售费用
6602	退休人员发放采暖费	6601	咨询服务费
6602	住房公积金	6601	预提费用
6602	汽油用油费	6601	职工月票费
6602	职工月票费	6601	6S费用
6602	6S费用		

虽然期间费用核算业务，所学内容相较其他内容而言不难也不多，但也是实务中金额最零散、数量最多的业务，如公司总经理招待销售客户的费用报销应该怎么做分录，拿到报销单应当进哪个费用科目的哪一个明细项之下，这些都需要掌握。

总结：营销财，期间来，发生是借，结转是贷，明细多多排列开。

第 17 章

成本费用核算

成本费用专指生产类企业在产品的加工过程中发生的费用情况。会计科目在"生产成本""制造费用"列支，这两项费用是工业生产加工企业财务核算必然存在的内容。本章介绍相关核算内容、核算方法和分配的会计处理。

17.1 成本费用的概念

成本费用指企业生产经营过程中加工或购进销售产品的成本。这里将成本费用分为两部分：一部分是成本；另一部分是费用。成本一般直接与获得收入相联系。例如，某食品厂专门生产豆制品，该企业的生产成本就是构成豆制品的各种原材料、人工费用、机器的损耗摊销，还有房租摊销（如果厂房是租赁的）、车间生产用的水、电、气等耗用。因为这些费用的发生都直接或间接地构成了产品的成本，是产品构成不可缺少的发生要素，也会在财务成本核算时，根据实际情况计入产品的生产成本。我们打开生产成本明细账，就可以很清楚地看到是多栏。每一项根据产品的生产情况分配后计入明细账，最后汇总得出产品的总生产成本，再由当月的入库产成品数量，即能够计算得出产品的实际成本价格。生产成本明细账如下图所示。

基本生产成本明细账

产品名称：A产品
生产部门：二车间

摘要	产量（件）	直接材料（元）	直接人工（元）	制造费用（元）	合计
月初在产品成本	—		12 080	10 000	22 080
本月发生费用	—		16 000	83 600	99 600
生产费用合计	—		28 080	93 600	121 680
分配率	—		0.54	1.8	—
产成品成本份额	1 000	—	21 600（1分）	72 000（1分）	93 600
月末在产品成本			6 480	21 600	28 080

17.2 生产成本的核算

生产成本的核算（在工业生产加工企业）是一个相对比较复杂的模块。因为涉及很多种分配方法，一般是根据产品的生产加工过程选择和设置相应的核算和分配方法。从构成产品的直接性比较容易理解，一是直接构成产品的材料、人工，这一类在生产成本科目下列示为"直接生产成本"；二是对于不直接归属某一产品的相关材料和人工费用、水电等，发生时先归集到"制造费用"科目，月末时再按照一定的分配方法分配到各产品的生产加工成本中。

17.3 科目设置及实务案例

生产成本是生产单位为生产产品发生的各项生产费用，包括直接材料（原材料、辅助材料、备品备件、燃料及动力等）、直接工资（生产人员的工资、福利补贴）、其他直接支出（如福利费）。

"生产成本"科目可根据生产需要设置"基本生产成本"和"辅助生产成本"二级明细科目进行核算，再根据需要在二级明细账户下按成本核算对象（如产品的品种、类别、订单等）设置明细账。发生生产成本时计入借方，产品完工时从贷方转出，期末余额在借方时表示未完工的产品成本。

◉ **实务案例 1：生产加工核算**

3月20日，爱华公司财务收到仓库管理人员传来原材料 a 出库单一批，汇总合计金额 234 211.97 元。分别用于产品 A、B、C、D 的生产加工。A、B、C、D 生产加工完成数量 300 千克、350 千克、500 千克、400 千克。原材料按重量比例进行分配。

分配率 =234 211.97÷（300+350+500+400）=151.10

材料成本分配分别为：

A 产品 300×151.10=45 331.35（元）

B 产品 350×151.10=52 886.57（元）

C 产品 500×151.10=75 552.25（元）

D 产品 400×151.10=60 441.80（元）

会计分录：

借：生产成本——A 产品	45 331.35
生产成本——B 产品	52 886.57
生产成本——C 产品	75 552.25
生产成本——D 产品	60 441.80
贷：原材料——a 材料	234 211.97

制造费用：包括产品生产成本中除直接材料和直接人工以外的其余一切生产成本，主要包括企业各个生产单位（车间、分厂）为组织和管理生产所发生的一切费用。具体有各个生产单位管理人员的工资、职工福利费、劳动保护费、检测费等。制造费用发生时一般无法直接判定它所归属的具体成本核算对象，因而不能直接计入所生产的产品成本中，需按费用发生的地点先行归集，月终时再采用一定的方法在各成本计算对象间进行分配，计入各成本计算对象的成本中。

"制造费用"账户属于成本费用类账户，借方登记归集发生的制造费用，贷方反映制造费用的分配，月末无余额。

⚙ 实务案例 2：生产辅助材料核算

爱华公司 3 月生产车间发生的机物料消耗领用单合计金额 9 532.22 元，其中原材料标准件 846.33 元，低值易耗品 2 543.71 元，维修用原材料铜棒 6 142.18 元。财务收妥单据并审核入账。

会计分录：

借：制造费用——物料消耗	9 532.22
贷：原材料——铜棒	6 142.18
——标准件	846.33

低值易耗品——机物料	2 543.71

实务案例 3：生产人员工资核算

本月发生的生产车间管理人员工资及福利费用支出 54 200 元。相关单据审签手续齐全。

会计分录：

借：制造费用——工资	54 200	
贷：应付职工薪酬		54 200

实务案例 4：结转产品生产成本

月末 A、B、C、D 产品均已经生产完工办理入库手续。无其他产品的生产。本月制造费用共发生 54 200+9 532.22=63 732.22（元）。制造费用分配按重量比例进行。

分配率 =63 732.22÷（300+350+500+400）×100%=41.12

分配制造费用：

A 产品 300×41.12=12 335.27（元）

B 产品 350×41.12=14 391.15（元）

C 产品 500×41.12=20 558.78（元）

D 产品 400×41.12=16 447.02（元）

会计分录：

借：生产成本——A 产成品	12 335.27
生产成本——B 产成品	14 391.15
生产成本——C 产成品	20 558.78
生产成本——D 产成品	16 447.02
贷：制造费用	63 732.22

产品入库结转生产成本，会计分录：

借：产成品——A	57 666.62
产成品——B	67 277.72
产成品——C	96 111.03
产成品——D	76 888.82
贷：生产成本——A 产品	（45 331.35+12 335.27）57 666.62

生产成本——B产品　　　　　（52 886.57+14 391.15）67 277.72

生产成本——C产品　　　　　（75 552.25+20 558.78）96 111.03

生产成本——D产品　　　　　（60 441.80+16 447.02）76 888.82

　　这里只是学习了比较简单的生产成本核算案例，主要让大家熟悉生产成本的核算流程和涉及的会计科目应用。在原材料领用环节、直接人工费用核算、制造费用分配等方面都有很多方法的选择，这里不做更深入的了解和介绍。本章的学习目标是掌握生产成本科目核算的内容，原材料从领料出库到制造费用发生分配，再到生产完成验收入库。这些环节过程中会计核算业务中的科目的使用和结转，总结流程如下图所示。

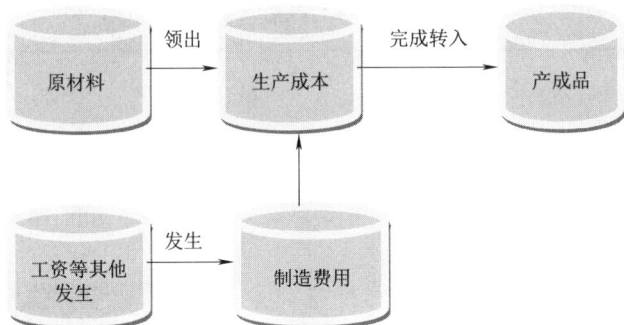

第18章
产成品核算

产成品属于存货的一部分，是企业在材料购入后为换取利润增值的最后一个状态，是生产成本和制造费用科目归集后的结转科目。本章介绍产成品相关的会计核算内容、方法与适用情况，通过案例分析帮助应用理解。

18.1 产成品的概念与核算内容

18.1.1 概念

产成品指企业已经完成全部生产过程并已验收入库，符合标准规格要求，可以按照合同规定作为商品对外销售的产品。"产成品"属于资产类账户，在科目学习时已接触到，产成品核算企业库存的各种产成品的实际成本，借方登记已验收入库的产成品实际成本；贷方登记发出的产成品实际成本；期末借方余额反映企业库存的产成品实际成本。

18.1.2 核算内容

存放在企业所属门市部准备销售的产成品、已经发出但尚未办理托收手续的产成品仍属于企业产成品核算范围，一般应单独设置明细账进行核算。本书在后面收入确认及实务案例中还会涉及。

18.2 产成品核算案例及解析

产成品的核算指生产成本的核算，生产成本核算结转后就转入产成品科目，表示已经生产加工完成可直接对外销售的产品。

● 实务案例 1：产成品入库

接前例：爱华公司 3 月共生产完工 A、B、C、D 产品 350 千克、300 千克、500 千克、400 千克，制造费用分配完成后入库。单价分别为 164.76 元、224.26 元、192.22 元、192.22 元。

会计分录：

借：产成品——A   57 666.62

  产成品——B   67 277.72

  产成品——C   96 111.03

  产成品——D   76 888.82

  贷：生产成本——A 产品   57 666.62

    生产成本——B 产品   67 277.72

    生产成本——C 产品   96 111.03

    生产成本——D 产品   76 888.82

● 实务案例 2：产成品出库

接上例：4 月 2 日，销售给正达公司 A 产品 100 千克，单价 200 元 / 千克，爱华公司于当日发货并开具增值税专用发票，增值税率 13%，协议约定货到付款。

产成品发出时会计分录：

借：应收账款——正达公司   22 600

  贷：主营业务收入   20 000

    应交税费——应交增值税（销项税额） 2 600

4 月 5 日，正达公司收货并验收入库，付清货款。

会计分录：

借：银行存款   22 600

  贷：应收账款——正达公司   22 600

结转销售产品成本［单价 =57 666.62÷350=164.76（元）］，会计分录：

借：主营业务成本   16 476

  贷：产成品——A 产品   16 476

✱ 实务案例 3：委托代销产品

接上例：4 月 7 日与海德公司签订委托代销合同，委托代销 B 产品 100 千克。委托代销单价 300 元 / 千克，当日完成发货［B 产品单价 =67 227.72÷300=224.09（元）］。

会计分录：

借：委托代销产品——海德公司   22 409

  贷：产成品——B 产品   22 409

4 月 10 日海德公司完成销售 B 产品 100 千克，转来代销清单，爱华公司开具增值税专用发票，海德公司依代销合同约定扣除总销售额 10% 代销手续费。余款支付爱华公司建设银行账户。

会计分录：

借：银行存款——建设银行欣乐支行   30 510

  销售费用——代销手续费   3 390

   贷：主营业务收入   30 000

    应交税费——应交增值税（销项税额） 3 900

结转成本会计分录：

借：主营业务成本   22 409

  贷：委托代销商品——海德公司   22 409

✱ 实务案例 4：未开票销售出库

接上例：4 月 12 日销售给优普公司 B 产品 100 千克，单价 300 元 / 千克，货已发出，尚未开具增值税专用发票。货款尚未收到。

会计分录：

借：发出商品——B 产品   22 409

  贷：产成品——B 产品   22 409

借：应收账款——优普公司   33 900

  贷：主营业务收入   30 000

   应交税费——应交增值税（销项税额） 3 900

实务案例 5：销售红字发票

接上例：4 月 15 日，优普公司发现 B 产品有 10 千克不合格，要求退货。爱华公司同意并开具红字发票重新按 90 千克开具销售发票。优普公司当日付清货款。

开红字发票退回会计分录：

借：应收账款——优普公司　　　　　　　　　　33 900（红字）

　　贷：主营业务收入　　　　　　　　　　　　30 000（红字）

　　　　应交税费——应交增值税（销项税额）　　3 900（红字）

重新开具 90 千克销售发票，会计分录：

借：应收账款——优普公司　　　　　　　　　　30 510

　　贷：主营业务收入　　　　　　　　　　　　27 000

　　　　应交税费——应交增值税（销项税额）　　3 510

产成品属于企业的存货，是生产加工企业赖以生存的重要组成条件。企业通过对外销售生产加工的产品换取利润以实现企业的价值增效。产品的流转增值过程就是企业实现收入的过程。产成品是企业资产中重要的一部分，对产成品的核算和管理也是企业经营管理中的重要环节，甚至在一定程度上影响着企业的资产流动能力和盈利能力。

财务人员通过实务案例学习产品的入库、出库、销售、结转销售成本的会计处理，同时，结合实际情况对退回和委托代销业务进行相关的处理，可以加深对产成品核算的理解。

第 19 章

往来业务核算

往来业务是企业生产经营过程中的主要活动内容。从纵向的上下游来看，供应商与客户是企业经营发展的重要关系。利益是往来业务的关系纽带，做好往来业务关系除了记账及时、对账清晰、结款准时外，还要考虑经营中的整体周转率情况，以使企业有限的经济资源得到充分利用和发挥。

19.1 往来业务的概念

往来往来，无往不来，所以才有"预先取之，必先予之"的古语，其实质便是来往之意。在企业会计中往来的业务核算相关科目有应收账款、应付账款、应收票据、应付票据、预收账款、预付账款。

企业在经营运作中会与各个单位建立往来关系。例如，从注册开始和工商局建立关系，工商核准是企业合法承接业务的证明；银行是企业的保险柜，通过银行才能够存取、周转与客户和供应商之间的现金及存款；税务局是企业实现利润回报社会的一种主要途径。国家税收取之于民、用之于民；企业与企业之间的上下游业务形成的购进和销售业务，即企业的应付与应收业务往来关系；在会计核算中，除了以上的外部往来关系外，还有内部员工与企业之间的往来核算。

19.1.1 应收账款的计算

应收账款是企业销售商品待收的款项。资产类的科目增加时计入借方，款项收回时计入贷方。

🎯 实务案例 1：销售结束

爱华公司 3 月 10 日销售正大机械产品一批，价税合计 113 000 元。增值税率 13%。货已经发出，款项尚未收到。

会计分录：

借：应收账款——正大机械   113 000

    贷：主营业务收入   100 000

       应交税费——应交增值税（销项税额）   13 000

3 月 15 日收到正大机械转来银行承兑汇票一张，金额 100 000 元。经财务审核票据背书连续符合入账手续。余款以电汇转入建行欣乐支行账户。

会计分录：

借：应收票据——正大机械   100 000

    贷：应收账款——正大机械   100 000

借：银行存款——建设银行欣乐支行   13 000

    贷：应收账款——正大机械   13 000

3 月 20 日银行承兑汇票到期，出纳人员到银行办理了存款手续。单据收妥。

会计分录：

借：银行存款——建设银行欣乐支行   100 000

    贷：应收票据——正大机械   100 000

19.1.2 应付账款的计算

应付账款是因采购业务应付未付的款项。负债类科目增加时计入贷方，减少时计入借方。

🎯 实务案例 2：采购往来

爱华公司 1 月 20 日购入科龙公司原材料一批，价税合计 113 000 元。增值税率 13%。发票已收货已于当日办理入库，款项尚未支付。

会计分录：

借：原材料——×× 材料   100 000

    应交税费——应交增值税（进项税额）   13 000

　　　　贷：应付账款——科龙公司　　　　　　　　　　　　　113 000

　　3月20日财务部收到采购部转来科龙公司付款申请单，价税合计113 000元。增值税率13%。经查货已于1月12日入库。手续符合季度付款条件，财务通过电汇网银支付。

　　会计分录：

　　借：应付账款——科龙公司　　　　　　　　　　　　　113 000

　　　　贷：银行存款——建设银行欣乐支行　　　　　　　　113 000

19.2 往来业务实务案例解析

　　企业往来关系（外部）的相关业务中最重要的是企业的上游采购对应的供应商，即给企业供应生产加工、销售的原材料和产品的关系单位。从哪里看出往来关系的重要性呢？

　　当企业能够恪守诚信，建立良好的信用关系时，企业的应付账款金额会增加，也就意味着为企业的现金流做出了积极的贡献。当一个企业的预付账款项目金额很大时，占用了大量的资金，在一定意义上就说明企业的采购业务是不存在优势的。而"应收账款"和"预收账款"科目的情况也是如此。如果能够建立良好的往来关系，不仅回款及时，而且很多业务可以预收客户部分款项。应收账款的资金占用是每个企业都面临的重大问题，越来越多的企业都开始使用坏账准备科目。这就意味着有应收账款已经拖欠很久，很难或者无法收回。要知道应收账款一旦发生坏账，减少的是企业的利润。

　　应收账款与预付账款的科目余额降得越低就能为企业换来越多的现金流。资金周转能力越强也就代表了企业的生命力越强。当然降低的根本还在于诚信，很多时候客户的关系好坏并不是因为送了多少礼，花了多少钱招待，客户购买的是企业产品，质量和服务才是决定因素。

　　⊙ **实务案例3：往来对账**

　　爱华公司年初应付账款期初贷方余额为13 500 000元，预付账款期初借方余额7 000 000元。通过改变管理制度中的付款模式，把原来的不定时付款，能拖就拖的现象杜绝。同时也加强与供应商的沟通和交流，促进相互之间的业务关系。并在此基础上对于不利的合作伙伴采取寻找新的合作对象等几方面调整。

至 7 月末，应付账款的期末贷方余额为 27 000 000 元，预付账款期末借方余额为 2 000 000 元。

从计算应付账款期末与期初贷方余额的比对（27 000 000–13 500 000）÷ 13 500 000 × 100%=100%，结果显示应付账款的余额提高了 100%，也就意味着公司的欠款能力增强了。

预付账款的期末与期初借方余额比（7 000 000–2 000 000）÷ 7 000 000 × 100%=71.43%，结果显示预付账款占用资金比例下降。

19.3 往来周转率情况分析

19.3.1 应收账款周转率分析

往来业务的周转分析在企业运营中也很重要。应收账款周转率就是反映公司应收账款周转速度的比率，它说明一定期间内公司应收账款转为现金的平均次数。用时间表示的应收账款周转速度为应收账款周转天数，也称平均应收账款回收期或平均收现期。它表示公司从获得应收账款的权利到收回款项、变成现金所需要的时间。

计算公式：应收账款周转率（次数）= 赊销收入 ÷ 平均应收账款

应收账款周转天数 =360 ÷ 应收账款周转率

= （平均应收账款 × 360）÷ 销售收入

注：平均应收账款 = （期初应收账款 + 期末应收账款）÷ 2

一般来说，应收账款周转率越高越好。应收账款周转率高，表明公司收账速度快，平均收账期短，坏账损失少，资产流动快，偿债能力强。与之相对应，应收账款周转天数则是越短越好。如果公司实际收回账款的天数超过了公司规定的应收账款天数，则说明债务人欠款时间长，资信度低，增大了发生坏账损失的风险；同时也说明公司催收账款不力，使资产形成了呆账甚至坏账，造成了流动资产不流动，这对公司正常的生产经营很不利。但从另一方面说，如果公司的应收账款周转天数太短，则表明公司奉行较紧的信用政策，付款条件过于苛刻，这样会限制公司销售量的扩大，特别是当这种限制的代价（机会收益）大于赊销成本时，会影响公司的盈利水平。

19.3.2 应付账款周转率分析

应付账款周转率反映本公司免费使用供货单位资金的能力。合理的应付账款周转率来自与同行业对比和公司历史正常水平，如公司应付账款周转率低于行业平均水平，说明公司较同行可以占用更多供应商的货款，显示其重要的市场地位，但同时也要承担较多的还款压力，反之亦然；如果公司应付账款周转率较以前出现快速提高，说明公司占用供应商货款降低，可能反映上游供应商的谈判实力增强，要求快速回款的情况，也有可能预示原材料供应紧俏，反之亦然。

公式如下：

应付账款周转率 = 采购额 ÷ 平均应付账款余额 × 100%

应付账款周转率 = 主营业务成本净额 ÷ 平均应付账款余额 × 100% = 主营业务成本净额 ÷（应付账款期初余额 + 应付账款期末余额）÷ 2 × 100%

应付账款周转天数 = 360 ÷ 应付账款周转率

与应收账款周转率类似，这个数据体现出公司平均需要多少天才能兑现开给卖方的支票。我们可以用同样的方法得到这个数据，即用总的购买额除以现有的应付账款额。例如，年购货额为 30 万元，而现在欠卖方 5 万元，这样应付账款周转率即为每年 6 次。如果用这个数目除以 365，得到的结果为 61，这意味着实际业务中一般在收到账单 61 天后付款。

这是一个需要密切注意的问题，因为需要卖方信用作为低成本或无成本融资的一个来源。另外，应付账款周转率的恶化可能是现金危机的征兆，并会危害这两者之间的关系。所以目标应该是使应收账款周转率和应付账款周转率的时间尽可能地接近，这样现金流入量才能和现金流出量相抵。

本章讨论的内容与管理会计更贴近一些，这些都是笔者在工作中的一些体会和想法。进步没有止境，只要能够把财务工作做得更好，更有效率，其价值和意义才能最终体现。不要把会计工作理解为借贷的分录，那只是会计工作中极少的部分内容，特别是在软件应用越来越普遍的今天，会计角色应该从最初的数据核算员向管理职能转变，只有这样才能够适应企业发展的需要。

第 20 章
现金流

现代企业的管理中，现金流越来越被企业重视。现金流量表是企业的资金流入与流出的汇总情况。现金流的大小是企业机动资金的体现，对现金流量和报表的分析可以深入了解企业的资金动态和经营发展情况。本章学习以软件应用为基础对现金流量的指定和相关分析。

20.1 何为现金流

现金流量是现代理财学中的一个重要概念，指企业在一定会计期间按照现金收付实现制，通过一定经济活动（包括经营活动、投资活动、筹资活动和非经常性项目）而产生的现金流入、现金流出及其总量情况的总称，即企业一定时期的现金和现金等价物的流入和流出的数量。

随着社会的发展，企业也不断地壮大。越来越多的企业管理者开始注重现金流的作用。特别是在上市企业的财务报告中必须每期都做现金流量表。有很多人提到现金流量表都有些头疼，因为一般企业很少申报现金流量表，只是在年报时才报一次。这对很多财务人员来说有点陌生。

20.2 营业期现金流量的分类解析

通过分析可以明白企业的经营运作就是资金流的活动过程。现代企业的管理中，现金流越来越被企业所重视。很多通过软件进行账务处理的企业会在财务编制会计凭证时，要求录入现金流量。通过现金流量的统计可以得出企业资金流的走向情况。现金流量的分类有几种，具体如下图所示。

熟悉现金流量的业务以后，对于现金流量表的编制就大大降低了难度。一般来说，经营活动产生的现金流入项目主要有销售商品、提供劳务收到的现金，收到的税费返还，收到的其他与经营活动有关的现金；经营活动产生的现金流出项目主要有购买商品、接受劳务支付的现金，支付给职工以及为职工支付的现金，支付的各项税费，支付的其他与经营活动有关的现金。

现金流量表		金蝶好贷	金蝶
项目	行次	金额	比重
一、经营活动产生的现金流量			
销售商品、提供劳务收到的现金	1	7,435,890.76	99.05%
收到的税费返还	2	67,851.44	0.90%
收到其他与经营活动有关的现金	3	3,810.07	0.05%
现金流入小计	4	7,507,552.27	
购买商品、接受劳务支付的现金	5	3,295,404.70	74.11%
支付给职工以及为职工支付的现金	6	785,437.47	17.66%
支付的各项税费	7	3,087.92	0.07%
支付其他与经营活动有关的现金	8	362,599.75	8.16%
现金流出小计	9	4,446,529.84	
经营活动产生的现金流量净额	10	3,061,022.43	62.19%
二、投资活动产生的现金流量			
收回投资收到的现金	11		
取得投资收益收到的现金	12		
处置固定资产、无形资产和其他长期资产收回的现	13		
处置子公司及其他营业单位收到的现金净额	14		
收到其他与投资活动有关的现金	15	19,054.25	100.00%
现金流入小计	16	19,054.25	
购建固定资产、无形资产和其他长期资产支付的现	17	140,055.00	100.00%
投资支付的现金	18		
取得子公司及其他营业单位支付的现金净额	19		
支付其他与投资活动有关的现金	20		
现金流出小计	21	140,055.00	
投资活动产生的现金流量净额	22	-121,000.75	-2.46%
三、筹资活动产生的现金流量			
吸收投资收到的现金	23		
取得借款收到的现金	24	2,000,000.00	100.00%
收到其他与筹资活动有关的现金	25		
现金流入小计	26	2,000,000.00	
偿还债务支付的现金	27		
分配股利、利润或偿付利息支付的现金	28		
支付其他与筹资活动有关的现金	29	11,977.78	100.00%
现金流出小计	30	11,977.78	
筹资活动产生的现金流量净额	31	1,988,022.22	40.39%
四、汇率变动对现金及现金等价物的影响	34	-6,001.64	-0.12%
五、现金及现金等价物净增加额	35	4,922,042.26	100.00%
加：期初现金及现金等价物余额	36	6,810,223.03	
六、期末现金及现金等价物余额	37	11,732,265.29	

从上图中可以看到，企业日常经营活动中涉及的现金流量有以下几项。

（1）销售商品、提供劳务收到的现金。这一项记录的是收到销售货物或提供劳务的现金流量，如下图所示。

现金流量查询

日期	期间	凭证字号	摘要	科目代码	科目名称	原币金额	流量金额	主表项目
2021-03-03	2021.3	通用-11	收货款	1122.01	应收账款 -	810,000.00	810,000.00	CI1.01.01销售商品、提供劳务收到的现金
2021-03-08	2021.3	通用-13	收货款(D2020:	1121.	应收票据 -	100,000.00	336,000.00	CI1.01.01销售商品、提供劳务收到的现金
2021-03-05	2021.3	通用-15	收货款	1122.03	应收账款 -	130,000.00	130,000.00	CI1.01.01销售商品、提供劳务收到的现金
2021-03-08	2021.3	通用-16	收货款	1122.01	应收账款 -	810,000.00	810,000.00	CI1.01.01销售商品、提供劳务收到的现金
2021-03-11	2021.3	通用-38	收货款(D202:	1121.02	应收票据 -	150,000.00	111,390.76	CI1.01.01销售商品、提供劳务收到的现金
2021-03-08	2021.3	通用-39	收货款	1122.02	应收账款 -	2,160,000.00	2,160,000.00	CI1.01.01销售商品、提供劳务收到的现金
2021-03-15	2021.3	通用-55	收货款	1122.01	应收账款 -	810,000.00	810,000.00	CI1.01.01销售商品、提供劳务收到的现金
2021-03-19	2021.3	通用-71	收货款	1122.03	应收账款 -	130,000.00	130,000.00	CI1.01.01销售商品、提供劳务收到的现金
2021-03-22	2021.3	通用-63	收货款	1122.01	应收账款 -	808,500.00	808,500.00	CI1.01.01销售商品、提供劳务收到的现金
2021-03-29	2021.3	通用-134	收货款	1122.01	应收账款 -	810,000.00	810,000.00	CI1.01.01销售商品、提供劳务收到的现金
2021-03-30	2021.3	通用-216	收货款	1122.01	应收账款 -	520,000.00	520,000.00	CI1.01.01销售商品、提供劳务收到的现金
					合计		7,435,890.76	

收到的现金即现金流增加、贷方的对应科目是应收账款，或现金销售的收入流量。

（2）收到的税费返还。这一项仅在有退税业务的企业里存在，如出口退税和福利企业退税等，如下图所示。

现金流量查询

日期	期间	凭证字号	摘要	科目代码	科目名称	原币金额	流量金额	主表项目
2021-03-18	2021.3	通用-69	收出口退税款	1221.01	其他应收款 -	67,851.44	67,851.44	CI1.01.02收到的税费返还
					合计		67,851.44	

（3）收到的其他与经营有关的现金，指除销售货款收入的其他收款产生的流量。除销售商品、提供劳务收到的现金，收到的税费返还之外的其他收款现金流量，如下图所示。

现金流量查询

日期	期间	凭证字号	摘要	科目代码	科目名称	原币金额	流量金额	主表项目
2021-03-15	2021.3	通用-45	个所税手续费	6605	其他收益	1,529.29	1,529.29	CI1.01.03收到其他与经营活动有关的现金
2021-03-20	2021.3	通用-75	利息收入	6603.02	财务费用 -	-0.08	0.08	CI1.01.03收到其他与经营活动有关的现金
2021-03-22	2021.3	通用-76	利息收入	6603.02	财务费用 -	-21.07	21.07	CI1.01.03收到其他与经营活动有关的现金
2021-03-22	2021.3	通用-77	利息收入	6603.02	财务费用 -	-102.49	102.49	CI1.01.03收到其他与经营活动有关的现金
2021-03-22	2021.3	通用-78	利息收入	6603.02	财务费用 -	-744.48	744.48	CI1.01.03收到其他与经营活动有关的现金
2021-03-22	2021.3	通用-79	利息收入	6603.02	财务费用 -	-1,376.65	1,376.65	CI1.01.03收到其他与经营活动有关的现金
2021-03-22	2021.3	通用-80	利息收入	6603.02	财务费用 -	-3.84	3.84	CI1.01.03收到其他与经营活动有关的现金
2021-03-21	2021.3	通用-228	利息收入	6603.02	财务费用 -	-1.14	1.14	CI1.01.03收到其他与经营活动有关的现金
2021-03-21	2021.3	通用-230	利息收入	6603.02	财务费用 -	-31.03	31.03	CI1.01.03收到其他与经营活动有关的现金
					合计		3,810.07	

以上三项为经营活动产生的现金流入情况。下面再看一下经营活动产生的现金流出情况。

（1）购买商品、接受劳务支付的现金。这一项是用现金或银行存款购买产品而支付的现金流量登记，购买商品、接收劳务支付的现金流量项目的明细情况，如下图所示。

现金流量查询

日期	凭证字号	摘要	科目代码	科目名称	原币金额	流量金额	主表项目
2021-03-09	通用-21	营销部陈丽英	2202.03	应付账款 -	23,250.00	23,260.00	CI1.02.01购买商品、接受劳务支付的现金
2021-03-09	通用-25	营销部陈丽英	2202.03	应付账款 -	432,000.00	432,015.00	CI1.02.01购买商品、接受劳务支付的现金
2021-03-10	通用-26	营销部陈丽英	2202.03	应付账款 -	31,000.00	31,010.00	CI1.02.01购买商品、接受劳务支付的现金
2021-03-11	通用-29	营销部陈丽英	2202.01	应付账款 -	441,600.00	441,615.00	CI1.02.01购买商品、接受劳务支付的现金
2021-03-11	通用-32	生产技术部陈	1123	预付账款/[00	200,000.00	200,015.00	CI1.02.01购买商品、接受劳务支付的现金
2021-03-11	通用-33	生产技术部陈	2202.03	应付账款 -	4,452.78	4,457.78	CI1.02.01购买商品、接受劳务支付的现金
2021-03-16	通用-46	营销部陈丽英	2202.03	应付账款 -	75,754.01	75,764.01	CI1.02.01购买商品、接受劳务支付的现金
2021-03-16	通用-49	营销部陈丽英	2202.03	应付账款 -	13,509.00	13,519.00	CI1.02.01购买商品、接受劳务支付的现金
2021-03-16	通用-50	营销部陈丽英	2202.03	应付账款 -	4,978.24	4,983.24	CI1.02.01购买商品、接受劳务支付的现金
2021-03-16	通用-54	营销部陈丽英	2202.03	应付账款 -	435,200.00	435,215.00	CI1.02.01购买商品、接受劳务支付的现金
2021-03-18	通用-64	营销部陈丽英	2202.03	应付账款 -	26,160.00	26,160.00	CI1.02.01购买商品、接受劳务支付的现金
2021-03-18	通用-66	营销部陈丽英	2202.03	应付账款 -	3,840.01	3,845.01	CI1.02.01购买商品、接受劳务支付的现金
2021-03-19	通用-72	营销部陈丽英	2202.03	应付账款 -	405,000.00	405,015.00	CI1.02.01购买商品、接受劳务支付的现金
2021-03-23	通用-85	生产技术部李	2202.02	应付账款 -	21,606.20	21,616.20	CI1.02.01购买商品、接受劳务支付的现金
2021-03-25	通用-100	营销部陈丽英	2202.02	应付账款 -	120,000.00	20,010.00	CI1.02.01购买商品、接受劳务支付的现金
2021-03-25	通用-102	营销部陈丽英	2202.03	应付账款 -	6,124.96	6,129.96	CI1.02.01购买商品、接受劳务支付的现金
2021-03-25	通用-107	外购入库	1403.01	原材料 - 借	14,530.98	16,430.00	CI1.02.01购买商品、接受劳务支付的现金
2021-03-25	通用-109	生产技术部陈			4,199.50	4,204.50	CI1.02.01购买商品、接受劳务支付的现金
2021-03-25	通用-110	营销部陈丽英	2202.01	应付账款 -	340,470.00	340,485.00	CI1.02.01购买商品、接受劳务支付的现金
2021-03-25	通用-113	生产技术部李	1123	预付账款/[00	200,000.00	200,015.00	CI1.02.01购买商品、接受劳务支付的现金
2021-03-30	通用-204	营销部陈丽英	2202.03	应付账款 -	201,950.00	201,965.00	CI1.02.01购买商品、接受劳务支付的现金
2021-03-31	通用-223	营销部陈丽英	2202.01	应付账款 -	26,460.00	387,675.00	CI1.02.01购买商品、接受劳务支付的现金
		合计				3,295,404.70	

也就是说，购买商品、接收劳务支付的现金都是原材料和库存产品而支付的现金流。

（2）支付给职工以及为职工支付的现金，指应付职工薪酬科目借方发生的现金流量登记。在管理费用中核算的食堂及教育经费等支付的现金流量也属于这个项目，如下图所示。

现金流量查询

日期	凭证字号	摘要	科目代码	科目名称	原币金额	流量金额	主表项目
2021-03-03	通用-10	综合管理部曹	2211.03	应付职工薪酬 - 住房公积金	31,217.64	62,435.28	CI1.02.02支付给职工以及为职工支付的现金
2021-03-10	通用-28	综合管理部曹	2211.01	应付职工薪酬 - 职工薪酬	518,664.25	475,714.15	CI1.02.02支付给职工以及为职工支付的现金
2021-03-11	通用-36	综合管理部孙	2211.03	福利费	27,233.00	27,233.00	CI1.02.02支付给职工以及为职工支付的现金
2021-03-18	通用-61	综合管理部孙	2211.04	应付职工薪酬 - 社保费 - 基本养老位	46,795.20	114,646.32	CI1.02.02支付给职工以及为职工支付的现金
2021-03-23	通用-84	综合管理部曹	2211.03	应付职工薪酬 - 住房公积金	31,599.36	63,198.72	CI1.02.02支付给职工以及为职工支付的现金
2021-03-30	通用-212	综合管理部孙	6602.06	管理费用 - 人力资源费用 - 福利费	40,200.00	40,210.00	CI1.02.02支付给职工以及为职工支付的现金
2021-03-30	通用-214	综合管理部孙	6602.06	管理费用 - 人力资源费用 - 福利费	2,000.00	2,000.00	CI1.02.02支付给职工以及为职工支付的现金
		合计				785,437.47	

（3）支付税款的业务产生的现金流。贷方科目是现金或银行存款时，相等的借方科目应该就是应交税务费科目。支付的各项税费包括增值税，增值税产生的附征项目，支付时产生的现金流都在此处登记，支付的各项税费如下图所示。

现金流量查询

日期	凭证字号	摘要	科目代码	科目名称	原币金额	流量金额	主表项目
2021-03-03	通用-9	综合管理部曹月梅纳个人所税	2221.08	应交税费 - 应交个人所得税	2,044.72	2,044.72	CI1.02.03支付的各项税费
2021-03-15	通用-44	缴纳印花税	6403	税金及附加	1,043.20	1,043.20	CI1.02.03支付的各项税费
		合计				3,087.92	

（4）支付的其他与经营有关的现金，指不属于上面三项范围的其他支付产生的现金流量，如下图所示。

现金流量查询

日期	凭证字号	摘要	科目代码	科目名称	原币金额	流量金额	主表项目
2021-03-23	通用-93	综合管理部补爱娟清付网费及	2241.01	其他应付款 - 单位/[076]中国移动通	3,856.50	3,861.50	CI1.02.04支付其他与经营活动有关的现金
2021-03-23	通用-94	综合管理部补报销彩镇款	6602.06	管理费用 - 人力资源费用	145.00	145.00	CI1.02.04支付其他与经营活动有关的现金
2021-03-23	通用-95	综合管理部补爱娟清付机票款	2241.01	其他应付款 - 单位/[063]大连国凤航	600.00	605.00	CI1.02.04支付其他与经营活动有关的现金
2021-03-25	通用-101	营销部陈丽英清付广告发布费	2202.03	应付账款 - 其他/[0670]中国化工信息	15,000.00	15,010.00	CI1.02.04支付其他与经营活动有关的现金
2021-03-25	通用-103	营销部陈丽英清付货款	2202.03	应付账款 - 其他/[0609]甘井子区大汇	2,340.00	2,345.00	CI1.02.04支付其他与经营活动有关的现金
2021-03-25	通用-104	营销部陈丽英清付货款	2202.03	应付账款 - 其他/[0588]济南世纪通讯	1,548.00	1,553.00	CI1.02.04支付其他与经营活动有关的现金
2021-03-25	通用-105	生产技术部陈晓庆清付退还借口	2241.01	其他应付款 - 单位/[176]大连筑安建	50,000.00	50,010.00	CI1.02.04支付其他与经营活动有关的现金
2021-03-25	通用-108	生产技术部疏清报销技术服	6602.09	管理费用 - 日常经营支出 - 安全费用	13,996.23	14,010.00	CI1.02.04支付其他与经营活动有关的现金
2021-03-25	通用-111	季度回单箱收费	6603.01	财务费用 - 工本、手续费	75.00	75.00	CI1.02.04支付其他与经营活动有关的现金
2021-03-25	通用-112	季度回单箱收费	6603.01	财务费用 - 工本、手续费	75.00	75.00	CI1.02.04支付其他与经营活动有关的现金
2021-03-26	通用-115	外购入库	1411.01	周转材料 - 低值易耗品	748.67	50.00	CI1.02.04支付其他与经营活动有关的现金
2021-03-29	通用-136	生产技术部陈晓庆清付货款	2202.03	应付账款 - 其他/[0325]张家港市了E	23,880.00	23,890.00	CI1.02.04支付其他与经营活动有关的现金
2021-03-30	通用-206	营销部陈丽英清付货款	1123	预付账款/[0002]中国石油天然气股份	3,000.00	3,000.00	CI1.02.04支付其他与经营活动有关的现金
2021-03-30	通用-206	营销部陈丽英清付货款	2202.03	应付账款 - 其他/[0588]济南世纪通讯	1,548.00	1,553.00	CI1.02.04支付其他与经营活动有关的现金
2021-03-30	通用-209	综合管理部陈丽清付记录表款	6602.09	管理费用 - 日常经营支出 - 安全费用	294.00	299.00	CI1.02.04支付其他与经营活动有关的现金
2021-03-30	通用-210	综合管理部补爱娟清付公务车	1123	预付账款/[0002]中国石油天然气股份	7,000.00	11,005.00	CI1.02.04支付其他与经营活动有关的现金
2021-03-30	通用-213	综合管理部补爱娟清付机票款	2241.01	其他应付款 - 单位/[063]大连国凤航	2,420.00	2,425.00	CI1.02.04支付其他与经营活动有关的现金
2021-03-30	通用-215	生产技术部王振辉报销吊装费	5101.01	主营业务成本 - 均阔 - 其它	11,680.00	11,690.00	CI1.02.04支付其他与经营活动有关的现金
2021-03-31	通用-224	季度回单箱收费	6603.01	财务费用 - 工本、手续费	75.00	75.00	CI1.02.04支付其他与经营活动有关的现金
2021-03-31	通用-225	季度回单箱收费	6603.01	财务费用 - 工本、手续费	75.32	75.32	CI1.02.04支付其他与经营活动有关的现金
				合计		362,599.75	

总结：支付的现金流，贷方是现金或银行存款科目，借方都是应付账款科目。也就是说，购买商品、接收劳务支付的现金都是因原材料和库存产品而支付的现金流。

20.3 现金流量表附表内容解析

现金流量表附表项目，如下图所示。

补充资料		
现金流量附表项目		
1、将净利润调节为经营活动现金流量		
净利润	38	-1,901,162.71
资产减值准备	39	
固定资产折旧、油气资产折耗、生产性生物资产折	40	
无形资产摊销	41	
长期待摊费用摊销	42	
处置固定资产、无形资产和其他长期资产的损失	43	
固定资产报废损失	44	
公允价值变动损失	45	
财务费用	46	
投资损失	47	
递延所得税资产减少	48	
递延所得税负债增加	49	
存货的减少	50	
经营性应收项目的减少	51	
经营性应付项目的增加	52	
其他	53	
经营活动产生的现金流量净额	54	-1,901,162.71
2、不涉及现金收支的重大投资和筹资活动		
债务转为资本	55	
一年内到期的可转换公司债券	56	
融资租入固定资产	57	
3、现金及现金等价物净变动情况		
现金的期末余额	58	11,732,265.29
减：现金的期初余额	59	6,810,223.03
加：现金等价物的期末余额	60	
减：现金等价物的期初余额	61	
现金及现金等价物的净增加额	62	4,922,042.26

与现金流量主表的项目中现金及现金等价物的净增加额是相等的。

下面分析一下这个数的来源：

现金的期末余额即为现金、银行存款的期末余额，如下图所示。

科目余额表　　　　　　　　　　　　　　　　　　　　期间：2021年第3期　币别：（综合本位币）

科目代码	科目名称	期初余额		本期发生		本年累计		期末余额	
		借方	贷方	借方	贷方	借方	贷方	借方	贷方
1001	库存现金	3,162.40			50.00	1,500.00	401,400.00	3,112.40	
1002	银行存款	6,807,060.63		9,837,252.84	4,915,160.58	34,054,630.78	33,530,681.35	11,729,152.89	
	合计	6,810,223.03		9,837,252.84	4,915,210.58	34,056,130.78	33,932,081.35	11,732,265.29	

现金的期初余额为现金、银行存款科目的期初余额合计如上图所示。

将净利润调节为主表项目的相关影响明细，如下图所示。

现金流量表附表二

科目名称	金额
所有科目	5,140,253.26
6401—主营业务成本	5,214,915.64
6601—销售费用	151,962.72
6403—税金及附加	76,770.08
1002—银行存款	3,183,676.77
6602—管理费用	710,375.20
6001—主营业务收入	-4,198,672.59
6603—财务费用	-1,074.83
1001—库存现金	-50.00
6605—其他收益	2,350.27

现金流量 T 形账户，如下图所示。

T型账户　　现金类

借方		贷方	
对方科目	发生额	对方科目	发生额
现金类	310,661.32		
1002—银行存款	310,661.32		
非现金类	9,526,621.52		
1121—应收票据	447,390.76		
1122—应收账款	6,988,500.00		
1221—其他应收款	67,851.44		
2001—短期借款	2,000,000.00		
6603—财务费用	21,350.03		
6605—其他收益	1,529.29		
		现金类	310,661.32
		1002—银行存款	310,661.32
		非现金类	4,604,549.26
		1123—预付账款	423,550.00
		1221—其他应收款	9,898.00
		1403—原材料	16,430.00
		1411—周转材料	50.00
		2202—应付账款	3,159,762.74
		2211—应付职工薪酬	746,098.47
		2221—应交税费	2,044.72
		2241—其他应付款	90,146.50
		5101—制造费用	12,190.00
		6403—税金及附加	1,043.20
		6601—销售费用	18,487.26
		6602—管理费用	106,190.00
		6603—财务费用	18,658.37

看到现金流量各项目的来龙去脉，现在要说明一下数据形成的最初操作。手工账中很难体现这一过程，因此以软件操作进行介绍。软件现金流量设置后，在编制凭证时系统会自动提示现金流量的录入。费用科目的借方发生现金流量为支付的其他与经营有关的现金。具体操作在编制会计凭证时，涉及现金、银行存款会计科目时，系统都会提示录入现金流量。否则无法保存凭证。这里根据业务的内容，对应前面的现金流量项目，选择相应的现金流后保存凭证即可。

✿ 实务案例：现金流量设置

爱华公司管理部报销员工档案费 2 720 元，出纳以银行支票付款，会计李雪编制凭证分录如下图所示。现金流量选择了支付的其他与经营业务有关的现金项目。保存凭证后粘贴完成此笔业务。

总结：本章学习了现金流量业务的指定，通过寻根溯源可以清楚地了解现金流量表的编制。对于手工账现金流量表的编制也是思路清晰、一目了然。下面给出一个问题，如下图所示，看看能否确认相对应的会计分录和科目，请列示出来。

日期	凭证	摘要	科目名称	借方	流量金额	主表项目
2021-3-4	记-4	正强不锈钢有限公司	应付账款	4 000	4 000	
2021-3-4	记-5	上海丰贸有限公司	应付账款	50.6	50.6	
2021-3-4	记-6	大连新锐技术有限公司	应付账款	9 263.86	9 263.86	购买商品、接受劳务支付的现金
2021-3-4	记-7	上海华方电子有限公司	应付账款	1 116	1 116	
2021-3-21	记-426	外购入库	原材料	13 179.49	13 179.49	
2021-3-21	记-429	外购入库	原材料	6 384.62	6 384.62	
2021-3-27	记-454	外购入库	原材料	933.33	933.33	
			合计	58 933.66	58 933.66	

通过举一反三，现金流量问题清楚了，其他的项目就能够找到感觉了。记忆小口诀：流入找贷方，流出找借方。功夫用在平常现金银行上。

20.4 流量分析

下面从现金流量方向的构成分析，企业要想在激烈的竞争中立于不败之地，不但要千方百计地把自己的产品销售出去，更重要的是能及时收回销货款，以便经营活动能够顺利开展。现金流量表结构主要包括三大板块，即经营活动产生的现金净流量、投资活动产生的现金净流量和筹资活动产生的现金净流量。对于企业而言，由于每种活动产生的现金净流量的正负方向构成不同，所以会产生不同的现金流量，这些都会对企业的财务状况产生重要的影响。

（1）当经营活动现金流入量小于流出量，投资活动现金流入量大于流出量，筹资活动现金流入量大于流出量时，说明企业经营活动现金账流入不足，主要靠借贷维持经营；如果投资活动现金流入量净额是依靠收回投资或处置长期资产所得，则财务状况较为严峻。

（2）经营活动现金流入量小于流出量，投资活动现金流入量小于流出量，筹资活动现金流入量大于流出量时，说明企业经营活动和投资活动均不能产生足够的现金流入，各项活动完全依赖借债维系，一旦举债困难，财务状况将十分危险。

（3）经营活动现金流入量小于流出量，投资活动现金流入量大于流出量，筹资活动现金流入量小于流出量时，说明企业经营活动产生的现金流入不足；筹集资金发生了困难，可能主要依靠收回投资或处置长期资产所得维持运营，说明企业财务状况已陷入了困境。

（4）经营活动现金流入量小于流出量，投资活动现金流入量小于流出量，筹资活动现金流入量小于流出量时，说明企业三项活动均不能产生现金净流入，企业财务状况处于瘫痪状态，面临着破产或被兼并的危险。

（5）经营活动现金流入量大于流出量，投资活动现金流入量大于流出量，筹资活动现金流入量大于流出量时，说明企业财务状况良好。但要注意对投资项目的可行性研究，否则增加投资会造成浪费。

（6）经营活动现金流入量大于流出量，投资活动现金流入量小于流出量，筹资活动现金流入量小于流出量时，说明企业经营活动和借债都能产生现金净流入，财务状况较稳定；扩大投资出现投资活动负向净流入也属正常，但注意适度的投资规模。

（7）经营活动现金流入量大于流出量，投资活动现金流入量大于流出量，筹资活动现金流入量小于流出量时，说明企业经营活动和投资活动均产生现金净流入；但筹资活动为现金净流出，说明有大量债务到期需现金偿还。如果净流入量大于净出量，说明财务状况较稳定。否则，财务状况不佳。

（8）经营活动现金流入量大于流出量，投资活动现金流入量小于流出量，筹资活动现金流入量小于流出量时，说明主要依靠经营活动的现金流入运营，一旦经营状况陷入危机，财务状况将会恶化。

在具体分析企业现金流量的变动趋势时，可以采用横向比较分析或纵向比较分析方法进行。横向比较分析是对现金流量表内每个项目的本期与基期的金额进行比较，揭示差距，观察和分析企业现金流量的变化趋势。纵向比较分析是将各期会计报表换算成结构百分比形式，再逐项比较分析各项目所占整体比重的变化发展趋势。对现金流量表进行分析，应分别对各项现金流入量和现金流出量进行结构分析。

第21章

应付职工薪酬核算

应付职工薪酬并非只是想象中的工资，这其中包含许多内容。本章从财务会计科目的初级学习和应用的角度对应付职工薪酬概念、核算范围并通过案例介绍分析。

===21.1 薪酬核算的内容===

薪酬核算的业务对于财务人员来说应该很熟悉。其核算工作有很多单位不在财务部门完成，而是由人事部门完成。但一般的小企业都是由财务部门来核算。作为财务人员应当熟练掌握薪酬的核算情况。

应付职工薪酬是企业根据有关规定应付给职工的各种薪酬。财务人员按照"工资、奖金、津贴、补贴""职工福利""社会保险费""住房公积金""工会经费""职工教育经费""解除职工劳动关系补偿""非货币性福利""其他与获得职工提供的服务相关的支出"等应付职工薪酬项目进行明细核算。

企业应当通过"应付职工薪酬"科目，核算应付职工薪酬的提取、结算、使用等情况。该科目的贷方登记已分配计入有关成本费用项目的职工薪酬的数额，借方登记实际发放职工薪酬的数额，包括扣还的款项等；该科目期末贷方余额，反映企业应付未付的职工薪酬。

企业以其自产产品作为非货币性福利发放给职工的，应当根据受益对象，按照该产品的公允价值，计入相关资产成本或当期损益，同时确认应付职工薪酬，借记"管理费用""生产成本"等科目，贷记"应付职工薪酬——

非货币性福利"科目。将企业拥有的房屋等资产无偿提供给职工使用的，应当根据受益对象，将该住房每期应计提的折旧计入相关资产成本或当期损益，同时确认应付职工薪酬，借记"管理费用""生产成本"等科目，贷记"应付职工薪酬——非货币性福利"科目，同时借记"应付职工薪酬——非货币性福利"科目，贷记"累计折旧"科目。租赁住房等资产供职工无偿使用的，应当根据受益对象，将每期应付的租金计入相关资产成本或当期损益，并确认应付职工薪酬，借记"管理费用""生产成本"等科目，贷记"应付职工薪酬——非货币性福利"科目。难以认定受益对象的非货币性福利，直接计入当期损益和应付职工薪酬。

═══ 21.2 案例解析 ═══

🌀 实务案例：工资计提与发放

爱华公司 3 月份部门工资汇总核算表如下图所示。假设生产一车间为产品直接生产部门，生产二车间为间接生产部门，除销售生产外其他部门工资均归属于管理费用。

部门	基本工资	职务工资	全勤奖	应付工资	保险基数	代扣保险合计	实付工资
销售部	65,000.00	26,000.00	15,600.00	106,600.00	3,470.00	9,542.50	97,057.50
综合管理部	43,000.00	17,200.00	10,320.00	70,520.00	3,470.00	1,526.80	68,993.20
生产管理部	76,000.00	30,400.00	18,240.00	124,640.00	3,470.00	3,435.30	121,204.70
生产一车间	46,000.00	18,400.00	11,040.00	75,440.00	3,470.00	12,596.10	62,843.90
生产二车间	44,000.00	17,600.00	10,560.00	72,160.00	3,470.00	15,268.00	56,892.00
财务部	28,000.00	11,200.00	6,720.00	45,920.00	3,470.00	1,526.80	44,393.20
采购部	33,000.00	13,200.00	7,920.00	54,120.00	3,470.00	3,053.60	51,066.40
技术部	77,000.00	30,800.00	18,480.00	126,280.00	3,470.00	6,870.60	119,409.40
合计	412,000.00	164,800.00	98,880.00	675,680.00	27,760.00	53,819.70	621,860.30

会计分录如下。

计提工资时（应付工资数）：

借：生产成本（直接工资）　　　　　　　　　　　　　75 440

　　制造费用（间接工资）　　　　　　　　　　　　　72 160

　　管理费用（车间管理人员和辅助人员工资）　　　124 640

管理费用（管理人员工资）	296 840
销售费用（销售人员工资）	106 600
贷：应付职工薪酬——工资	675 680

发放工资时：

借：应付职工薪酬——工资	675 680.00
贷：库存现金/银行存款（实发工资数）	621 860.30
其他应付款——代扣个人部分	53 819.70

计提企业缴纳的五险一金：（会计分录金额略）

借：生产成本（生产工人）

管理费用（车间管理人员）

管理费用（管理部门）

销售费用（销售部门）

贷：应付职工薪酬——养老/医疗等

应付职工薪酬——住房公积金

实际缴纳的五险一金：

借：应付职工薪酬——养老/医疗等

应付职工薪酬——住房公积金

应交税费——应交个人所得税

贷：银行存款

此处的会计分录采用简化处理。实际业务中在计提与发放时比较复杂，主要体现在计提时涉及各科目费用，按部门的不同情况要分别计入"管理费用""制造费用""销售费用"。管理费用科目下设二级工资明细账，工资明细账下设三级明细，分别列出职务差别的工资情况，如管理人员和职员工资。软件操作中可以将科目设置部门核算，销售部门、生产部门的工资情况也是如此。

在劳动保险和住房公积金的计提发放业务中也是如此。分开部门核算和登记，有利于在企业年终或阶段性的预算时方便数据的准确查询和及时整理。计提工资、保险、公积金费用时要按工资核算表的应发数金额扣减代扣个人应交部分计入公司各部门费用，因代扣个人（保险、公积金）部分在工资发放就会扣回，这部分不属于企业的费用。分部门时按是否直接计入产品的生产成本情况，分别将车间的工人工资列示在"生产成本——直接人工"明细科目和"制造费用——工资费用"明细科目之中。

第 22 章

应交税费的核算

我国税收的用途，体现了我国税收的本质是"取之于民、用之于民"。应交税费是纳税人支持和推动国民经济建设发展的贡献。应交税费核算范围很广，本章只对一般企业涉及的相关核算内容进行介绍，并用案例演示会计处理，如想更深入学习请参考其他相关专用书籍。

═══ 22.1 应交税费的概念 ═══

应交税费科目核算企业，按照税法等规定计算应缴纳的各种税费，包括增值税、消费税、所得税、资源税、土地增值税、城市维护建设税、房产税、土地使用税、车船税、教育费附加、矿产资源补偿费等。企业代扣代缴的个人所得税等，也通过本科目核算。本科目可按应交的税费项目进行明细核算。应交增值税还应分为"进项税额""销项税额""出口退税""进项税额转出""已交税金"等设置专栏。

应交税费属于负债类科目，核算企业应交各类税、费的业务情况，二级明细科目均是根据规定，结合本单位的实际情况，按照应缴纳的各类税、费项目自行设置。常设的二级科目有"应交增值税""消费税""房产费""教育费附加""城建税""土地使用税""所得税""个人所得税"等。三级明细科目设置同理，增值税二级科目下通常设置"进项税额""销项税额""进项税额转出""出口退税""已交税额""未交税额"等。增加时计入贷方，减少时计入借方。

22.2 科目设置

科目设置为，应交税费——应交增值税（进项税额）。下例对企业因购进业务而应承担的购买税款进行讲解。

实务案例 1：增值税进项税额

爱华公司现金购进 A 材料一批，金额 10 000 元，增值税率 13%。价税合计 11 300 元。

会计分录：

借：原材料——A 材料　　　　　　　　　　　　　　10 000

　　应交税费——应交增值税（进项税额）　　　　　 1 300

　　贷：库存现金　　　　　　　　　　　　　　　　　　 11 300

应交税费——应交增值税（销项税额）。企业销售业务而应由购买方承担的税款。

实务案例 2：增值税销项税额

爱华公司现金销售产品一批，金额 30 000 元，增值税率 13%。价税合计 33 900 元。

会计分录：

借：现金　　　　　　　　　　　　　　　　　　　　33 900

　　贷：主营业务收入　　　　　　　　　　　　　　　 30 000

　　　　应交税费——应交增值税（销项税额）　　　　 3 900

应交税费——应交增值税（进项税额转出）。企业购进业务不能抵扣税额部分转出处理。

实务案例 3：增值税进项税转出

爱华公司将购进的一批原材料用于食堂工程项目，金额 20 000 元，税额 2 600 元。依据规定企业原材料用于非应税项目时要做进项税额转出处理。

会计分录：

借：在建工程　　　　　　　　　　　　　　　　　　22 600

　　贷：原材料——×× 材料　　　　　　　　　　　　 20 000

应交税费——应交增值税（进项税额转出）	2 600

应交税费——应交所得税。企业实现利润后应负担的所得额应纳税款。

🌀 实务案例 4：应交所得税

爱华公司 2020 年 3 月 30 日，计算一季度累计实现利润总额 50 000 元，应用所得税率 20%。计算爱华公司一季度应缴纳企业所得税额，并做出会计处理。

应纳税所得额 =50 000×20%=10 000（元）。

会计分录：

借：所得税费用	10 000
贷：应交税费——应交所得税	10 000

税务系统申报后进行建设银行划款，会计分录：

借：应交税费——应交所得税	10 000
贷：银行存款——建设银行欣乐支行	10 000

应交税费——应交个人所得税。企业代缴职工工资收入应负担的个人所得税款项。

🌀 实务案例 5：个人所得税

爱华公司 3 月综合管理部门工资总额 33 299.35 元，采暖补助 585 元，社保个人部分 1 718.3 元，公积金个人部分 1 526.88 元，个人所得税 47.65 元，实发薪金 30 591.52 元，社保公司部分 4 603.94 元，公积金公司部分 1 526.88 元。

会计分录：

计提工资保险公积金时

借：管理费用——工资	33 884.35
——保险	4 603.94
——公积金	1 526.88
贷：应付职工薪酬——工资	33 884.35
——保险	4 603.94
——公积金	1 526.88

发放工资时

借：应付职工薪酬——工资	33 884.35
贷：其他应付款——代扣	（1718.3+1526.88）3 245.18

应交税费——应交个人所得税	47.60
银行存款	30 591.52

支付保险公积金时：

借：应付职工薪酬——保险	4 603.94
应付职工薪酬——公积金	1 526.88
其他应付款——代扣 （1718.3+1526.88）	3 245.18
贷：银行存款	9 376.00

银行划税时：

借：应交税费——应交个人所得税	47.60
贷：银行存款——建设银行欣乐支行	47.60

附加税项目是以增值税、消费税的税额作为计税依据的附加税种。这里只介绍一般企业涉及的城市维护建设税、教育费附加、地方教育附加。城建税计税依据实际缴纳的增值税、消费税税额。税率为经营地址在市区的税率7%；在县、镇的税率5%；在农村的税率1%。教育费附加计税依据实际缴纳的增值税、消费税税额，税率为3%。地方教育附加计税依据营业收入，税率为1%。

印花税种涉及项目计税依据比较多，税率也有所不同。具体印花税计税依据税率表，如下图所示。

印花税计税依据税率表	
计 税 依 据	税 率
购 销 合 同	万分之三
技 术 合 同	
建筑安装工程承包合同	
加工承揽、建设工程勘察设计合同	万分之五
货物运输合同	
产权转移书据	
财产租赁合同	千分之一
仓储保管合同	
借 款 合 同	万分之零点五
财产保险合同	千分之一
营 业 账 簿	资金总额万分之五贴花
权利、许可证照；经财政部确定征税的其他凭证	5元贴花/件

实务案例 6：附征税

爱华公司 3 月份应交增值税销项税额合计 176 337.48 元，增值税进项税额合计 116 931.14 元，财务人员核算计提增值税附征基数 176 337.48-116 931.14=59 406.34（元）。

计提城建税 =59 406.34×7%=4 158.44（元）

计提教育费附加 =59 406.34×3%=1 782.19（元）

计提地方教育附加 =59 406.34×1%=594.06（元）

会计分录：

借：税金及附加   6 534.69

  贷：应交税费——应交城建税   4 158.44

      ——应交教育费附加   1 782.19

      ——应交地方教育附加   594.06

银行缴税会计分录：

借：应交税费——应交城建税   4 158.44

      ——应交教育费附加   1 782.19

      ——应交地方教育附加   594.06

  贷：银行存款   6 534.69

应交税费的核算略微复杂，企业不同，涉及的税种也不同。这里仅选择具有共性的科目与业务来介绍。目的是从基础做起，了解应交税费科目和核算业务的简单处理。把这几项税费科目核算业务计算和缴纳思路弄明白了，应交税费科目下的其他明细科目核算问题也会迎刃而解。所得税有个人和企业两项，增值税有进项税额和销项税额的核算，进项税额转出的应用都会在实务中经常涉及。

第四部分

会计期末实务篇

第23章
货币资金对账

货币资金以及各种核算和实务案例的应用，在本书前面已经介绍过，其重要性不言而喻。同时，财务实务中期末对账工作也很关键。本章将学习对账的内容、流程及未达账银行存款余额调节表编制。

═ 23.1 何为货币资金对账 ═

企业在经营过程中，大量的经济活动都是通过货币资金的收支来进行的。例如，商品的购进、销售，工资的发放，税金的缴纳，股利、利息的支付及进行投资活动等事项，都需要通过货币资金进行收付结算。同时，一个企业货币资金拥有量的多少，标志着企业偿债和支付能力的大小，它是投资者分析、判断企业财务状况的重要指标，在企业资金循环周转过程中起着连接和纽带的作用。因此，企业需要经常保持一定数量的货币资金，既要防止不合理地占压资金，又要保证业务经营的正常需要，并按照货币资金管理的有关规定，对各种收付款项进行结算。同时月末这些业务的核对与收付及结余情况也十分重要。

23.1.1 现金银行业务核对流程

现金核对的具体工作就是现金出纳登记记录的现金、银行存款日记账，与会计手续中的现金总账进行核对。关于现金业务的规范，一般流程如下：

（1）收到各种单据进行收、付款及对现金、银行进行分类。

（2）审核单据和签收是否齐全、合理。

（3）依据收付款的实际支付情况，登记收付明细账。

（4）每天将结出的现金、银行余额及流水业务单传给会计做账并核对。

23.1.2 银行余额调节表编制方法

企业账户余额 + 银行已收企业未收项目 − 企业已付银行未付项目

银行账户余额 + 企业已收银行未收项目 − 银行已付企业未付项目

⚙ 实务案例 1：银行余额调节表

3 月末，正华公司农业银行西海支行的单位账面余额为 640 689.84 元，银行账户为 653 692.94 元，经财务核对，差异的原因是两笔支票银行已付，公司未做处理。合计金额 12 840 元，银行收款一笔公司未做处理金额 5 843.1 元。另外还有一笔支票付款 20 000 元公司已经入账，银行并未划走款项。

编制的情况：将单位账面余额与银行账户余额分别登记表格内相应的位置。通过调整对方已经做业务处理，而本方未做处理的业务，达到最后双方账目余额的一致，如下图所示。

银 行 存 款 余 额 调 节 表

单位：中国农行西海支行 　　　　　　　　　　　　　　　　日 2020 年 3 月 1 日至 2020 年 3 月 31

单位账面余额	¥640 689.84		调整后账面余额		¥633 692.94	银行账户余额	¥653 692.94		调整后存款余额		¥633 692.94
月 日 摘 要	加：银行已收单位未收	月 日	摘 要	减：银行已付单位未付		月 日 摘 要	加：单位已收银行未收	月 日	摘 要	减：单位已付银行未付	
3 31 收货款	¥5 843.10	3 31	付沈海公司支票8642#	¥12 000.00				3 30	收货款支票	¥20 000.00	
		3 30	付风华公司支票8643#	¥840.00							
合 计	¥5 843.10	合 计		¥12 840.00		合 计	¥0	合 计		¥20 000.00	

复核：靳雅艺 　　　　　　　　　　　　　制表：辛雷

由上表可见，左侧单位账户经调整后的余额是 633 692.94 元，右侧银行账户余额经调整后的余额是 633 692.94 元，此笔业务调整完毕，与银行对账单一起由财务负责人签字后存档备查。

23.2 外埠存款

外埠存款指企业到外地进行临时或零星采购时，汇往采购地银行开立采购专户的款项。该账户的存款不计利息，只付不收，付完清户。

🎯 **实务案例 2：开异地采购存款户**

爱华公司于 2020 年 4 月 20 日为临时采购需要在程远县工商银行开设外埠存款账户，存入 15 000 元，4 月 27 日，采购员转来供货单位发票报销，采购生产用特殊材料 S 发票含税金额为 11 000 元，增值税额 1 265.49 元，货物已经验收入库。4 月 29 日将多余的资金 4 000 元转回原开户银行，会计分录如下。

开设账户时：

借：其他货币资金——外埠存款   15 000.00

    贷：银行存款——基本户   15 000.00

收到报销发票及入库单时：

借：原材料——S 材料   9 734.51

    应交税费——应交增值税（进项税额）   1 265.49

        贷：其他货币资金——外埠存款   11 000.00

将多余的资金 4 000 元转回基本户银行时：

借：银行存款——基本户   4 000.00

    贷：其他货币资金——外埠存款   4 000.00

23.3 银行汇票存款

银行汇票存款指企业为取得银行汇票，按照规定存入银行的款项。企业应向银行提交"银行汇票委托书"并将款项交存开户银行。

🎯 **实务案例 3：办理汇票付采购款**

爱华公司为支付采购业务办理银行汇票业务，出纳人员将 85 000 元款项交与银行并填写汇票委托书等相关手续，支付 A 公司货款。会计分录如下：

取得银行汇票时：

借：其他货币资金——银行汇票   85 000

　　贷：银行存款——基本户　　　　　　　　　　　　　　　85 000

　支付 A 公司时：

　　借：应付账款——A 公司　　　　　　　　　　　　　　85 000

　　　贷：其他货币资金——银行汇票　　　　　　　　　　85 000

下面根据期末货币资金科目余额表进行核对工作，数据信息如下图所示：

科目余额表

期间：2015年第3期　币别：人民币

科目代码	科目名称	期初余额 借方	期初余额 贷方	本期发生 借方	本期发生 贷方	本年累计 借方	本年累计 贷方	期末余额 借方	期末余额 贷方
1001	库存现金	102,730.18		661,963.66	552,445.72	1,227,930.96	1,189,769.71	212,248.12	
100101	工会现金	5,273.10		30,000.00	34,607.00	48,000.00	52,607.00	666.10	
1002	银行存款	2,991,469.76		5,871,770.27	7,220,775.93	21,143,970.97	21,146,661.49	1,642,464.10	
1002.001	中国工行春柳支行	2,802,288.93		4,161,080.36	6,538,782.97	17,847,324.66	17,925,149.24	424,586.32	
1002.002	中国银行玉华支行	10,031.11		8.85	30.00	8.85	290.00	10,009.96	
1002.003	中国农行辛寨支行	9,441.04		1,148,187.76	281,929.83	1,489,883.78	1,518,266.74	875,698.97	
1002.004	中国银行大连甘井	4,502.70		374,877.05	200,091.00	856,420.60	756,322.30	179,288.75	
1002.006	中国农行旅顺支行	52,685.61		46.28		46.28	560.00	52,731.89	
1002.008	中国农业银行辛寨	112,420.37		17,627.74	30,000.00	52,573.49	48,360.00	100,048.11	
1002.012	昆仑银行股份有限	100.00		0.10		0.10		100.10	
1002.013	中国民生银行大连			169,942.13	169,942.13	897,713.21	897,713.21		
1015	其他货币资金	4,347,022.93				338,978.00	321,696.02	4,347,022.93	
1015.001	信用证保证金	4,347,022.93				338,978.00	321,696.02	4,347,022.93	
	合计	7,446,495.97		6,563,733.93	7,807,828.65	22,758,879.93	22,710,734.22	6,202,401.25	

　　出纳人员要核对各总账和明细账的期末余额是否一致。如无未达账项和差错，则总账和明细账金额一致，票据实存数与明细账期末余额一致。如票据出现差额，可能因为收发和记账原因导致。

　　一般银行按季度结算利息，在 3 月、6 月、9 月、12 月会出现利息结算。月末因为未达账项导致差异出现。网络银行的开通可以随时在企业终端查询银行账面余额实际结存数，这给企业带来了很大的便利，因此企业可以在记账时采用以银行对账单余额为基础，于月初将上月末未达账进行登记账簿。这样就不存在未达账，也就不必因未达账编制余额调节表。

　　在实务工作中，现金的核对工作每天要保持一致，虽然月末工作并不复杂，但每个企业不止一个银行存款账户，少则三五个多则十几个，一一核对业务量还是很大的。银行存款业务建议还是以银行对账单为准，编制会计分录，这样就可以避免企业月末的未达账项而编制余额调节表。同时可设定结账期，财务可以规定支票付款日为 1 ~ 20 日，这样发出的支付业务在月末结账之前不存在未达账情况。

第24章

存货盘点

月末的实务盘点是财务对账的重要环节，是为了核实企业实务中收、发、存业务的正确性而设置的工作内容，也给实务工作环节中的差错以及时调整更正的机会。本章将学习存货盘点制度、时间、流程安排、盘点报告的编制。

═══ 24.1 如何做存货盘点 ═══

存货盘点是为了精确地计算当月和当年的营运状况，以月或年为周期清点企业内的成品和原材料，订制本企业仓储收发作业准则，以便对仓储货品的收发结存等活动进行有效控制，保证仓储货品完好无损、账物相符，确保生产正常进行，规范企业物料的盘点作业。在存货管理软件没有应用到企业之初，所有的库存盘点都是通过手工记录，而随着软件行业的发展，开发出越来越多的库存管理软件并应用到现代化企业中，这极大方便了现代企业的生产效率。

═══ 24.2 存货盘点常规制度 ═══

（1）为达到存货盘点的科学性，使存货盘点做到有规可依，并明确相关人的责任，以达到财产管理的目的，制定本准则。

（2）存货盘点范围指原料、物料、在制品、制成品、商品、零件保养材料、外协加工料品、下脚料等。

（3）盘点人由各事业部财务经管部门指派，负责点计数量。

（4）盘点人由财务部门指派（人员不足时，间接部门支援），负责盘点并记录，与其他盘点人分段核对，核实数据工作。

（5）主盘人由各事业部主管担任，负责实际盘点工作的推进及实施。

（6）复盘人由总经理室视需要指派事业部经管部门的主管，负责盘点监督之责。

（7）总盘人由总经理担任，负责盘点工作的总指挥，督导盘点工作的进行及异常事项的裁决。

（8）月份盘点由检核部门（总经理室）或财务部门通知其部门主管后，会同经管部门，做随机抽样盘点存货。

（9）月末盘点由经管部门及财务部门实施，全面清点一次。

（10）年中、年终检查由资财部门或经管部门会同财务部门于年中、年终时，实施全面总清点一次。

（11）由总经理室视实际需要，随时指派人员抽点，进行不定期盘点。

（12）存货盘点以当月最末一日举行为原则。

（13）财务部门应依"盘点表"编制"盘点盈亏报告表"一式三联，送经管部门填列差异原因的说明及对策后，送回财务部门汇总，转呈总经理签核，第一联送经管部门，第三联送总经理室，第二联财务部门自存，作为账项调整的依据。

（14）违反本制度的，视其违反情节的轻重，由主盘人签报人事室议处。

══ 24.3 存货盘点的时间及流程 ═══════════

每个企业都要进行存货盘点工作，一般都选在月末。主要是核实账实相符的情况，及时发现存货的购进和领出错误之处并加以更正。企业的管理模式、性质不同，对存货、固定资产的盘点管理制度也不尽相同。一般的盘点程序如下。

（1）财务部人员打印和整理盘点明细表一式两份，财务一份，库盘负责人一份备查。

（2）盘点要由存货管理人员（一般为库管）与财务人员同时进行，分别为直接盘点人和监盘人。

（3）盘点单要列明存货物料清单外还要设置盘数、盘存差异、备注三栏，以便对盘点与账簿记载的情况做标注和说明。

下面是立德公司的综合管理部账簿记载管理固定资产设置清单，列示并说明了盘点及清单情况。

（1）一般列示资产编号为对应资产名称和规格型号。有些管理到位的公司对固定资产进行编号，这样盘点起来更便捷。

（2）通过下面的盘点情况就可以看出实盘数与账簿记载数相等，从备注栏可以看出资产 8.0001 号电脑已经报废，但未做账务处理。对于这种情况就要查询电脑管理的部门确认报废申报单审批流程情况。

（3）盘点单外有一台彩色打印机，经查明属于金额不足固定资产标准未做固定资产管理，因此属于正常现象。

（4）分别列明了"盘点人：王丹"，"监盘人：李雪"。证明盘点过程符合程序和规定要求，见下表。

盘点固定资产清单

编码	资产名称	型号	单位	使用日期	数量	实盘	差异	备注
8.0001	电脑	CX280	台	2016/9/30	1	1		报废
12.0011	轿车	93550429	辆	2015/11/30	1	1		刘总
12.0014	别克旅行车	SGM6527	辆	2012/5/31	1	1		郑洋
13.0002	冰柜	LX-338	套	2016/9/30	1	1		食堂
13.0003	蒸饭柜	ZG9-3	套	2016/9/30	1	1		食堂
13.0008	消毒柜	MXV-ZM380	套	2012/12/31	1	1		食堂
13.0009	冰柜	LG5-2	套	2012/12/31	1	1		食堂
14.0008	集团电话	mm000	套	2016/9/30	1	1		马丽
14.0013	服务器	DELLT610	套	2012/9/30	1	1		机房
14.0032	传真机	2038	套	2012/12/31	1	1		闲置
12.0019	轻型载货汽车	江铃牌 0TS3	辆	2013/4/30	1	1		皮卡车
8.0198	服务器	DELL T110	台	2013/9/27	1	1		机房
10.0002	立升净水器	LH3-9CD	台	2013/10/30	1	1		门卫
12.002	大众汽车	SVW71510CJ	辆	2014/3/24	1	1		杨新宇
13.0011	土豆削皮机	WS6	套	2014/6/19	1	1		食堂
8.0231	电脑	LX3200	台	2014/8/29	1	1		朱总
11.0002	空调	LFRD—S5	台	2018/7/30	1	1		会议室
11.0013	格力空调	悦风 3P	台	2013/7/1	1	1		办公室
			盘点结果		75	75		
	彩色打印机	200COLOR	单价不够			1		账无
盘点人：王丹			监盘人：		李雪			2020/10/30

24.4 盘点的其他问题

固定资产盘点与存货的盘点格式及要素相同，此处不列存货盘点清单，目的是通过存货盘点学习对固定资产的盘点业务有所了解。存货中企业的原材料、产成品等项目繁多，除了名称、数量、计量单位有所不同之外，其他与固定资产的盘点没有区别。

存货盘点的目的，一是确认存货的实务与账簿记载是否保持一致，对于盘亏盘盈的材料要在报告中列明，并申报处理；二是可以发现管理中是否存在重大的漏洞导致存货账实差异很大；三是可以很好地规范产品收、发、存管理工作。食品行业尤其注重存货的月末盘点工作，因为产品的保质期导致的临期产品、管理不善丢失产品等都是盘点中要关注的问题。

24.5 盘点报告

存货盘点结束后要出具盘点报告，对于盘点情况进行陈述和说明，存货盘点清单要留财务做备查。通过盘点工作可以提高库存管理的收发存业务，建立健全工作中规章制度，发现不足，减少管理中的漏洞。例如，食品企业在对产成品的盘点过程中发现临期产品一批，经严格审查库存收发正常，通过查询并检验，最后确定原因为人为修改产品生产日期。针对这一现象，企业对相关责任人进行了严肃处理。

本章内容在实务工作中经常遇到，特别是生产加工型企业，从原材料、产成品、自制半成品到成品，每一项目内少则几百，多则成千上万种，时常会碰到，所以月末的盘点工作就会变得相对复杂。月末结账时间有限，不可能一一盘点到，企业可根据实际情况进行抽盘或分类盘点，如根据实际生产业务中占比较大的项目进行全盘，其他相关项目进行抽盘。总结为一句话：盘盘点点、账实对应、长长短短、及时调整。

第 25 章

折旧、摊销

　　期末工作中固定资产和无形资产的内容涉及折旧和摊销的计提入账。手工记账的固定资产和无形资产管理相对烦琐。期末的总账与明细账及明细账余额核对、折旧、摊销的分配科目是否正常，是否存在到期固定资产和无形资产的折旧、摊销，本章将详细介绍这些内容。

25.1 折旧的概念

　　所谓的折旧摊销指固定资产的折旧计提和无形资产的摊销计提。关于固定资产和无形资产前面已经详细介绍过。其实月末的工作是所有日期业务的一次重复和总结，二者不能分开，日常的业务不会因为月末结账工作就停止不做，月末的结账工作也不会因为平时做了就无须再做。

　　关于折旧，因固定资产的单位价值较高，使用年限较长，因此需要固定资产的价值分期摊入使用期内，这也是会计的权责发生制原则。固定资产购入当月不提折旧，次月起开始计提折旧，折旧期满后不再计提。也就是当月增加的固定资产当月不提折旧，当月减少的固定资产当月照提折旧。而摊销是针对无形资产设置的配比科目。

25.2 折旧的分配

　　按照配比原则，固定资产的成本不仅仅是为取得当期收入而发生的成本，也是为取得以后各项收入而发生的成本，即固定资产成本是为在固定资产有效使用期内取得收入而发生的成本，自然与收入相配比。下面来了解一下固定资折旧有关的具体核算。例如，某位学生 2020 年 9 月 1 日开学缴纳的全年度学费 10 000 元。由于是一次性支付的费用，但费用的期间是属于一个年度的（2020 年 9 月 1 日～ 2021 年 8 月 31 日）。因此不能说她 9 月 1 日的学费是 10 000 元，实际这一天她还没开始学习，应该是在一年的期间内平均分摊 1 天的费用 10 000÷275=36.36（元）（365 天扣除寒暑假期按 90 天计算），因为这样才是符合事实的。

25.3 折旧应用的范围

固定资产的使用期限少则一年，多则几十年，会计制度对于折旧的核算实质重于形式，其目的是为真实地反映企业的经营状况。通过固定资产核算学习，我们知道了固定资产的相关规定。企业除特殊情况外基本会依照税法的规定对固定资产进行折旧计提。

25.3.1 计提折旧的固定资产

（1）房屋建筑物。

（2）在用的机器设备、食品仪表、运输车辆、工具器具。

（3）季节性停用及修理停用的设备。

（4）以经营租赁方式租出的固定资产和以融资租赁式租入的固定资产。

25.3.2 不计提折旧的固定资产

（1）已提足折旧仍继续使用的固定资产。

（2）以前年度已经估价单独入账的土地。

（3）提前报废的固定资产。

（4）以经营租赁方式租入的固定资产和以融资租赁方式租出的固定资产。

25.3.3 特殊情况

（1）已达到预定可使用状态的固定资产，如果尚未办理竣工决算，应当按照估计价值暂估入账，并计提折旧。待办理了竣工决算手续后，再按照实际成本调整原来的暂估价值，不需要调整原已计提的折旧额。当期计提折旧作为当期的成本、费用处理。

（2）处于更新改造过程停止使用的固定资产，应将其账面价值转入在建工程，不再计提折旧。更新改造项目达到预定可使用状态转为固定资产后，再按照重新确定的折旧方法和该项固定资产尚可使用寿命计提折旧。

（3）因进行大修理而停用的固定资产应当照提折旧，计提的折旧额应计入相关资产成本或当期损益。

═══ 25.4 固定资产折旧月末处理及应用 ═══

月末的固定资产折旧工作重点，首先是结合盘点情况，检查核实固定资产的使用性能、状态是否正常，使用期限是否正常，对于转入清理的固定资产要停止折旧的计提。这些工作在财务进行软件管理时就会更简单，不是每一项固定资产都要进行核对确认。不过，在固定资产数量较多、相同规定型号也多的情况下，月末核对也是不容忽视的，如生产车间的车床、模具等；其次要对资产的类别和所属部门进行确认，这一步工作也是计提折旧后，形成费用处理确定，如生产部门的设备折旧就要归到制造费用中，管理部门的固定资产折旧就要归到管理费用中。同理，销售部门的固定资产折旧就要归到销售费用中。

⚙ 实务案例1：月末资产折旧

立德公司3月份的固定资产折旧汇总表如下表所示。经财务与固定资产台账明细登记管理审核各项资产使用性能、状态正常。折旧本期计提额为151 775.88元。其中，管理部门的固定资产有办公家具、电脑、打印机复印机、其他管理设备、食堂福利设备共五类，合计应计提折旧金额为14 484.41元，销售部门折旧费用为空调、电脑两类，合计应计提折旧金额为36 395.67元。生产部门固定资产费用为车床、空压机、模具、磨床、生产用电子设备、生产用其他设备、钻床共7类，合计应计提折旧金额为100 859.80元。

3月份固定资产折旧汇总表

类　别	期初原值	期初累计折旧	本期折旧额	期末净值
办公家具	8 551.29	526.54	135.39	7 889.36
车床	2 819 735.00	968 738.24	18 004.50	1 832 992.30
打印机、复印机	74 003.86	13 718.44	1 148.38	59 137.04
电脑	863 554.02	206 013.43	12 973.19	644 567.40

类　别	期初原值	期初累计折旧	本期折旧额	期末净值
空　调	18 288.82	2 721.02	293.88	15 273.92
空压机、液压机	29 059.83	7 965.00	204.60	20 890.23
模　具	1 815 618.60	316 128.86	47 916.42	1 451 573.36
磨　床	176 581.19	55 894.87	1 042.66	119 643.66
其他管理设备	923 770.08	347 940.08	14 345.16	561 484.84
生产用电子设备	666 374.00	209 093.73	10 553.25	446 727.02
生产用其他设备	1 885 035.00	532 929.62	13 638.43	1 338 466.90
食堂福利设备	29 649.00	6 055.70	469.50	23 123.80
运输工具	2 453 888.80	1 590 556.67	29 615.19	833 716.93
钻　床	334 786.32	205 178.70	1 435.33	128 172.29
合计	12 098 896.00	4 463 460.90	151 775.88	7 483 659.05

会计分录：

借：管理费用——折旧费　　　　　　　　　　14 484.41

　　销售费用——折旧费　　　　　　　　　　36 395.67

　　制造费用——折旧费　　　　　　　　　100 859.80

　　贷：累计折旧——管理部门折旧　　　　　14 484.41

　　　　累计折旧——销售部门折旧　　　　　36 395.67

　　　　累计折旧——生产部门折旧　　　　100 859.80

═══ 25.5　固定资产折旧 ═══

　　企业计提固定资产折旧的方法有多种，基本上可以分为两类，即直线法（包括年限平均法和工作量法）和加速折旧法（包括年数总和法和双倍余额递减法），企业应当根据固定资产所含经济利益预期实现方式选择不同的方法。企业折旧方法不同，计提折旧额相差很大。

　　企业应当按月计提固定资产折旧，当月增加的固定资产，当月不计提折旧，从下月起计提折旧；当月减少的固定资产，当月仍计提折旧，从下月起停止计提折旧。提足折旧后，不管能否继续使用，均不再提取折旧；提前报废的固定资产，也不再补提折旧。

25.6 无形资产摊销

无形资产摊销与固定资产折旧相对应，是将无形资产的支出按配合原则分期摊进企业的生产成本中，无形资产的应摊销金额为其成本扣除预计残值后的金额。已计提减值准备的无形资产，还应扣除已计提的无形资产减值准备累计金额。使用寿命有限的无形资产，其残值应当视为零，但下列情况除外：①有第三方承诺在无形资产使用寿命结束时购买该无形资产；②可以根据活跃市场得到预计残值信息，并且该市场在无形资产使用寿命结束时很可能存在。

25.7 无形资产的摊销规定与期末处理

（1）新会计准则规定：无形资产指企业拥有或控制的没有实物形态的可辨认非货币性资产。对于不同性质的无形资产的摊销方法做出不同的规定。

第一，使用寿命有限的无形资产，其应摊销金额应当在使用寿命内系统、合理摊销。

第二，使用寿命不确定的无形资产不应摊销。

（2）无形资产期末摊销管理与固定资产也大同小异。企业无形资产的核算相对于固定资产更简单一些，数量上不会像固定资产那么多，月末的核对和检查工作相对简单。这里就不做更多的阐述，我们可以通过实例来熟悉和巩固前面学过的无形资产相关知识。

（3）知识经济时代的无形资产，无论从数量还是种类都比工业经济时代要多，而不同种类的无形资产会呈现出不同的特点，在这种情况下，一律按直线法对其进行摊销就失去了合理性。在进行实务操作时，企业可以参照固定资产的折旧方法，对无形资产的摊销采用直线法、产量法和加速摊销法。企业应当在每个会计期间对使用寿命不确定的无形资产的使用寿命进行复核。如果有证据表明无形资产的使用寿命是有限的，应当估计其使用寿命，并按本准则规定处理。

❀ 实务案例2：月末资产摊销

爱华公司3月末无形资产计提管理工作表与无形资产摊销费用，如下图所示。

无形资产摊销明细表

科目名称	费用归属部门	上月摊销余额	本月摊销额	摊销余额
软件	技术研发部	2 939.58	414.50	2 525.08
Solid Edge Foundation Floating技术中心软件	技术研发部	38 461.55	712.25	37 749.30
用友软件	财务部	89 833.35	1 633.33	88 200.02
CAXA	综合管理部	146 153.85	2 564.10	143 589.75
工作任务管理软件(技术中心)	综合管理部	21 266.66	366.67	20 899.99
合同管理软件(石化销售部)	销售部	11 600.00	200.00	11 400.00
报价成本核算软件	销售部	62 736.67	1 063.33	61 673.34
合　计		372 991.66	6 954.18	366 037.48

所属部门分别是技术研发部门为 1 126.75 元，财务部门为 1 633.33 元，综合管理部门为 2 930.77 元，销售部门为 1 263.33 元。

会计分录：

借：技术研发成本——无形资产摊销 　　　　　　　　　 1 126.75

　　管理费用——无形资产摊销——财务部 　　　　　　 1 633.33

　　管理费用——无形资产摊销——管理部 　　　　　　 2 930.77

　　销售费用——无形资产摊销——销售部 　　　　　　 1 263.33

　　贷：累计摊销——财务部 　　　　　　　　　　　　 1 633.33

　　　　累计摊销——管理部 　　　　　　　　　　　　 2 930.77

　　　　累计摊销——销售部 　　　　　　　　　　　　 1 263.33

　　　　累计摊销——技术部 　　　　　　　　　　　　 1 126.75

对于使用寿命有限的无形资产，其残值应当视为零，如果有第三方承诺在无形资产使用寿命结束时购买该无形资产时不能为零，如果在无形资产摊销期结束时能够根据市场的信息预计残值情况时也不能为零。我们按部门计入费用的分配也要符合财务的费用配比原则。特别是现在企业都实行绩效管理，费用的配比能够让绩效考核更真实、合理和有效。

25.8 折旧、摊销复核

企业应于每个月末终了，对固定资产的在册登记台账、折旧明细账与总账、明细账与实物盘点进行核对。固定资产折旧原则为当月增值的固定资产当月不提折旧。无形资产的核对是明细账和总账的核对，当月增值的无形资产当月就开始摊销。折旧和摊销分别根据资产使用的部门和性质，核对是否分配计入的会计科目正常，如生产用电脑转到管理部门使用时就要将折旧费用由生产成本科目转到管理费用科目进行核算，以遵循权责发生制的费用配比原则。年度终了要对固定资产和无形资产的折旧、摊销年限进行复核。对于使用情况实际与原定计划发生改变的，要对折旧和摊销年限做相应的调整。

第 26 章

往来核对

往来核对在财务人员月末实务工作中所占比重很大。其中应收、应付账款的核对，涉及销售收入挂账和采购应付挂账是否正确，还涉及企业每期坏账计提金额，进而影响到企业的利润。本章介绍往来核对概念和应收应付台账核对方法，以提高财务数据信息的准确度。

═══ 26.1 核对工作的概念 ═══

会计人员在月末月初通常较为繁忙，结账工作有很多数据上的核对工作，特别是业务量大的企业，对账的数据中有很多相似、相近的项目，所以头脑要一直保持清醒和冷静。当然，也不是所有的企业都会有这项工作，一方面因为客户和供应商不多，很容易分清；另一方面往来业务比较简单，业务量较少。不过，笔者建议还是在时间允许的情况下进行核对，这样对账目的正确性多了一重保障。月末往来总账与明细账必须核对保持一致后结账，软件记账时，往来对账模块未平结账系统会自动给出提示。

往来项目的对账工作先自查自对。这一项工作与凭证审核一样，就是确定会计在编制会计凭证时与原始凭证的记载完全一致，没有错误。如某企业应收账款期末余额明细表中，发现北京旺达公司为贷方余额，这种情况明显为多收了客户的款项。正常情况下这是不应当存在的，因此要查一下本月与北京旺达公司的往来业务，经检查发现是由一笔北京旺达公司的来款，错记为北京旺达公司的回款所导致。结账前发现这种错误要及时修改凭证，其他科目及明细的自查自对就不一一介绍了，方法与思路是相同的。

26.2 应收账款与销售统计台账的核对

对于各客户应收账款余额、销售收入确认金额、回款金额、应收款未回部分等都要进行一一核对，如下图所示（应收账款发生余额明细表）和下表所示（销售回款统计台账明细表）。

科目余额表

科目代码	科目名称	本期发生		本年累计		期末余额	
		借方	贷方	借方	贷方	借方	贷方
1122	[02.034]国电赤峰化工有限公司				22,950.00	2,550.00	
1122	[02.035]赤峰博元科技有限公司					346,080.00	
1122	[02.036]北京荷丰远东技术有限公司					92,000.00	
1122	[02.038]北京万邦达环保技术股份有限:					30,000.00	
1122	[02.039]唐山黑猫炭黑有限责任公司				300,000.00	391,600.00	
1122	[02.041]赛鼎工程有限公司			103,000.00	92,700.00	702,000.00	
1122	[02.042]鄂尔多斯市西北能源化工有限:					982,000.00	
1122	[02.043]河北三翰化工有限公司		25,960.00		25,960.00	423,540.00	
1122	[02.044]唐山东海钢铁集团特钢有限公:			12,284.00		862,284.00	
1122	[02.045]北京石油化工工程有限公司					408,000.00	
1122	[02.046]北京华福工程有限公司	459.00		459.00		262,419.00	
1122	[02.047]太原重工股份有限公司			-0.01	300,000.00		1,185,580.00

销售回款统计台账明细表

科目名称	应收账款	本期发货	本期回款	期末余额
国电赤峰化工有限公司	2 550	0	0	2 550
赤峰博元科技有限公司	346 080	0	0	346 080
北京荷丰远东技术有限公司	92 000	0	0	92 000
北京万邦达环保技术股份有限公司	30 000	0	25 960	4 040
唐山黑猫炭黑有限责任公司	391 600	0	0	391 600
赛鼎工程有限公司	702 000	0	0	702 000
鄂尔多斯市西北能源有限公司	982 000	0	0	982 000
河北三翰化工有限公司	449 500	0	0	449 500
唐山东海钢铁集团特钢有限公司	862 284	0	0	862 284
北京石油化工工程有限公司	408 000	0	0	408 000
北京华福工程有限公司	261 960	459	0	262 419
太原重工股份有限公司	-1 185 580	0	0	-1 185 580

从上面两张图表可以看出发生了记账错误，回款25 960元为河北三翰化工回款，财务记账时误记为北京万邦达环保技术股份有限公司的回款。实务中这种情况很多，经常会发生集团子公司之间付款，或名称相近的企业单位之间发生入账时错误，因此每月的应收账款与销售部的台账核对很重要。

26.2.1 应收账款对账流程

（1）由会计于每月10日将上月应收报表初表完成后报送财务经理、总经理，并编制"应收账款对账确认表"，负责安排与客户对账。

（2）财务部负责在规定的时间内完成对账确认工作，确认应收账款入账。

（3）负责与客户对账的人员，在对账过程中如果遇到不清楚的往来等情况，直接与销售人员、仓库咨询，应当积极主动地进行对账工作。

（4）会计负责跟踪对账管理，并负责收回"应收账款对账确认表"。

（5）对账发现的问题由会计负责监督、处理和反馈。

26.2.2 其他应收款对账流程

（1）会计于报表完成后2天内，主动与相关单位或个人对账确认。

（2）其他应收款对账确认后，会计应当将其他应收款资料提交给相关部门负责催款。

（3）对账发现的问题由主管会计负责监督、处理和反馈。

26.3 应付账款与采购统计台账的核对方法

应付账款明细账与采购部的台账登记的数据进行核对，具体内容包括：各供应商本月购进的材料、开具的增值税专用发票、普通发票、未开票金额是否一致；供应商的应付账款余额与采购部台账的待付款是否一致；对于应付账款中因来货入库材料质量问题发生的应付调整金额、10日内应付款明细情况是否一致；发票传递、登记过程中出现的缺漏现象及时修正，必要时要发函给各供应商处进行最终的核对和确认。

26.3.1 应付往来款对账细则

（1）应付款对账指会计人员于报表完成后，与供应商或通过有关部门、人员核对往来账，并双方签字盖章确认的行为。应付款对账包括应付账款对账、预付账款对账和其他应付账款对账。

（2）应付款对账一般应对方要求而开展对账工作，会计人员应当认真积极应对。同时，在应付款单位或个人没有要求对账的情况下，会计人员每月应当自我检查，重点检查应付款账面出现负数的项目和大额应付款的项目。

（3）未对账确认的应付款在付款时，不得超过未确认额度的50%。未对账确认的应付款，其账面金额未必完全准确，有可能存在价格差异、品质问题、数量上有可能退货、换货等。所以，在未对账确认之前，财务一般要控制付款的额度。如果是合同要求应当付款的，就要妥善解决此关系。

（4）如果应付款单位或个人已达三个月没有主动与企业对账，会计人员应当主动或通过采购部门与应付款单位或个人对账联系确认。其意义有三，一是可以了解应付款项目是否继续存在；二是可以及时发现应付款项目是否串户；三是可以及时清理不良的应付款项目。

26.3.2 应付账款对账流程

（1）采购部门每月月初5日前，将上月应付货款初表转给财务会计，财务会计再将上月应付货款初表报送总经理、财务经理，然后核对采购提供的应付货款初表，采购部门并通知供应商提供对账明细资料。

（2）采购部门根据供应商提供的明细资料逐笔给予核对，并保存好明细资料，同时按照供应商提供的对账确认表进行双方签字确认，交财务部门复核。无误后即传供应商开发票，收到发票后确认应付账款并记账。如果供应商提供对账资料有误，财务部门退回采购部门，重新与供货商核对，核对无误后确认签字，再回传对账表给供应商开发票，企业收到发票后确认应付账款记账。

（3）对账发现的问题由业务部门和财务部门负责相互监督、处理和反馈。

26.3.3 其他应付款对账流程

（1）由会计于月度报表完成后5日内，主动与相关单位或个人对账确认。

（2）其他应付款对账确认后，会计应当就对账发现的问题进行处理、监督和反馈。

总结：有来有往、及时入账、及时核对、来往清晰。

第27章

税金核对、发票开具、认证及抄报税

税金核对、开票与纳税申报是财务期末工作的必经之路，也是每期间工作的复核，与往来核对同理。本章介绍税金核对概念、方法、流程、发票开具、认证、抄报税流程等必要学习内容，这也是财务数据正确、连续性的基础和保证。

27.1 税金核对的概念

税金核对主要指一般纳税人进项税额、销项税额的核对工作，涉及增值税发票认证和增值税开票两个系统，核对工作也要分别进行，这是月末结账的一项重要内容。在税务系统做增值税纳税申报时，按当期的进、销项税额认证数填报。核对工作也是纳税申报工作的基础环节。

27.2 税金核对的方法

（1）会计科目应交税费——应交增值税（进项）明细入账要与发票认证系统内的认证清单信息数据一致。

（2）会计科目应交税费——应交增值税（销项）明细入账要与增值税发票开票系统内的信息数据一致，如下图所示。

增 值 税 纳 税 申 报 表

（适用于增值税一般纳税人）

申报类型		正常申报		申报日期	2021-04-13		
纳税人识别号		912100005051517SQ		纳税人名称	大连今日科技股份有限公司		
所属时期起		2021-03-01		所属时期止	2021-03-31		
项目	栏次	一般项目			即征即退项目		
		本月数	本年累计		本月数	本年累计	
（一）按适用税率征税销售额	1	4,198,672.59	8,215,522.16		0.00	0.00	
其中：应税货物销售额	2	3,968,584.09	3,968,584.09		0.00	0.00	
应税劳务销售额	3	230,088.50	230,088.50		0.00	0.00	
纳税检查调整的销售额	4	0.00	0.00		0.00	0.00	
（二）按简易征收办法征税销售额	5	0.00	0.00		0.00	0.00	
其中：纳税检查调整的销售额	6	0.00	0.00		0.00	0.00	
（三）免、抵、退办法出口销售额	7	0.00	0.00		-	-	
（四）免税销售额	8	0.00	0.00		-	-	
其中：免税货物销售额	9	0.00	0.00		-	-	
免税劳务销售额	10	0.00	0.00		-	-	
销项税额	11	545,827.41	1,068,017.84		0.00	0.00	
进项税额	12	393,864.07	1,300,640.84		0.00	0.00	
上期留抵税额	13	422,946.82			0.00	0.00	
进项税额转出	14	510.27	2,141.58		0.00	0.00	
免、抵、退应退税额	15	67,851.44	67,851.44		-	-	
按适用税率计算的纳税检查应补缴税额	16	0.00	0.00		-	-	
应抵扣税额合计	17=12+13-14-15+16	748,449.18			0.00		
实际抵扣税额	18（如17<11，则为17，否则为11）	545,827.41	0.00		0.00	0.00	
应纳税额	19=11-18	0.00	0.00		0.00	0.00	
期末留抵税额	20=17-18	202,621.77	0.00		0.00	0.00	
简易征收办法计算的应纳税额	21	0.00	0.00		0.00	0.00	
按简易征收办法计算的纳税检查应补缴税额	22	0.00	0.00		-	-	
应纳税额减征额	23	0.00	0.00		0.00	0.00	
应纳税额合计	24=19+21-23	0.00	0.00		0.00	0.00	
期初未缴税额（多缴为负数）	25	0.00	0.00		0.00	0.00	
实收出口开具专用缴款书退税额	26	0.00	0.00		-	-	
本期已缴税额	27=28+29+30+31	0.00	0.00		0.00	0.00	
①分次预缴税额	28	0.00	-		0.00	0.00	
②出口开具专用缴款书预缴税额	29	0.00	-		0.00	0.00	
③本期缴纳上期应纳税额	30	0.00	-		0.00	0.00	
④本期缴纳欠缴税额	31	0.00	-		0.00	0.00	
期末未缴税额（多缴为负数）	32=24+25+26-27	0.00	0.00		0.00	0.00	
其中：欠缴税额（≥0）	33=25+26-27	0.00	-		0.00	0.00	
本期应补（退）税额	34=24-28-29	0.00	-		0.00	0.00	
即征即退实际退税额	35	-	-		0.00	0.00	
期初未缴查补税额	36	0.00	0.00		-	-	
本期入库查补税额	37	0.00	0.00		-	-	
期末未缴查补税额	38=16+22+36-37	0.00	0.00		-	-	

　　增值税纳税申报主表中进项、销项税额与附（表一）、附（表二）中的明细是一致的。同时，进项税额与认证系统和开票系统中的汇总金额、税额相符。

　　核对税金保证账载金额与认证和开票系统的进项税额、销项税额相符，即与税务局纳税申报的数据相符。

增值税纳税申报表附列资料（一）

（本期销售情况明细）

纳税人名称：大连今日科技融合有限公司　　　　　所属日期：2021-03-01 至 2021-03-31

项目及栏次		开具增值税专用发票		开具其他发票		未开具发票		纳税检查调整		合计		
		销售额	销项（应纳）税额	销售额	销项（应纳）税额	销售额	销项（应纳）税额	销售额	销项（应纳）税额	销售额	销项（应纳）税额	价税合计
		1	2	3	4	5	6	7	8	9=1+3+5+7	10=2+4+6+8	11=9+10
一、一般计税方法计税｜全部征税项目	13%税率的货物及加工修理修配劳务	1	4,198,672.59	545,827.41	0.00	0.00	0.00	0.00	0.00	0.00	4,198,672.59	545,827.41	—
	13%税率的服务、不动产和无形资产	2	0.00	0.00	0.00	0.00	0.00	0.00	0.00	0.00	0.00	0.00	0.00
	9%税率的货物及加工修理修配劳务	3	0.00	0.00	0.00	0.00	0.00	0.00	0.00	0.00	0.00	0.00	—
	9%税率的服务、不动产和无形资产	4	0.00	0.00	0.00	0.00	0.00	0.00	0.00	0.00	0.00	0.00	0.00
	6%税率	5	0.00	0.00	0.00	0.00	0.00	0.00	0.00	0.00	0.00	0.00	0.00
其中：即征即退项目	即征即退的货物及加工修理修配劳务	6	—	—	0.00	0.00	—	0.00	—	—	0.00	0.00	—
	即征即退的服务、不动产和无形资产	7	—	—	0.00	0.00	—	0.00	—	—	0.00	0.00	0.00
二、简易计税方法计税｜全部征税项目	6%征收率	8	0.00	0.00	0.00	0.00	0.00	0.00	—	—	0.00	0.00	—
	5%征收率的货物及加工修理修配劳务	9	0.00	0.00	0.00	0.00	0.00	0.00	—	—	0.00	0.00	0.00
	5%征收率的服务、不动产	9b	0.00	0.00	0.00	0.00	0.00	0.00	—	—	0.00	0.00	0.00
	4%征收率	10	0.00	0.00	0.00	0.00	0.00	0.00	—	—	0.00	0.00	—
	3%征收率的货物及加工修理修配劳务	11	0.00	0.00	0.00	0.00	0.00	0.00	—	—	0.00	0.00	0.00
	3%征收率的服务、不动产和无形资产	12	0.00	0.00	0.00	0.00	0.00	0.00	—	—	0.00	0.00	0.00
	预征率%	13a	0.00	0.00	0.00	0.00	0.00	0.00	—	—	0.00	0.00	0.00
	预征率%	13b	0.00	0.00	0.00	0.00	0.00	0.00	—	—	0.00	0.00	0.00
	预征	13c	0.00	0.00	0.00	0.00	0.00	0.00	—	—	0.00	0.00	0.00
其中：即征即退	即征即退的货物及加工修理修配劳务、不动产	14	—	—	0.00	0.00	—	0.00	—	—	0.00	0.00	—
	即征即退的服务、不动产和无形资产	15	—	—	0.00	0.00	0.00	0.00	—	—	0.00	0.00	0.00

192

增值税纳税申报表附列资料（二）
（本期进项税额明细）

纳税人名称： 大连×××股份有限公司　　　所属日期： 2021-03-01　　至　　2021-03-31

一、申报抵扣的进项税额				
项目	栏次	份数	金额	税额
（一）认证相符的税控增值税专用发票	1=2+3	68	3,192,228.93	393,446.91
其中：本期认证相符且本期申报抵扣	2	68	3,192,228.93	393,446.91
前期认证相符且本期申报抵扣	3	0	0.00	0.00
（二）其他扣税凭证	4=5+6+7+8a+8b	6	5,052.00	417.16
其中：海关进口增值税专用缴款书	5	0	0.00	0.00
农产品收购发票或者销售发票	6	0	0.00	0.00
代扣代缴税收缴款凭证	7	0	—	0.00
加计扣除农产品进项税额	8a	—	—	0.00
其他	8b	6	5,052.00	417.16
（三）本期用于购建不动产的扣税凭证	9	0	0.00	0.00
（四）本期用于抵扣的旅客运输服务扣税凭证	10	0	0.00	0.00
（五）外贸企业进项税额抵扣证明	11			0.00
当期申报抵扣进项税额合计	12=1+4+11	74	3,197,280.93	393,864.07

二、进项税额转出额		
项目	栏次	税额
本期进项税转出额	13=14至23之和	510.27
其中：免税项目用	14	0.00
非应税项目用、集体福利、个人消费	15	510.27
非正常损失	16	0.00

三、待抵扣进项税额				
项目	栏次	份数	金额	税额
（一）认证相符的税控增值税专用发票	24	—	—	—
期初已认证相符但未申报抵扣	25	0	0.00	0.00
本期认证相符且本期未申报抵扣	26	0	0.00	0.00
期末已认证相符但未申报抵扣	27	0	0.00	0.00
其中：按照税法规定不允许抵扣	28	0	0.00	0.00
（二）其他扣税凭证	29=30至33之和	0.00	0.00	0.00
其中：海关进口增值税专用缴款书	30	0	0.00	0.00
农产品收购发票或者销售发票	31	0	0.00	0.00
代扣代缴税收缴款凭证	32	0	—	0.00
其他	33	0	0.00	0.00
	34	—	—	—

四、其他				
项目	栏次	份数	金额	税额
本期认证相符的税控增值税专用发票	35	68	3,192,228.93	393,446.91
代扣代缴税额	36	—	—	0.00

═══ 27.3 业务处理的流程 ═══

　　上报数据以认证系统和销售开票系统为准。如果账簿记载的进项税额与认证系统不一致，则要将账载信息调整到与认证系统一致。会计账务中多入账进项税额情况的处理，这种情况很常见，如当期的费用发票已经报账，登记完成账务处理，但认证系统中并未认证该发票，可以做进项税额的挂账（其他应收款或其他应付款），待下月再将税金部分转回应交税费的进项税额明细下。销售发票系统月末在开票资料汇总中，当月开票的金额、税额，开票份数与会计账簿记载要一致。增值税纳税申报中，开票的正数销项金额和税额要如实填报。

🌀 **实务案例**

爱华公司 3 月末在核对税金时，进项税额认证系统总份数 51 份，金额为 1 520 921.73 元，税额为 258 556.69 元。账载税额本期合计 256 482.33 元，明细账核对时发现上月一笔汽车加油费在做账时，分录错记为：

会计分录：

借：管理费用——小车费用　　　　　　　　　　　18 030.98

　　贷：银行存款——工商银行　　　　　　　　　　18 030.98

更正分录：

借：管理费用——小车费用　　　　　　　　　　　15 956.62

　　应交税费——应交增值税（进项税额）　　　　2 074.36

　　　贷：银行存款——工商银行　　　　　　　　　18 030.98

增值税销项税额的月末核对工作也是一样，此处不做过多介绍。销售增值税发票开具和进项税认证工作，普通的企业都由会计人员完成，这里做一个流程介绍，熟悉开票和认证系统的操作环节，扎实全面地掌握会计各项基础工作内容。

═══ 27.4 开具增值税专用发票流程 ═══

（1）财务人员将防伪税控开票系统→插入 IC 卡→录入操作员密码→进入系统→发票管理下发票读入→提示是否读入专用发票 ×××××××× 号起共 ×× 张→确定。

（2）系统设置下设置客户资料（一定是购买方传给你的正确资料），录入相应资料→保存。

（3）系统设置下设置公司所销售的货物名称等信息→录入→保存。

（4）发票管理下专用发票填开→提示所要开票的号码核对→确认→显示专

用发票模块→购货单位名称处点击下拉菜单选定要开具的单位，双击→显示要开具发票单位的所有信息→货物或劳务名称处和购货单位处的操作相同→录入你所开发票货物的数量→单价→金额自动计算→下拉键选择收款人、复核人，开票人自动生成→再次核对整张发票无误后→点击左上角的打印保存并提示是否打印（显示打印边距上下调整数），如不确认是否与发票对应就先放入 A4 纸打印一张对比一下，边距不对再调整→此张发票打印后提示是否开下一张，如果继续可以接着开，不开可以选择退出。

（5）发票管理下发票查询，选择本月所开这张发票，点击打印放入发票，打印此发票（发票号码不能放错）。

（6）这张发票开具结束，加盖财务章或发票专用章后即完成。

27.5 发票认证及抄报税流程

27.5.1 发票认证

（1）税务局窗口认证：发票认证月底前，财务人员将进项发票全部认证，带进项发票抵扣联到税务大厅的发票认证机器上做进项认证，无须携带其他资料，认证时需输入公司的税号及税务登录密码，进入认证系统后按提示步骤操作即可，认证完成后要打印一张认证小票，需跟认证发票一起留存保管好（注：可一次同时认证多张发票），如果是月底最后一天去将所有发票认证好的，可以到税务窗口打印认证及结果清单。

（2）自行远程认证抄报：进入认证系统后，将待认证发票放入扫描仪，点击系统中的发票扫描，系统自动识别发票信息并进行保存。如出现提示信息不符，或扫描不成功，检查发票是否平整、密码区是否正确，核对中可以进行手动修改系统中自动扫描错误的发票信息，点击保存，完成认证。发票查询信息中检索已认证发票信息，选择上报税务局，成功后很快就可以查询上报反馈信息。认证通过视为正式上报税务，未通过发票还需要返回重新扫描或进行补充修改。

> 注：增值税发票认证的期限已经取消。

27.5.2 抄报税

（1）插入金税 IC 卡→打开电子开票系统报税处理→抄税处理系统弹出"确认对话框"核对抄税月份，点击"确定"→ IC 卡抄税成功（抄完税后本月不允许再开发票）。

（2）抄税成功后需到发票查询界面打印当月的发票开票明细汇总表、普票发票汇总表和专用发票汇总表等，携带至税务窗口进行读卡，信息读入税务机关的金税系统后抄报税即完成。

经过抄税，税务机关确保了所有开具的销项发票信息进入金税系统。经过报税所有的抵扣进项发票信息也进入金税系统。这样金税系统可以自动进行比对，确保任何一张抵扣的进项发票都有销项发票与其对应。2016 年 7 月 1 日起全面营改增政策实施以来，国家税务总局也推出了金税三期开票和申报系统，系统将实现自动抄税。关于新系统的应用理念与原来没有本质区别，只是从操作上更加便捷。

27.5.3 纳税申报

完成本月核算，抄报税结束后，企业可以到税务局网站进行增值税纳税申报。一般情况下销项税额与进项税额的差额就是当月的应纳税额。涉及进项税额转出等其他情况不在本书详述。

本章主要是对增值税进销项的账务核对与发票开具和认证流程进行了介绍。在认证和开票流程上，全国各地会有一定的差异，但大体相同。通过报表及税金核对，接下来可以进行纳税申报实务了！

总结：进项、销项、税金对上。

第28章

审核、结转、汇总

期末所有的核对工作完成后，还要对凭证进行审核、过账、结转损益以及汇总科目余额表是否试算平衡。本章介绍月末的凭证审核要点、成本和损益的结转操作及科目汇总表编制。

28.1 审核工作的流程

1. 凭证审核

凭证审核指会计主管人员对会计凭证的真实、合理、合法、正确性进行的审查。会计凭证的审核主要由财务主管会计来完成。针对不同类型的凭证，有不同的侧重点，如现金凭证，主要对其原始凭证的真实性、完整性，票据金额与实付金额的符合性，列支费用项目的合理性等进行审核。

而转账凭证审核主要是针对会计分录的合理性，计算的准确性。银行凭证与现金凭证基本一致。

2. 审核、内容

审核工作由制单以外的人来进行，制单人与审核人不能为同一人，这样可以避免问题凭证的出现。审核凭证工作主要有以下几点：

（1）审核原始凭证的信息是否与凭证一致，如金额、数量、款项事由等，如自制原始凭证工资表是否与凭证的登记信息一致。也有在粘贴过程中出现错位不相符的情况，如1号凭证的附件与3号凭证的贴混，多在差旅费集中制证时出现。

（2）审核原始凭证是否符合相关法律规定。通常要严格审核发票的真实性，增值税专用发票有认证系统很容易确认，最容易出现假发票的情况往往在差旅费核算环节。各地的发票规格和形式不同，需要核算人员多到相关的国税局官网查验发票的信息，这样可以很好地避免问题发票的出现。

（3）审核报账的手续是否齐全，审批签字是否完整。例如，现金支付费用报账是否有相关部门负责人签字确认费用的真实性，总经理同意的报销批示，是否有经办人的收款签字等。

（4）审核凭证的附件是否齐全，附件数量是否正确。例如，凭证上附件5张，而后附凭证只有4张时，就要确认是否有票据丢失现象。

（5）审核涉及现金、银行存款的报销还要注意审核出纳的收付确认印章或签字。这也是保证现金、银行日记账一致的重要条件。

28.2 成本结转概念及流程业务

这个环节在前面产品核算中已经接触过。这里所说的成本结转，不仅仅是已经销售的产品成本，还包含各个费用科目的结转，也就是会计们常说的结转损益。这是每个企业会计每个月都要操作的环节。即使没有收入，但由于经营业务的开展，会涉及管理费用、生产用机器的折旧、水电费、房租费用及人员工资、福利费等正常费用的发生。流程业务具体包括如下方面。

（1）结转已经销售产品的成本。发生时借记"主营业务成本"，贷记"产成品"（库存商品）。

（2）结转收入。借记"主营业务收入""其他业务收入"，贷记"本年利润"。

（3）结转成本费用。借记"本年利润"，贷记"主营业务成本""其他业务成本""税金及附加""管理费用""销售费用""财务费用"等科目。

（4）结转本年利润。看"本年利润"科目的余额在哪一方，结转时做相反的方向，如借方余额，则借记"利润分配——未分配利润"，贷记"本年利润"。"本年利润"科目借方余额表示本期营业成果为亏损。相反，贷方"本年利润"有余额时，结转时借记"本年利润"，贷记"利润分配——未分配利润"，这个分录表明本期营业成果为盈利。

🌀 **实务案例**

财务部会计郑宏丽在凭证审核过程中发现3月5日记账凭证有差异。摘要栏内写明报销标书费1 000元。审核发票时发现原始凭证100元定额发票中有一张未盖财务专用章。该发票不能入账，因为此款做审核。处理结果为联系销售部门相关负责人补开发票，并将此笔会计分录更正为金额 900 元。

28.3 科目汇总表

科目汇总表是手工账中最早做的 T 字形账户，月末的结转工作数据为保证借贷平衡，大量的数据需要进行试算平衡。这种现象现在已经不多了，软件的应用也大大减少了会计人员月末结账的工作量。凭证借贷平衡、科目使用没有问题，月末的各模块结账都完成后，科目汇总试算的结果一定是平的。

手工账 Excel 编制的科目汇总表，见下表。

科目汇总表

北京福运来公司			11 月 1 日 ~ 30 日	
2020 年 11 月科目汇总表				
科目	期初余额	借方	贷方	期末余额
现金	46 298.67	209 328.00	239 551.07	16 075.60
银行存款	397 568.51	3 218 875.79	2 077 519.26	1 538 925.04
其他货币资金	204 941.45			204 941.45
库存商品	7 342 168.96	831 516.16	2 030 084.80	6 143 600.32
应收账款	1 293 291.67	809 783.08	552 687.45	1 550 387.30
坏账准备	143 516.00	71 758.00		71 758.00
预付账款	545 348.02	1 667 669.70	695 556.81	1 517 460.91
其他应收款	1 955 823.52	90 000.00	152 540.00	1 893 283.52
固定资产	405 149.71			405 149.71
累计折旧	268 552.75		7 819.34	276 372.09
待摊费用	138 234.00		15 330.00	122 904.00
应收票据	100 000.00	334 260.00	108 831.33	325 428.67
应付账款	207 393.30	385.13	186 078.90	393 087.07
预收账款	993 304.09	1 941 646.18	3 086 547.29	2 138 205.20
其他应付款	3 882 365.13	583 030.13	275 187.42	3 574 522.42
应付工资	238 061.33	44 813.76	54 004.75	247 252.32
应交税费	608 518.65	133 916.32	249 501.10	724 103.43
其他应交款	—		953.27	953.27
本年利润	558 220.27	2 144 983.73	2 395 321.25	808 557.79
利润分配	180 892.99	45 548.06		135 344.93
主营业务收入	—	2 395 321.25	2 395 321.25	—
销售费用	—	137 696.18	137 696.18	

科目	期初余额	借方	贷方	期末余额
管理费用		4 548.16	4 548.16	
财务费用		15 914.81	15 914.81	
税金及附加		2 287.84	2 287.84	
实收资本	5 000 000.00			5 000 000.00
主营业务成本		2 075 632.86	2 075 632.86	
盈余公积	348 000.00			348 000.00
以前年度损益调整				
合计	24 857 649.02	16 758 915.14	16 758 915.14	27 436 313.04

这张科目汇总表来自凭证的每一张 T 字形账户登记汇总。下图所示为部分 T 字形账户的登记图示。T 字左面为借方统计情况，右面为贷方统计情况。我们可以看到，其他应收款的上表中的科目汇总表列明借贷方发生额是一致的。

其他应收款		主营业务成本		本年利润	
50,000.00	61,275.00	1,045,203.27	1,045,203.27	1,045,203.27	2,395,321.25
20,000.00	61,265.00	984,881.53	984,881.53	984,881.53	
20,000.00	10,000.00	45,548.06	45,548.06	−45,548.06	
	20,000.00			4,548.16	
				137,696.18	
				15,914.81	
				2,287.84	
90,000.00	152,540.00	2,075,632.86	2,075,632.86	2,144,983.73	2,395,321.25

而在电脑软件应用后这些工作都变得极为简单。

以上工作完成，科目汇总、凭证汇总、科目余额这些都平了，就意味着这个月的账务工作可以告一段落了。当然平账后还有一个最重要的工作就是编制报表和纳税申报工作。下面总结一下本章的工作内容和要点。

（1）审核凭证中要细心，认真检查凭证和原始单据是否相符一致，发票的真实合法、审批手续、流程是否齐全完整。这是保证账务处理正确的前提。

（2）结转损益顺序：产品销售出库成本结转→收入结转入本年利润贷方→成本费用结转入本年利润借方→本年利润余额结转入利润分配科目与本年利润相同的方向。

（3）科目和记账凭证汇总的平衡手工账要细心、精心，保证一次性完成正确的结果，否则在查账的过程中将会浪费宝贵的时间。

第29章
财务报表及申报

财务报表的编制与申报如同是财务人员当期整月工作的考试答卷。一方面要交给企业内部的负责人和财务报表需要者；另一方面是向税务等企业的外部监管单位汇报企业的经营财务状况。对于财报三表的概念、编制方法、申报学习，是财务人员能力提升的重要环节。

29.1 财务报表的概念

财务报表指企业对外提供的、反映企业某一特定日期的财务状况和某一会计期间的经营成果、现金流量等会计信息的文件，包括会计报表及其附注和其他应当在财务报表中披露的相关信息和资料。如资产负债表、利润表、现金流量表。

29.1.1 资产负债表

资产负债表是反映企业在某一特定日期财务状况的会计报表，它表明权益在某一特定日期所拥有或控制的经济资源、所承担的现有义务和所有者对净资产的要求权。资产负债表利用会计平衡原则，将合乎会计原则的"资产、负债、股东权益"，交易科目分为"资产"和"负债及股东权益"两大块，分列于报表的左右总数平衡的两半。在经过分录、转账、分类账、试算、调整等会计程序后，以特定日期的静态企业情况为基准，浓缩成一张报表。其报表的作用除了企业内部除错、确定经营方向、防止弊端外，还可以让所有阅读者于最短时间内了解企业经营状况。

29.1.2 利润表

利润表是反映企业在一定会计期间经营成果的报表。由于它反映的是某一期间的情况，所以又被称为动态报表。有时利润表也称为损益表、收益表。

29.1.3 现金流量表

现金流量表反映企业一定会计期间现金和现金等价物流入和流出的报表。能帮助报表使用者了解和评价企业获取现金和现金等价物的能力，并据以预测企业未来现金流量。

═══ 29.2 财务报表的编制 ═══

财务报表的编制是每一个会计人员都需要掌握的业务，也是新手会计比较期待和跃跃欲试的内容。学习和掌握财务报表的编制过程，能够更好地帮助财务人员在工作中对报表纠错、数据分析、应用打好坚实的基础。财务报表包括资产负债表、利润表、现金流量表，还有所有者权益变动表。下面主要介绍资产负债表和利润表。现金流量表我们之前也介绍过，这里也做一下补充介绍。

29.2.1 资产负债表的概念及编制方法

资产负债表填列时应根据总账科目余额表逐项依次填列，有些项目的数据需要结合明细账情况综合填列。具体情况如下。

（1）本表反映企业一定日期全部资产、负债和所有者权益的情况。填报时根据总账和明细账进行。

（2）本表"年初数"栏内各项数字，应根据上期资产负债表"期末数"栏内所列数字填列。如果在年初时资产负债表规定的各个项目的名称和内容同上年度不一致，应对上年年末资产负债表各项目的名称和数字按照本年度的规定进行调整，填入本表"年初数"栏内。

（3）本表"期末数"各项目的内容和填列方法如下。

①"货币资金"项目，反映企业库存现金、银行存款、外埠存款、银行汇票存款等合计数。本项目应根据"现金""银行存款""其他货币资金"科目的期末余额合计填列。

②"短期投资"项目，反映企业购入的各种随时变现、并准备随时变现的、持有时间不超过1年（含1年）的股票、债券等，减去已计提跌价准备后的净额。本科目应根据"短期投资"科目的期末余额，减去"短期投资跌价准备"

科目的期末余额后的金额填列（一般企业不涉及这个科目）。

③"应收票据"项目，反映企业收到的未到期收款也未向银行贴现的应收票据，包括商业银行承兑汇票和银行承兑汇票。本项目应根据"应收票据"科目的期末余额填列。已向银行贴现和已背书转让的应收票据不包括在本项目内，其中已贴现的商业承兑汇票应在会计报表附注中单独披露。

④"应收利息"项目，反映企业因进行股权投资和债权投资应收取的现金股利和利息，应收其他单位的利润，也包括在本项目内。本项目应根据"应收股息"科目的期末余额填列。

⑤"应收账款"项目，反映企业因销售商品、产品和提供劳务等而应向购买单位收取的各种款项，减去已计提的坏账准备后的净额。本项目应根据"应收账款"科目所属各明细科目的期末借方余额合计，减去"坏账准备"科目中有关应收账款计提的坏账准备期末余额后的金额填列。如"应收账款"科目所属明细科目期末有贷方余额，应在本表中增设"预收账款"项目填列。

⑥"其他应收款"项目，反映企业对其他单位和个人的应收和暂付的款项，减去已计提的坏账准备后的净额。本项目应根据"其他应收款"科目的期末余额，减去"坏账准备"科目中有关其他应收款计提的坏账准备期末余额后的金额填列。

⑦"存货"项目，反映企业期末在库、在途和在加工中的各项存货的可变现净值，包括各种材料、商品、在产品、半成品、包装物、低值易耗品、委托代销商品等。本项目应根据"在途物资""材料""低值易耗品""库存商品""委托加工物资""委托代销商品""生产成本"等存货类科目的期末余额合计，减去"存货跌价准备"科目期末余额后的金额填列。材料采用计划成本核算，以及库存商品采用计划成本或售价核算的企业，应按照加上或减去材料成本差异、商品进销差价后的金额填列。

⑧"合同资产"项目，反映企业根据订立的销售合同已确定应收取的款项。

⑨"其他流动资产"项目，反映企业除以上流动资产项目外的其他流动资产，本项目应根据有关科目的期末余额填列。

⑩"长期股权投资"项目，反映企业不准备在1年内（含1年）变现的各种股权性质投资的账面余额。本项目应根据"长期股权投资"科目的期末余额填列。

⑪"长期债权投资"项目，反映企业不准备在1年内（含1年）变现的各种债权性质投资的账面余额。在长期债权投资中，将于1年内到期的长期债权

投资，应在流动资产类下"1年内到期的长期债权投资"项目单独反映。本项目应根据"长期债权投资"科目的期末余额分析填列。

⑫"固定资产原价"和"累计折价"项目，反映企业的各种固定资产原价及累计折旧。融资租入的固定资产，其原价及已提折旧也包括在内。融资租入固定资产原价应在会计报表附注中另行反映。这两个项目应根据"固定资产"和"累计折旧"等科目的期末余额填列。

⑬"工程物资"项目，反映企业各项工程尚未使用的工程物资的实际成本。本项目应根据"工程物资"科目的期末余额填列。

⑭"在建工程"项目，反映企业期末各项未完工程的实际支出，包括交付安装的设备价值，未完建筑安装工程已经耗用的材料、工资和费用支出、预付出包工程的价款、已经建筑安装完毕但尚未交付使用的工程等的账面余额。本项目应根据"在建工程"科目的期末余额填列。

⑮"固定资产清理"项目，反映企业因出售、毁损、报废等原因转入清理但尚未清理完毕的固定资产的账面价值，以及固定资产清理过程中所发生的清理费用和变价收入等各项金额的差额。本项目应根据"固定资产清理"科目的期末借方余额填列。如"固定资产清理"科目期末是贷方余额，以"-"号填列。

⑯"无形资产"项目，反映企业持有的各项无形资产的账面余额。本项目应根据"无形资产"科目的期末余额填列。

⑰"长期待摊费用"项目，反映企业尚未摊销的摊销期限在1年以上（不含1年）的各种费用。长期待摊费用中在1年内（含1年）摊销的部分，应在本表"待摊费用"项目填列。本项目应根据"长期待摊费用"科目的期末余额减去将于1年内（含1年）摊销的数额后的金额填列。

⑱"其他长期资产"项目，反映企业除以上资产以外的其他长期资产。本项目应根据有关科目的期末余额填列。

⑲"短期借款"项目，反映企业借入尚未归还的1年期以下（含1年）的借款。本项目应根据"短期借款"科目的期末余额填列。

⑳"应付票据"项目，反映企业为了抵付货款等而开出、承兑的尚未到期付款的应付票据，包括银行承兑汇票和商业承兑汇票。本项目应根据"应付票据"科目的期末余额填列。

㉑"应付账款"项目，反映企业购买原材料、商品和接受劳务供应等而应

付给供应单位的款项。本项目应根据"应付账款"科目所属各有关明细科目的期末贷方余额合计填列；如"应付账款"科目所属各明细科目期末合计是借方余额，应在本表内增设"预付账款"项目填列。

㉒"应付职工薪酬"项目，反映企业应付未付的职工工资。本项目应根据"应付职工薪酬"科目期末贷方余额填列。如"应付职工薪酬"科目期末是借方余额，以"-"号填列。

㉓"合同负债"项目，反映企业根据订立的采购合同应支付的款项。本项目应根据"合同负债"科目的期末余额填列。

㉔"应付股利"项目，反映企业尚未支付的现金股利或利润。本项目应根据"应付股利"科目的期末余额填列。

㉕"应交税费"项目，反映企业期末未交、多交或未抵扣的各种税费。本项目应根据"应交税费"科目的期末贷方余额填列。如"应交税费"科目期末为借方余额，以"-"号填列。

㉖"其他应交款"项目，反映企业应交未交的除税金、应付利润等以外的各种款项。本项目应根据"其他应交款"科目的期末贷方余额填列。如"其他应交款"科目期末为借方余额，以"-"号填列。

㉗"其他应付款"项目，反映企业所有应付和暂收其他单位和个人的款项。本项目应根据"其他应付款"科目的期末余额填列。

㉘"预提费用"项目，反映企业所有已经预提计入成本费用而尚未支付的各项费用。本项目应根据"预提费用"科目的期末贷方余额填列。如"预提费用"科目期末为借方余额，应合并在"待摊费用"项目内反映，不包括在本项目内。

㉙"其他流动负债"项目，反映企业除以上流动负债以外的其他流动负债。

㉚"长期借款"项目，反映企业借入尚未归还的1年期以上（不含1年）的借款本息。本项目应根据"长期借款"科目的期末余额填列。

㉛"长期应付款"项目，反映企业除长期借款以外的其他各种长期应付款。本项目应根据"长期应付款"科目的期末余额填列。

㉜"其他长期负债"项目，反映企业除以上长期负债项目以外的其他长期负债，包括企业接受捐赠计入"待转资产价值"科目尚未转入资本公积的余额。本项目应根据有关科目的期末余额填列。上述长期负债各项目中将于1年内（含1年）到期的长期负债，应在"1年内到期的长期负债"项目内单独反映。上述长

期负债各项目均应根据有关科目期末余额减去将于 1 年内（含 1 年）到期的长期负债后的金额填列。

㉝"实收资本"项目，反映企业各投资者实际投入的资本总额。本项目应根据"实收资本"科目的期末余额填列。

㉞"资本公积"项目，反映企业资本公积的期末余额。本项目应根据"资本公积"科目的期末余额填列。

㉟"盈余公积"项目，反映企业盈余公积的期末余额。本项目应根据"盈余公积"科目的期末余额填列。

㊱"未分配利润"项目，反映企业尚未分配的利润。本项目应根据"本年利润"科目和"利润分配"科目的余额计算填列。未弥补的亏损，在本项目内以"－"号填列。

资产负债表如下图所示。

资 产 负 债 表

2021年12月31日

编制单位：大连今日科技股份有限公司　　　　　　　　　　　　　　　　单位：元

项目	期末余额	期初余额	项目	期末余额	期初余额
流动资产：			流动负债：		
货币资金	7,462,317.45	11,608,215.86	短期借款	10,000,000.00	4,000,000.00
交易性金融资产			交易性金融负债		
衍生金融资产			衍生金融负债		
应收票据	4,152,290.68	2,825,143.00	应付票据		
应收账款	1,098,058.61	28,900.00	应付账款	17,052,288.96	21,782,201.79
应收款项融资			预收款项	3,702,595.00	5,521,655.23
预付款项	669,578.12	842,682.30	合同负债		
其他应收款	377,703.10	258,989.36	应付职工薪酬	835,185.26	515,784.00
存货	24,752,497.90	32,909,047.90	应交税费	2,012,713.21	232,092.48
合同资产			其他应付款	93,004,028.58	93,018,141.78
持有待售资产			持有待售负债		
一年内到期的非流动资产			一年内到期的非流动负债		
其他流动资产			其他流动负债	126,606,811.01	125,069,875.28
流动资产合计	38,512,445.86	48,472,978.42	流动负债合计		
非流动资产：			非流动负债：		
债权投资			长期借款		
其他债权投资			应付债券		
长期应收款			其中：优先股		
长期股权投资			永续债		
其他权益工具投资			租赁负债		
其他非流动金融资产			长期应付款		
投资性房地产			长期应付职工薪酬		
固定资产	48,288,578.50	52,036,187.75	预计负债		
在建工程	21,030,412.08	1,878,475.49	递延收益		
生产性生物资产			递延所得税负债		
油气资产			其他非流动负债		
使用权资产			非流动负债合计		
无形资产	28,103,632.64	28,785,563.00	负债合计	126,606,811.01	125,069,875.28
开发支出			所有者权益（或股东权益）：		
商誉			实收资本（或股本）	50,000,000.00	50,000,000.00
长期待摊费用	2,306,028.12	2,477,276.71	其他权益工具		
递延所得税资产			其中：优先股		
其他非流动资产			永续债		
非流动资产合计	99,728,651.34	85,177,502.95	资本公积		
			减：库存股		
			其他综合收益		
			专项储备		
			盈余公积		
			未分配利润	-38,365,713.81	-41,419,393.91
			归属于母公司所有者权益合计		
			少数股东权益		
			所有者权益合计	11,634,286.19	8,580,606.09
资产总计	138,241,097.20	133,650,481.37	负债和所有者权益总计	138,241,097.20	133,650,481.37

财务人员还要熟悉一个方法，即反推法。利用资产负债表进行思考相对应涉及的总账科目，哪些表内数据是根据总账科目直接填列，哪些需要有明细账做辅助和备抵科目共同完成的做标注，反复练习几次就会发现其中的关系并能轻松掌握。

29.2.2 利润表的概念及编制方法

利润表如下图所示，其编制说明如下：

利　润　表

2021年01-12月

编制单位：大连今日科技股份有限公司

单位：元

项　　目	本期金额	上期金额
销售费用	1,534,327.42	1,495,911.92
管理费用	5,360,656.54	5,007,645.41
研发费用	3,663,937.57	2,902,884.83
财务费用	−1,147,168.45	427,614.52
其中：利息费用	244,058.33	41,922.21
利息收入	143,060.55	151,514.28
加：其他收益	321,316.50	211,493.19
投资收益（损失以"−"号填列）		
净敞口套期收益（损失以"−"号填列）		
公允价值变动收益（损失以"−"号填列）		
信用减值损失（损失以"−"号填列）		
资产减值损失（损失以"−"号填列）		
资产处置收益（损失以"−"号填列）	−21,850.15	
二、营业利润(亏损以"−"号填列)	2,835,953.90	2,165,076.80
加：营业外收入	204,709.80	106,857.41
减：营业外支出		647.34
三、利润总额(亏损总额以"−"号填列)	3,040,663.70	2,271,286.87
减：所得税费用		
四、净利润(净亏损以"−"号填列)	3,040,663.70	2,271,286.87
五、其他综合收益的税后净额	−	−
归属于母公司所有者的其他综合收益的税后净额	−	−
（一）不能重分类进损益的其他综合收益	−	−
（二）将重分类进损益的其他综合收益	−	−
*归属于少数股东的其他综合收益的税后净额		
六、综合收益总额	3,040,663.70	2,271,286.87
归属于母公司所有者的综合收益总额	3,040,663.70	2,271,286.87
*归属于少数股东的综合收益总额		
七、每股收益：		
（一）基本每股收益		
（二）稀释每股收益		

法定代表人：	主管会计工作负责人：	会计机构负责人：
（签名并盖章）	（签名并盖章）	（签名并盖章）

（1）本表反映企业在一定期间内实现利润（亏损）的实际情况。

（2）本表"本月数"栏反映各项目的本月实际发生数。在编制年度财务会计报告时，填列上年全年累计实际发生数。如果上年度利润表与本年度利润表的项目名称和内容不一致，应对上年度利润表项目的名称和数字按本年度的规定进行调整，填入本表。本表"本年累计数"栏反映各项目自年初起至报告期末止的累计实际发生数。

（3）本表各项目的内容及其填列方法如下：

①"主营业务收入"项目，反映企业主要经营业务所取得的收入总额。本项目应根据"主营业务收入"科目的发生额分析填列。

②"主营业务成本"项目，反映企业主要经营业务发生的实际成本。本项目应根据"主营业务成本"科目的发生额分析填列。

③"税金及附加"项目，反映企业主要经营业务应负担的消费税、城市维护建设税、资源税、土地增值税和教育费附加等。本项目应根据"税金及附加"科目的发生额分析填列。

④"其他业务利润"项目，反映企业除主营业务以外的其他业务取得的收入，减去所发生的相关成本、费用，以及相关税金及附加等支出后的净额。本项目应根据"其他业务收入""其他业务支出"科目的发生额分析填列。

⑤"销售费用"项目，反映企业在销售商品、商品流通和购入商品等过程中发生的费用，商品流通企业如不单独设置"管理费用"科目，发生的管理费用也在本项目中反映。本项目应根据"销售费用"科目的发生额分析填列。

⑥"管理费用"项目，反映企业发生的管理费用。本项目应根据"管理费用"科目的发生额分析填列。

⑦"财务费用"项目，反映企业发生的财务费用。本项目应根据"财务费用"科目的发生额分析填列。

⑧"投资收益"项目，反映企业以各种方式对外投资所取得的收益。本项目应根据"投资收益"科目的发生额分析填列；如为投资损失，以"-"号填列。

⑨"营业外收入"项目和"营业外支出"项目，反映企业发生的与其生产经营有直接关系的各项收入和支出。这两个项目应分别根据"营业外收入"科目和"营业外支出"科目的发生额分析填列。

⑩"利润总额"项目，反映企业实现的利润总额。如为亏损总额，以"-"号填列。

⑪"所得税"项目，反映企业当期发生的所得税费用。本项目应根据"所得税"科目的发生额分析填列。

⑫"净利润"项目，反映企业实现的净利润。如为净亏损，以"-"号填列。

⑬补充资料中"当期分配给投资者的利润",反映企业董事会或类似机构制定并经批准的、当年度利润分配方案中分配给投资者的现金股利或利润。

利润表的填列比资产负债表更直接,也更简单。表中的各项在总账中都直接可以找到对应的科目,按余额填列即可。

═══29.3 财务报表的申报 ═══

财务人员将资产负债表和利润表的信息录到税务局财务报表系统中,科目通常是一致的。各地的系统不同,在税务局系统登录时会有界面显示的差异,但最后的报表内容和格式相同,这里就不再赘述。

正确的报表来自正确的数据记录、科目余额和汇总表。此外,财务人员掌握好表间的关系也会将工作变得容易。如利润表与资产负债表之间的勾稽关系式:资产负债表的未分配利润年末数 = 未分配利润年初数 + 利润表净利润的本年累计数。多注意各报表之间数据的关联性,可以帮助财务人员在经营管理性报表及数据分析等方面快速反应,为经营者管理、控制、调配等应用提供准确有效的依据,以实现财务管家参谋的重要意义。

第30章

汇算清缴

> 财务年终汇算清缴是财务工作的年度总结和报告，是对全年的生产经营成果做最终清算，并对营业结余所得情况根据相关的法律法规要求做纳税调整和申报工作。

30.1 汇算清缴的概念

汇算清缴指纳税人在纳税年度终了后的规定时期内，依照税收法律、法规、规章及其他有关企业所得税的规定，自行计算全年应纳税所得额和应纳所得税额，根据月度或季度预缴的所得税数额，确定该年度应补或者应退税额，并填写年度企业所得税纳税申报表，向主管税务机关办理年度企业所得税纳税申报、提供税务机关要求提供的有关资料、结清全年企业所得税税款的行为。

汇算清缴这个词对于很多新手会计来说有点茫然，其实汇算清缴是对过去的一年企业的经营情况做一个总结。有人也许会问，年末的时候账都结了还有什么可总结的呢？虽然业务期已经结束，但还有很多事项并没有结束，如所得税的计征和缴纳是按季预缴，年终一起汇总再清缴的。还有像固定资产的折旧方法选择与税法规定不一致时就会产生差异，要以税法计算的数据为准，对差额做出调整。为什么要调整呢？就是因为折旧计提时记入了费用科目，这样就减少了利润，也就是减少所得税缴纳的基数。还有管理费用中的业务招待费、广告费，税法也都有相关的规定。诸如此类的科目都需要理顺一下确认是否需要调整，这个过程就是汇算清缴。

30.2 汇算清缴相关规定

30.2.1 适应范围

根据现行所得税法的规定，凡财务会计制度健全、账目清楚，成本资料、收入凭证、费用凭证齐全，核算规范，能正确计算应纳税所得额，经税务机关认定适用查账征收的企业，均应当在年终进行所得税的汇算清缴。

企业的纳税年度正常情况：公历 1 月 1 日起至 12 月 31 日止。也有特殊情况在一个纳税年度中间开业、终止，使该纳税年度的实际经营期不足 12 个月的，以其实际经营期为一个纳税年度。

30.2.2 汇算清缴期限

汇算清缴的时间是在一个纳税年度终了后 5 个月内（次年的 1 月 1 日至 5 月 31 日），如 2020 年企业所得税汇算清缴时间：2021 年 1 月 1 日至 5 月 31 日。

汇算清缴的对象是实行查账征收和实行核定应税所得率的企业。企业无论盈利或亏损，是否在减免期内，均应按规定进行汇算清缴。

实行核定定额征收企业所得税的企业，核定定额时已经确定了所得税金额，不进行汇算清缴。

30.3 汇算清缴的工作流程

汇算清缴的工作流程，如下图所示。

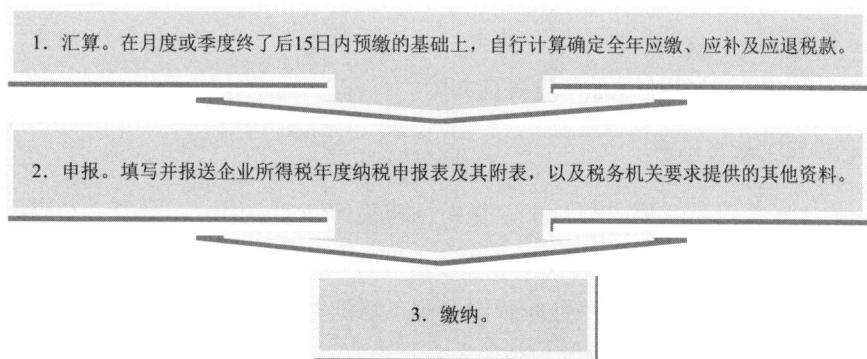

1. 汇算。在月度或季度终了后15日内预缴的基础上，自行计算确定全年应缴、应补及应退税款。

2. 申报。填写并报送企业所得税年度纳税申报表及其附表，以及税务机关要求提供的其他资料。

3. 缴纳。

30.4 汇算清缴税前扣除

新《企业所得税法》第八条中对于税前扣除的规定极为简单："企业实际发生的与取得收入有关的、合理的支出，包括成本、费用、税金、损失和其他支出，准予在计算应纳税所得额时扣除。"

结合《企业所得税法》规定，现总结企业所得税税前扣除的各个项目和处理要点如下：

30.4.1 工资薪金

（1）工资薪金及相关支出的税前扣除。

合理的工资薪金指企业按照股东大会、董事会、薪酬委员会或相关管理机构制定的工资薪金制度规定实际发放给员工的工资薪金。其工资薪金税前扣除原则如下。

①员工工资薪金制度健全、规范，符合行业及地区水平。

②工资薪金发放时间固定、稳定，调整的存在是有序进行的。

③对实际发放的工资薪金中代扣代缴个人所得税进行依法履行。

④工资薪金安排真实，不允许有逃避税款现象。

（2）工资薪金总额指企业按上述规定实际发放的工资薪金总和，不包括企业的职工福利费、职工教育经费、工会经费以及养老保险费、医疗保险费、失业保险费、工伤保险费、生育保险费等社会保险费和住房公积金。

（3）其当年已计提年末未实际发放的工资薪金不能在税前扣除。企业发生的工资薪金支出，指企业已经实际支付给员工的工资薪金，尚未支付的工资薪金，不论在哪个会计科目核算，截至目前均不能在未支付的纳税年度扣除，只有实际发放后，方可在发放年度税前扣除。

30.4.2 职工教育经费

职工教育经费主要是与员工工作岗位相关的培训。岗前、岗中、专业技术人员的继续教育，特殊工种如电工、财务人员的继续教育培训，职业技能鉴定等。

软件企业发生的职工教育经费中的职工培训费用，根据规定，可以全额在企业所得税前扣除。但应准确划分职工教育经费中的职工培训费支出。

企业职工参加社会上的学历教育，以及个人为取得学位而参加的在职教育，所需费用应由个人承担，不能挤占企业的职工教育培训经费。

当年已计提年末未实际使用的职工教育经费不能在当年税前扣除，只能在以后年度实际使用，且不超过实际使用年度工资薪金总额的8%，可在税前扣除。

职工外送培训过程中发生的交通、住宿费支出，因与培训直接相关，属于职工外送培训经费支出的一部分，可作为职工教育经费扣除。

30.4.3 劳动保护性支出

劳动保护性支出的范围包括：工作服、手套、洗衣粉等劳保用品，解毒剂等安全保护用品，清凉饮料等防暑降温用品，以及按照原劳动部等部门规定的范围对接触有毒物质、矽尘作业、放射线作业和潜水、沉箱作业、高温作业五类工种所享受的由劳动保护费开支的保健食品待遇。企业以上支出计入劳动保护费，可以税前扣除。但需要注意的是，劳动保护费的服装限于工作服而非所有服装。A公司发票显示供货商为高档商厦中的知名品牌，且采购数量有限，金额较高，动辄几千元的套装按照劳动保护费列支，显然既不合情又不合理。

30.4.4 成本及费用支出管理

企业取得的各项免税收入所对应的各项成本费用，除另有规定者外，可以在计算企业应纳税所得额时扣除。《企业所得税法》第八条所称有关的支出，指与取得收入直接相关的支出。《企业所得税法》第八条所称合理的支出，指符合生产经营活动常规，应当计入当期损益或者有关资产成本的必要和正常的支出。第二十八条规定：企业发生的支出应当区分收益性支出和资本性支出。收益性支出在发生当期直接扣除；资本性支出应当分期扣除或者计入有关资产成本，不得在发生当期直接扣除。企业的不征税收入用于支出所形成的费用或者财产，不得扣除或者计算对应的折旧、摊销。除企业所得税法和本条例另有规定外，企业实际发生的成本、费用、税金、损失和其他支出，不得重复扣除。

30.4.5 广告费和业务宣传费支出

有关企业广告费和业务宣传费税前扣除规定，《企业所得税法实施条例》第四十四条做了原则性规定："企业发生的符合条件的广告费和业务宣传费支出，除国务院财政、税务主管部门另有规定外，不超过当年销售（营业）收入15%的部分，准予扣除；超过部分，准予在以后纳税年度结转扣除。"

30.4.6　手续费及佣金

企业发生与生产经营有关的手续费及佣金支出，一般企业按照与具有合法经营资格中介服务机构或个人（不含交易双方及其雇员、代理人和代表人等）所签订服务协议或合同确认的收入金额的5%计算限额。不超过规定计算限额以内的部分，准予扣除；超过部分，不得扣除。

30.4.7　业务招待费

无论管理或销售过程中的业务招待费用，《中华人民共和国企业所得税法》第四十三条：企业发生的与生产经营活动有关的业务招待费支出，按照发生额的60%扣除，但最高不得超过当年销售（营业）收入的5‰。也就是说两者中按较低的数据进行扣除，遵循的是二者孰低计量原则。

⚙ **实务案例1：业务招待费扣除核算**

爱华公司2020年的主营业务收入是13 000万元，企业当年实际发生的业务招待费是150万元。税法业务招待费扣除标准=13 000×5‰=65（万元）；实际发生额150×60%=90（万元）。以两者中较低者为扣除额，即65万元。应纳税所得额，应调增：150−65=85（万元）。

30.4.8　其他项目

除以上有特殊规定要求项目以外的其他项目，如差旅费用、运输费用、邮电费用、车辆费用等，可以根据真实业务发生的金额在税前列支。

══ 30.5　加计扣除 ══

30.5.1　开发新技术、新产品、新工艺发生的研究开发费用

该费用未形成无形资产计入当期损益的，在规定据实扣除的基础上，按照研究开发费用的75%加计扣除；形成无形资产的，按照无形资产成本的175%摊销。

实务案例 2：无形资产加计扣除

爱华公司技术中心新产品研发部，2020 年共发生研发支出 1 100 万元，其中已经形成无形资产的外观设计 500 万元，已经向国家申请专利并通过。计算应纳税所得额时可以调减 1 050 万元。

无形资产扣除标准 =500×（1+175%）=875（万元）

研发支出扣除标准 =（1 100−500）×（1+75%）=1 050（万元）

30.5.2 开办费支出

新准则规定开办费不需要摊销，而税法则规定要分期摊销，因此要根据企业的情况进行调整。税法规定企业在被批准成立到正式营业开始的筹建期发生的费用，计入管理费用科目的开办费列支，并且摊销期不低于 5 年。如果开办费一次性进费用的情况，要在汇算清缴时做调整处理。

实务案例 3：无形资产加计扣除

爱华公司 2020 年的主营业务收入是 13 000 万元，企业当年实际发生的业务招待费是 150 万元。

税法业务招待费扣除标准 =13 000×5‰ =65（万元）

实际发生额 =150×60%=90（万元）

以两者中较低者为扣除额，即 65 万元。应纳税所得额，应调增：150−65=85（万元）。

30.5.3 所得税汇算扣除项目标准统计表

财务人员在实务中，常常存在不确定有哪些涉及税法扣除项目，扣除标准要求不明确的情况。现将一般企业常用涉及的相关项目及相关扣除标准整理列表见下表，仅供参考。特殊的行业及项目还需要多询问主管税务局。

所得税汇算扣除项目及标准（一般企业常用部分）

费用类别	扣除标准	备　注
职工工资	据实	正常合理的任职或雇用人员
	100% 加计扣除	残疾人员
福利费	14%	职工工资薪金总额

费用类别	扣除标准	备 注
职工教育经费	8%	经认定技术先进型企业
	100%	软件企业的职工培训费用
工会经费	2%	职工工资薪金总额
业务招待费	60% ~ 5%	实际发生60%、收入的5%两者中少的计算
广告费及业务宣传费	15%	实际发生的15%超出部分结转以后年度
	30%	化妆品、医药、饮料制造
	不得扣除	烟草企业的烟草广告费
捐赠支出	12%	年度利润总额
补充养老、医疗保险	5%	工资薪金总额
手续费和佣金	5%	一般企业
利息支出	据实	非金融企业向金融企业借款
住房公积金	据实	规定范围内
特殊工种的职工安全险	可以扣除	
开办费	可以扣除	按规定计入长期待摊费用摊销
税金	可以扣除	
罚款、罚金、罚没损失	不得扣除	
税收滞纳金	不得扣除	
赞助支出	不得扣除	
与取得收入无关的支出	不得扣除	
社会基本保障性缴款	据实	规定范围内
环境保护专项资金	据实	
财产保险	据实	
劳动保护支出	据实	合理
固定资产折旧	规定范围内可扣	不得低于税法规定折旧年限
生产性生物资产折旧	规定范围内可扣	林木10年，畜类3年
无形资产	规定范围内可扣	一般无形资产折旧10年
研究开发费	加计扣除	
进项税额	不得扣除	购进时抵扣的
销项税额	不得扣除	销售时是向购货方收取
	有条件扣除	对外捐赠的销项在成本不超标准的情况下税前扣
取暖、防暑降温费	并入福利费算限额	按福利费标准

费用类别	扣除标准	备　　注
交通补贴及员工交通	并入福利费算限额	按福利费标准
会议费	据实	会议纪要等真实材料
低值易耗品	据实	
审计及公证费	据实	
咨询诉讼费	据实	
差旅费	据实	
工作服饰费用	据实	
运输、装饰、包装费	据实	
印刷费	据实	
邮电费	据实	
水电费	据实	
租赁费	据实	
公杂费	据实	
车船舶燃料费	据实	
电子设备运转	据实	
修理费	据实	
安全防卫费	据实	
董事会费	据实	
绿化费	据实	
公告费	据实	

30.6　汇算清缴程序

1. 填写纳税申报表并附送相关材料

纳税人于年度终了后 45 日内以财务报表为基础，自行进行税收纳税调整并填写年度纳税申报表及其附表，向主管税务机关办理年度纳税申报。纳税人除提供上述所得税申报及其附表外，并应当附送财务、会计年度决算报表、主管税务机关要求报送的其他有关证件等相关资料。

2. 税务机关受理申请，并审核所报送材料

（1）主管税务机关接到纳税人或扣缴义务人报送的纳税申报表或代扣代缴、

代收代缴税款报告表后，经审核其名称、电话、地址、银行账号等基本资料后，若发现应由主管税务机关管理的内容有变化的，将要求纳税人提供变更依据；如变更内容属其他部门管理范围的，则将督促纳税人到相关部门办理变更手续，并将变更依据复印件移交主管税务机关。

（2）主管税务机关对申报内容进行审核，主要审核税目、税率和计税依据填写是否完整、正确，税额计算是否准确，附送资料是否齐全、是否符合逻辑关系、是否进行纳税调整等。审核中如发现纳税人的申报有计算错误或有漏项，将及时通知纳税人进行调整、补充、修改或限期重新申报。纳税人应按税务机关的通知做出相应的修正。

（3）主管税务机关经审核确认无误后，确定企业当年度应纳所得税额及应当补缴的企业所得税税款，或者对多缴的企业所得税税款加以退还或抵减下年度企业所得税。

到此汇算清缴的相关内容就介绍完了。本章的学习主要是对汇算清缴工作的预热，先熟悉相关的调整项目，有助于在日常工作中引起注意，如业务招待费的支出控制，了解整体之后，对局部的工作把握就容易一些。

总结：多关注企业涉及的纳税调整项目，层层深入、成竹在胸。

第五部分
会计新手常见问题解答篇

本书编写以增值税一般纳税人为模版，主要考虑到其实际业务中所占比重较大，但实务活动中涉及的还有小规模纳税人等其他形式。其实除了税法上对于税率、发票形式等一些区别之外，其他业务内容都会触类旁通，因此本书的问答也以此为主要基础。本部分内容对前面日常业务中未涉及或相对特殊的问题在此做系统的归纳、整理和补充，希望可以帮助读者在实务处理中拓宽思路，更好地为企业服务。

问 1. 企业新成立的开办费用应如何入账？

答 一般情况下，有发票就可以做账了，领取营业执照前支付的费用全部计入开办费。也就是说，企业在筹建期间发生的费用都可以计入开办费，包括筹建期人员工资、办公费、培训费、差旅费、印刷费、注册登记费、不计入固定资产和无形资产初始成本的汇兑损益和利息支出。筹建期指企业被批准筹建之日起至开始生产、经营（包括试生产、试营业）之日。

需要说明的是，企业发生的下列费用，不得计入开办费。

（1）由投资者负担的费用支出。这些费用不属于企业的承担内容，不分离就会虚增费用。

（2）由取得各项固定资产、无形资产所发生的支出。这些已经计入了固定资产、无形资产科目进行核算，不分离出去就会重复。

（3）筹建期间应当计入资产价值的汇兑损益、利息支出等。这些费用发生时都与资产相匹配，不分离也会重复。

实务案例 1：企业开办相关业务

福聚兴食品有限公司于 2020 年 3 月 10 日正式完成工商注册及税务登记等相关手续。注册资金 6 000 000 元，股东分别为王丽和刘福兴，各投资 3 000 000 元。筹建期为 6 个月，共发生人员工资费用 120 000 元，厂房的修建票据共计 2 000 000 元，广告宣传费用 20 000 元，业务招待费用 50 000 元，办公费用 16 000 元，厂房设计费 10 000 元，取得长期借款 5 000 00 元，用于基建项目，筹建期共发生借款利息 12 300 元。以上款项均以现金和银行存款支付。

会计分录：

借：管理费用——开办费   218 300

    贷：现金（银行存款）   218 300

不可计入开办费：厂房修建计入在建工程，待完工结转入固定资产。厂房设计费用也应纳入厂房在建工程科目核算。长期借款单独核算。

问 2. 月末填制资产负债表时发现借贷方不平是怎么回事儿？

答 这种情况在手工账和软件账里都存在。所谓逢长必短，能量守恒定律总量是不变的，借贷方出现的差异，一定是某个环节出现了错误。通常都是借贷方向的错误，这种错误数据是差异的二分之一。软件账簿如果报表的取数公式不存在错误和缺漏科目，这个问题便很容易解决。在手工账簿报表中出现，则有以下几种原因。

（1）在汇总时有漏记科目的现象，如报表中的存货其实包含"制造费用"科目的借方余额。制造费用借方余额表示已经发生，但尚未摊销入产品生产成本中的部分。

（2）有备抵账户的项目注意是否填报齐全，如固定资产的累计折旧、应收账款的坏账准备。

（3）注意检查资产负债表中未分配利润与利润表中"净利润"项目的勾稽关系。资产负债表未分配利润年末数 = 未分配利润年初数 + 利润表中的本年利润本年累计数。

出现这种问题，财务人员要厘清一条思路，即清晰报表的形成来路，从最原始部分开始推，便可找到解决方法。如下图所示。

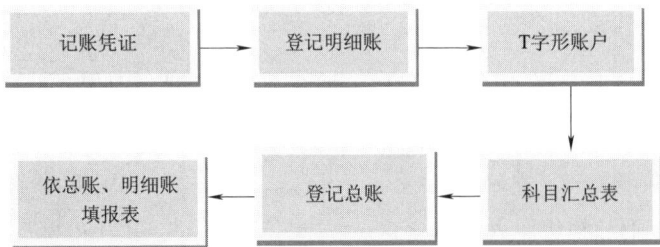

记账凭证 → 登记明细账 → T字形账户

科目汇总表 → 登记总账 → 依总账、明细账填报表

问 3. 销售退回业务如何处理？

答 商品销售退回指企业售出的商品，由于质量、品种不符合要求而发生退货。销售退回可能发生在企业确认收入之前，这时只需将已计入"发出商品"等科目的商品成本转回"库存商品"科目；如企业确认收入后发生销售退回的，不论是当年销售的，还是以前年度销售的，除特殊情况外，一般应冲销抵减

退回当月的销售收入，同时冲销抵减退回当月的销售成本；如该项销售已经发生现金折扣或销售折让的，应在退回当月一并调整。《增值税暂行条例实施细则》规定，一般纳税人因销货退回或折让退还给购买方的增值税额，应从发生销货退回或折让当期的销项税额中扣减。因此，企业应同时用红字冲减"应交税费——应交增值税"科目。

⚙ 实务案例2：涉及退货相关业务

（1）某企业销售给甲公司A商品1 000件，每件进价100元，含税售价169.5元，增值税率13%，商品发出，货款未到。

会计分录：

借：应收账款——甲公司	169 500
贷：商品销售收入	150 000
应交税费——应交增值税（销项税额）	19 500

结转成本分录：

| 借：主营业务成本 | 100 000 |
| 贷：库存商品——A商品 | 100 000 |

（2）甲公司收到商品验收时，发现有100件商品质量与合同不符，双方协商同意退回处理，商品已退回入库。原开增值税专用发票抵扣联和发票联收回，并开具相同内容的商品红字专用发票。将记账联作为扣减当期销项税额的凭证；其他联连同从购货方收回的抵扣联、发票联粘贴在红字专用发票联后面，按扣除退回商品后的商品。

销售额重新开具增值税专用发票，据此企业进行账务处理。

会计分录冲销原凭证：

借：应收账款——甲公司	169 500（红字）
贷：商品销售收入	150 000（红字）
应交税费——应交增值税（销项税额）	19 500（红字）
借：主营业务成本	100 000（红字）
贷：库存商品——A商品	100 000（红字）

会计分录依据重新开的发票：

| 借：应收账款——甲公司 | 152 550 |

贷：商品销售收入 135 000

　　　　应交税费——应交增值税（销项税额） 17 550

问 4. 期末科目汇总时借贷方不平是怎么回事儿？

答 这种情况通常出现在手工账中，在软件核算过程中几乎不存在这种现象。当处理会计业务时，每一张凭证都一定是借贷平等的，否则系统会自动提示无法保存凭证。手工账中出现不平的主要原因可能有以下三点。

（1）会计分录借贷方记录有误。这种情况是业务不熟造成的。检查的方法是看借贷方差额是多少，用平均法找差。如借方总计为 331 500 元，贷方总计为 331 980 元，贷方比借方多了 480 元，很可能是应该记在科目借方金额错记入贷方导致，480÷2=240，这样贷方科目应该多了一笔 240 元的分录。知道这个数后就很方便地查找到了。

（2）在进行科目汇总时登记错误。如果不是分录有误，那一定还是登记上的错误。避免的方法就是在做科目汇总时，在表格指定区域分别设置好借贷方合计金额及差额，锁定差额的显示。每登记一笔分录的时候都可以看到借贷方的差额是否为零，如果出现差额可以即时更正，比起汇总完不平再查找要省时省力很多。

可以看"问题 2"中的图。科目汇总表由 T 字形账户汇总而来，T 字形账户由凭证汇总而来，那就要根据出现的问题往回推，这样比较好查账。

实务案例 3：错账查找相关业务

巴勒公司 2 月末在做科目汇总时发生如下业务内容：

（1）提现 50 000 元。

（2）销售货物一批金额 35 000 元，税金忽略。

（3）付货款 22 000 元。

（4）银行收回应收账款一笔 20 000 元。

（5）现金支付差旅费一笔 1 250 元。

银行招行		应收账款		现金	
借方	贷方	借方	贷方	借方	贷方
20 000.00	50 000.00	35 000.00	20 000.00	50 000.00	1 250.00
	22 000.00				
20 000.00	72 000.00	35 000.00	20 000.00	50 000.00	1 250.00
管理费用		应付账款		主营业务收入	
借方	贷方	借方	贷方	借方	贷方
1 250.00			22 000.00		35 000.00
1 250.00	—	22 000.00	—	—	35 000.00

	借方	贷方	差额
汇总合计	128 250.00	128 250.00	0

这样在登记的时候很清晰地看到汇总的借贷方不平的现象，以便可以及时修正。

问 5. 发现错账如何更正？

答 错账有以下几种情况。

（1）当月凭证发现有误可以直接修改。如本月末在审核凭证过程中发现有一笔管理部门送来的差旅费用，凭证科目误入销售费用科目了，错误的凭证如下图所示。

此凭证的更正就可以直接在凭证上做修改。更正的凭证如下图所示：

<table>
<tr><td colspan="4" style="text-align:center">记账凭证</td><td>凭证字：记</td></tr>
<tr><td colspan="4"></td><td>凭证号：881</td></tr>
<tr><td>参考信息：</td><td colspan="3"></td><td>附件数：0</td></tr>
<tr><td colspan="2">业务日期：■■■-11-30</td><td colspan="2">日期：■■■-11-30　　■■■年 第 11 期</td><td>序号：0</td></tr>
</table>

	摘要	科目	借方	贷方
1	付滕兆文差旅费用	6602.005 - 管理费用 - 差旅费/01 - 综合管理部	358450	
2	付滕兆文话费	6602.006 - 管理费用 - 邮电费/01 - 综合管理部	37600	
3	付滕兆文话费	1002.001 - 银行存款 - 中国工行　支行		396050
4				
	合计：叁仟玖佰陆拾伍元角整		396050	396050

结算方式：　　　　　　　经办：
结算号：　　　　　　　往来业务：
审核：　　过账：　　出纳：　　制单：■　核准：

（2）对于以前月份的凭证有误，要采取红字冲销的方式更正。就是先做一张和原错误凭证一样的凭证，金额为负，也就是红字冲销。然后再做一张正确的凭证。

红字冲销凭证，如下图所示：

<table>
<tr><td colspan="4" style="text-align:center">记账凭证</td><td>凭证字：记</td></tr>
<tr><td colspan="4"></td><td>凭证号：171</td></tr>
<tr><td>参考信息：</td><td colspan="3"></td><td>附件数：0</td></tr>
<tr><td colspan="2">业务日期：■■■-12-12</td><td colspan="2">日期：■■■-12-12　　■■■年 第 12 期</td><td>序号：0</td></tr>
</table>

	摘要	科目	借方	贷方
1	付滕兆文差旅费	6601.005 - 销售费用 - 差旅费/05.033 - 销售部办公室	358450	
2	付滕兆文差旅费	6601.006 - 销售费用 - 邮电费/05.033 - 销售部办公室	37600	
3	付滕兆文差旅费	1002.001 - 银行存款 - 中国工行　支行		396050
4				
	合计：负叁仟玖佰陆拾伍元角整		396050	396050

结算方式：　　　　　　　经办：
结算号：　　　　　　　往来业务：
审核：　　过账：　　出纳：　　制单：　核准：

然后再做一张正确的凭证，如下图所示：

这项业务就完成了。

问 6. 怎样通过报表看企业经营状况？

答 利用会计报表进行观察。

说到企业财务报表观察，很多财务新手会觉得神秘，其实这是因为没有认真地用财务报表看企业的相关数据。通过相关的分析方向和报表指标情况的观察，我们可以估计出企业风险运营状况、资产状况、经营能力和盈利能力（这就像个人的资产、生活能力、发展前途相类似）。

直接说财务报表可能有点生疏，我们以个人的情况作类比，如果一个人总借钱过日子基本上无法持久的，譬如某人是"月光族"，支付能力很强，远远超过了收入的水平。就是每月赚 5 000 元，她也会在开工资之前就全部花掉，还要借上一部分。开始的时候还可以应付，但慢慢地与她来往的人就会越来越少，结果便是生活陷入困境。企业更是如此，不可能总是借钱过日子，当总负债占总资产的比例加大时，实际上企业的支付能力就下降了。这一指标对于考察企业长期债务趋势有重要作用，因为企业的总负债包含（流动负债、长期负债等）各项内容，资产也有（流动资产、固定资产等）各项内容，它是反映企业长期偿债能力的晴雨表。因此财务报表的资产负债率指标控制合理化很重要。

指标 1：资产负债率 = 负债总额 ÷ 资产总额

指标 2：应收账款周转率（次数、平均收账期）= 赊销净额 ÷ 应收账款平均余额

赊销收入净额 = 赊销收入 – 赊销退回 – 赊销折让 – 赊销折扣。就是所有的收入 – 现金收款 – 赊销退回 – 赊销折让 – 赊销折扣。简单理解指那些能够确定完全收回的销售收入款项。

应收账款的平均余额就是用（期初数 + 期末数）÷2

应收账款周转率反映企业一定时期收回应收账款的效率如何及损失程度。应收账款周转越快资产营运效率越高，不仅有利于及时收回货款，减少坏账损失的可能性，而且有利于提高资产的流动性，增强企业短期偿债能力（用老百姓的话来说就是手里总有活钱，好周转。即使借款也没关系，这边借了那边就进钱。随时都能够偿还借款，所以就没有负债压力，生活也轻松一些）。

指标 3：存货周转率 = 产品销售成本 ÷ 存货平均余额

存货周转天数 =360÷ 存货周转率

也就是看销售出去的产品占总存货的比重。反映企业存货的库存时间和转移速度，表明了企业的短期偿债能力。该指标直接影响企业获利能力。产品销售成本在利润表中的第二项，第一项就是主营业务收入，第二项为主营业务成本，也就是这里所讲的产品销售成本。存货的平均余额就是资产负债表中存货的（期初数 + 期末数）÷2。

指标 4：成本费用利润率 = 利润总额 ÷ 成本费用总额

考察企业成本费用与利润的关系，说明一元成本实现多少利润。

还有很多考察指标项目及公式此处就不一一介绍，上述数据都可以在资产负债表和利润表中找到。在实务应用中，各企业的营业业务不同，很多具体的项目分析方案也不同。此处仅介绍常用的几项指标结合财务报表做相关计算。

下图所示为分析相关指标。

资 产 负 债 表

编制单位：大连金诺格工业科技股份有限公司
所属期间：2020年12月

会企01表
单位：元

资 产	年初余额	期末余额	负债和所有者权益（或股东权益）	年初余额	期末余额
流动资产：			流动负债：		
货币资金	16,796,980.89	11,608,215.86	短期借款		4,000,000.00
交易性金融资产			交易性金融负债		
应收票据	3,194,592.00	2,825,143.00	应付票据		
应收账款	453,551.16	28,900.00	应付账款	18,291,065.85	21,782,201.79
预付款项	1,685,939.92	842,682.30	预收款项	9,820,668.08	5,521,655.23
合同资产			应付职工薪酬	1,156,862.51	515,784.00
应收利息			应交税费	142,051.84	232,092.48
应收股利			应付利息		
其他应收款	288,241.80	250,379.03	应付股利		
存货	27,454,590.69	32,941,048.31	其他应付款	102,998,092.35	93,009,531.45
一年内到期的非流动资产			合同负债		
其他流动资产			其他流动负债		
流动资产合计	49,873,896.46	48,496,368.50	流动负债合计	132,408,740.63	125,061,264.95
非流动资产：			非流动负债：		
可供出售金融资产			长期借款		
持有至到期投资			应付债券		
长期应收款			长期应付款		
长期股权投资			专项应付款		
投资性房地产			预计负债		
固定资产原价	84,925,526.80	86,419,406.91	递延所得税负债		
减：累计折旧	28,489,428.53	34,383,219.16	其他非流动负债		
固定资产净值	56,436,098.27	52,036,187.75	非流动负债合计	–	–
减：固定资产减值准备			负债合计	132,408,740.63	125,061,264.95
固定资产净额	56,436,098.27	52,036,187.75	所有者权益（或股东权益）：		
在建工程	842,057.55	1,430,368.03			
工程物资			实收资本（或股本）	50,000,000.00	50,000,000.00
固定资产清理			资本公积		
生产性生物资产			减：库存股		
公益性生物资产	–		专项储备		
无形资产	29,467,493.36	28,785,563.00	盈余公积		
商誉			未分配利润	-43,690,680.78	-41,419,393.91
长期待摊费用	2,098,514.21	2,893,383.76	所有者权益（或股东权益）合计	6,309,319.22	8,580,606.09
递延所得税资产					
其他非流动资产					
非流动资产合计	88,844,163.39	85,145,502.54			
资产总计	138,718,059.85	133,641,871.04	负债和所有者权益（或股东权益）合计	138,718,059.85	133,641,871.04

利 润 表

编制单位：大连金诺格工业科技股份有限公司
所属期间：2020年12月

会企02表
单位：元

项 目	本期金额	本年累计金额
一、营业收入	4,993,156.17	71,631,949.82
减：营业成本	4,211,965.43	58,894,319.46
税金及附加	79,102.38	949,990.07
销售费用	203,665.80	1,495,911.92
管理费用	472,146.37	5,007,645.41
研发费用	205,942.88	2,902,884.83
财务费用	252,188.87	427,614.52
加：其他收益	116,695.86	182,597.33
资产减值损失		
加：公允价值变动收益（损失以"-"号填列）		
投资收益（损失以"-"号填列）		
资产处置损益（损失以"-"号填列）		
二、营业利润（亏损以"-"号填列）	-315,159.70	2,136,180.94
加：营业外收入	-2,390.57	135,753.27
减：营业外支出		647.34
三、利润总额（亏损总额以"-"号填列）	-317,550.27	2,271,286.87
减：所得税费用		
四、净利润（净亏损以"-"号填列）	-317,550.27	2,271,286.87
以前年度损益调整		
可供分配的净利润	-317,550.27	2,271,286.87

（1）该企业的资产负债率 =［（138 718 059.85+133 641 871.04）÷2］÷［（132 408 740.63+125061264.95］÷2）×100%=94.53%

（2）应收账款周转率 =71 631 949.82÷［（453 551.16+28 900）÷2］×100%=296.95

（3）存货周转率 =71 631 949.82÷［（27 454 590.69+32 941 048.31）÷2］×100%=2.37

（4）成本费用利润率 =2 271 286.87÷（58 894 319.46+949 990.07+1 495 911.92+5 007 645.41+2 902 884.83+427 614.52）×100%=3.26%

问 **7. 如何理解会计账户的"借"与"贷"？**

答 账户的借与贷，方向增减等有时候会使财务人员感到迷惑。主要是配合了科目的使用时经常把握不好借还是贷，对于方向和概念笔者的理解是"加"与"减"。不是说借就是加，贷就是减，这个要分科目的类别。账户科目属性分清是资产、负债、成本、费用还是所有者权益，应用起来就容易了。为了加深理解，下面是笔者编的顺口溜。

资产类科目借方为加贷方为减，负债类科目正相反；

成本、费用同资产，借方增加贷方减；

收入、权益正相反，贷方增加借方减；

预付、预收是特例，负是资产借增加；

收是负债贷增加，坏账准备是资产；

备抵账户记住它，贷方增加借方减；

折旧跟着固定资产，哪方加减看实务；

将心比心自己算，有借必有贷；

借贷必相等，不能离开这条线。

会计中有记账的口诀：有借必有贷，借贷必相等。在此处建议用一个概念去理解，不必要先分清是哪一类的科目，然后再确定增加记借方还是贷方。如2020年3月归还银行一笔短期借款 2 000 000 元。从概念上理解就是还了欠款（负债），那负债减少，银行存款也同时减少。这笔业务就是资产和负债的同时减少。由此会计分录就出来了。借：短期借款 2 000 000 贷：银行存款 2 000 000。不管是什么样的业务，只要发生时必定都会引起会计科目之前的变动。六大会计要素：资产、负债、所有者权益、收入、成本、费用。前三个要素主要反映的是企业的财务状况。如资产 1 200 万元，负债 400 万元，所有者权益 800 万元。从这些数字可以知道该企业的财务状况资产和所有者权益的情况比较理想，资产负债率是 400÷1 200=33%。相对应的会计科目：资产类、负债类、所有者权益类、损益类、成本类。在这些概念中如果觉得还是容易弄混，下面将会计业务活动分成了几大类，将类别中用到的会计科目加以说明，供大家参考使用。

企业经营过程中无外乎买入、卖出，这是涉及企业外部的业务活动。而更多的还是涉及内部的各种业务活动。如借款、还款、报销、支付工资、生产加工环节领用材料。

（1）买入。就是经营活动中的采购业务。这些涉及购入原材料、商品或固定资产、耗材等，同时是要付款的。业务分录看买进的是什么，借方登记增加什么，只有生产用的耗材（有企业直接计入"制造费用"科目）则是借记原材料、固定资产、低值易耗品等，同时借记"应交税费——应交增值税（进项税额）"。贷记"现金""银行存款"或"应付账款"（一般都是长期合作的供应商）。

（2）卖出。指企业的销售业务，是企业的生产运营实现了资金的流入，也就是收款。这时企业的现金或现金等价物会增加，当收到现金或银行存款时，会计业务处理分录借方：现金、银行存款，未收到现金的业务时就要借记"应收账款——某某公司"。贷方：主营业务收入（卖货当然就有收入了），贷记"应交税费——应交增值税（销项税额）"（有收入了自然也要缴纳相关的税费）。等到应收账款收回时借记"银行存款"，贷记"应收账款"。

（3）提现。借现金贷银行存款，存现做相反分录。

（4）内部支付、报销各种费用（工资、保险、差旅费、业务招待费、办公费、邮电费等）。借方：生产成本、管理费用、销售费用、应付职工薪酬等成本费用类科目。贷方：现金、银行。

（5）生产加工过程涉及的内部科目转换。领用材料时借记"生产成本"，贷记"原材料""制造费用""包装物"等。发生直接人工费用时借记"生产成本"，贷记"应付职工薪酬"。生产完工时借记"产成品""自制半成品"，贷记"生产成本"。

（6）月末结转。

① 结转销售产品成本时借方记"主营业务成本"，贷方记"产成品"。

② 结转收入时借方记"主营业务收入"，贷方记"本年利润"。

③ 结转成本费用时借方记"本年利润"，贷方记"主营业务成本""税金及附加""管理费用""销售费用""财务费用"。

④ 结转本年利润时看本年利润科目余额在哪方做相反结转，如"本年利润"借方余额，借：利润分配，贷方：本年利润；如果本年利润贷方余额，则借方：本年利润，贷方：利润分配。

问 8. 关于年末销售人员差旅费报销单都在第二年年初入账，发票日期已经不是当期应该如何处理？

答 这种情况是可以正常入账的。只是不通过销售费用科目，而通过"以前年度损益调整"科目进行核算。如销售部刘宏伟 2019 年 12 月份报销单据 3 446.5 元于 2020 年 1 月份寄回财务，财务经审核手续及报销凭证符合报销条件，冲减个人差旅费借款，编制记账凭证示例如下图所示。

问 9. 小规模纳税人税收优惠政策有哪些？

答 一、增值税优惠

1.月销售额 10 万元以下（含本数）的增值税小规模纳税人，免征增值税及附加税费。小规模纳税人发生增值税应税销售行为，以1个季度为一个纳税期的，季度销售额未超过30万元的，免征增值税及附加税费。

2.小规模纳税人发生增值税应税销售行为，合计月销售额超过10万元，但扣除本期发生的销售不动产的销售额后未超过10万元的，其销售货物、劳务、服务、无形资产取得的销售额免征增值税。

3.适用增值税差额征税的小规模纳税人，以差额后的销售额确定是否可以享受本公告规定的免征增值税政策。

4.增值税小规模纳税人的资源税、城市维护建设税、印花税、城镇土地使用税、耕地占用税等地方税种以及教育费附加、地方教育附加费，可由各省自治区、直辖市人民政府根据本地区实际情况以及宏观调控的需要，在50%的幅度内确定减征比例。因此要处当地的主管税务局及时做好沟通和咨询。

二、企业所得税及其他优惠

小规模纳税人年利润不超过100万元，减按5%的税率计算缴纳企业所得税。年利润100万元至300万元，减按10%的税率缴纳企业所得税。

以上优惠政策，自2019年1月1日起，暂定3年。此外小规模纳税人涉及的小税种，印花税肯定是免不了的，印花税的计算和缴纳范围有很多财务人员可能不太清晰概念。在这里详细介绍一下：

（一）纳税人

印花税的纳税人包括在中国境内书立、领受规定的经济凭证的企业、行政单位、事业单位、军事单位、社会团体、其他单位、个体工商户和其他个人。

（二）税目和税率（税额标准）

根据应纳税凭证性质的不同，印花税分别采用比例税率和定额税率，具体税目、税额标准详见印花税税目、税率（税额标准）表。此外，根据国务院的专门规定，股份制企业向社会公开发行的股票，因买卖、继承、赠与所书立的股权转让书据，应当按照书据书立的时候证券市场当日实际成交价格计算的金额，由出让方按照1‰的税率缴纳印花税。

（三）计税方法

印花税以应纳税凭证所记载的金额、费用、收入额和凭证的件数为计税依据，按照适用税率或者税额标准计算应纳税额。

应纳税额计算公式：

1．应纳税额＝应纳税凭证记载的金额（费用、收入额）× 适用税率

2．应纳税额＝应纳税凭证的件数 × 适用税额标准

（四）免税

1．下列凭证可以免征印花税

（1）已经缴纳印花税的凭证的副本、抄本，但是视同正本使用者除外；

（2）财产所有人将财产赠给政府、抚养孤老伤残人员的社会福利单位、学校所立的书据；

（3）国家指定的收购部门与村民委员会、农民个人书立的农副产品收购合同；

（4）无息、贴息贷款合同；

（5）外国政府、国际金融组织向中国政府、国家金融机构提供优惠贷款所书立的合同；

（6）企业因改制而签订的产权转移书据；

（7）农民专业合作社与本社成员签订的农业产品和农业生产资料购销合同；

（8）个人出租、承租住房签订的租赁合同，廉租住房、经济适用住房经营管理单位与廉租住房、经济适用住房有关的凭证，廉租住房承租人、经济适用住房购买人与廉租住房、经济适用住房有关的凭证。

2．下列项目可以暂免征收印花税

（1）农林作物、牧业畜类保险合同；

（2）书、报、刊发行单位之间，发行单位与订阅单位、个人之间书立的凭证；

（3）投资者买卖证券投资基金单位；

（4）经国务院和省级人民政府决定或者批准进行政企脱钩、对企业（集团）进行改组和改变管理体制、变更企业隶属关系，国有企业改制、盘活国有企业资产，发生的国有股权无偿划转行为；

（5）个人销售、购买住房。

3．自 2010 年 9 月 27 日起，公共租赁住房（以下简称公租房）经营管理单位建造公租房涉及的印花税可以免征。在其他住房项目中配套建设公租房，根据政府部门出具的相关材料，可以按照公租房建筑面积占总建筑面积的比例免征建造、管理公租房涉及的印花税。公租房经营管理单位购买住房作为公租房，可以免征印花税；公租房租赁双方签订租赁协议设计的印花税可以免征。

总结：涉及每个企业都要缴纳的是销购合同和文件。购销合同就是按书立合

同的 0.3‰。如果是应纳税文件就是按"份 × 税率"就可以了。通常情况下就是5 元 / 本，如会计账本和公司的工商税务证件等。还有实收资本的印花税缴纳：生产、经营用账册记载资金的账簿，按实收资本和资本公积的合计金额 0.5‰贴花。其他账簿如总账、成本明细账、费用明细账、原材料明细账等为按件贴印花税，每本贴面给 5 元印花票。那这种情况假如注册资金为 2 000 万元，应缴税的印花税 2 000 × 0.5‰=1（万元）。除缴纳金额的印花税之外，还要按账簿件数贴花 5 元 / 件。

增值税附加税项目：有城建税 7%、教育费附加 3%、地方教育附加 1% 这三项的征收都是以增值税为计征基数。当增值税为零时它的附加征收项目就都没有了。

房产税、土地税等要看有无减免文件，通常要正常缴纳。

房产税征收标准有从价或从租两种情况。

（1）从价计征的，其计税依据为房产原值一次减去 10% ~ 30% 后的余值；从价计征 10% ~ 30% 的具体减除幅度由省、自治区、直辖市人民政府确定。具体可以咨询当地地税局服务专线。

（2）从租计征的（房产出租的），以房产租金收入为计税依据。

房产税税率采用比例税率。按照房产余值计征的，年税率为 1.2%；按房产租金收入计征的，年税率为 12%。

房产税应纳税额的计算分为以下两种情况，其计算公式为：

（1）以房产原值为计税依据的。

应纳税额 = 房产原值 ×（1–10% ~ 30%）× 税率（1.2%）

（2）以房产租金收入为计税依据的。

应纳税额 = 房产租金收入 × 税率（12%）

土地使用税，指在城市、县城、建制镇、工矿区范围内使用土地的单位和个人，以实际占用的土地面积为计税依据，依照规定由土地所在地的税务机关征收的一种税赋。由于土地使用税只在县城以上城市征收，因此也称为城镇土地使用税。

城镇土地使用税根据实际使用土地的面积，按税法规定的单位税额交纳。其计算公式如下：

应纳城镇土地使用税额 = 应税土地的实际占用面积 × 适用单位税额

一般规定每平方米的年税额，大城市 1.5 ~ 30 元；中等城市 1.2 ~ 24 元；小城市 0.9 ~ 18 元；县城、建制镇、工矿区 0.6 ~ 12 元。房产税、车船使用税和城镇土地使用税均采取按年征收，分期交纳的方法。

土地使用税计算方法：

年应纳税额 = ∑（各级次应税土地面积 × 该级次土地单位税额）

土地使用税的纳税期限为每年 4 月、10 月前的 15 日内。

（1）购置新建商品房，自房屋交付使用之次月起计算房产税和城镇土地使用税。

（2）购置存量房，自办理房屋权属转移、变更登记手续，房地产权属登记机关签发房屋权属证书之次月起计征房产税和城镇土地使用税。

（3）出租、出借房产，自交付出租、出借房产之次月起计征房产税和城镇土地使用税。

（4）房地产开发企业自用、出租、出借本企业建造的商品房，自房屋使用或交付之次月起计征房产税和城镇土地使用税。

⚙ **实务案例 4：税收优惠相关业务**

振华塑钢门窗有限公司拥有自用房产原值 20 000 000 元，允许减除 30% 计税，房产税年税率为 1.2%；占用土地面积为 3 000 平方米，每平方米年税额为 4 元；根据税务部门的纳税申报和缴纳规定对房产税、城镇土地使用税，计算每月份应交纳各项税金。

月应纳房产税额 =20 000 000×（1–30%）× 1.2%=168 000（元）

月应纳城镇土地使用税额 =3 000×4÷12=1 000（元）

小规模纳税人（除其他个人外）销售自己使用过的固定资产，应按 2% 征收率征收增值税。

小规模纳税人销售自己使用过的除固定资产以外的物品，应按 3% 的征收率征收增值税。

问 10. 未取得正规发票业务如何做账？

答 作为财务人员在实际工作中经常会遇到无法正常取得正规发票的情况，对于这类业务的处理实在让人头疼。

这个问题确切来说分为以下几种情况。

（1）采购过程中供应商定期开具发票。平时送货只附送货单据，这时候要根据送货单及库存收验数量确认单，经办人的逐项签字确认后，做暂估入账处理。

（2）管理用备品的零星采购，一般只能拿到收据条。

（3）自始至终无法取得发票，如租赁个人房产，支付房租时无法取得发票；餐饮企业直接从农民手中或菜市场购买的蔬菜无法取得发票；建造固定资产时，雇佣的农民工的劳务费无法取得发票等。

（4）企业购买商品或劳务过程中，如果发生的相关支出，没有取得发票，列入成本费用或资产时，很难被税务机关认可，也就是说很难在税前扣除。如企业建造厂房、雇佣农民工，支付给农民工的劳务费很难取得发票，在账务处理中，该劳务费应作为该厂房原值的一部分，应按其原值计提折旧。但所得税汇算清缴时，其税收确认的原值中应扣减这一部分，同时税收确认的折旧也是以扣除值后的金额计算。二者折旧的差额，调增应纳税所得额，缴纳企业所得税。

（5）在工作中，有的企业财务人员，认为只有发票才是会计处理的唯一原始凭证，有用其他发票来冲抵此项无发票的费用；也有的直接将费用计提后，不做支付处理；甚至有些财务人员只要没有发票就不做账务处理。这些处理方式，都是不正确的，也是不可取的。无论发票开具的内容是什么，也无论是否取得发票，均应按实际的经济业务入账。

⊛ 实务案例 5：不合格发票相关业务

某公司销售人员王刚因差旅费票据丢失共计 7 000 元，在报销时申请领导同意由其他票据代替。于是王刚拿了 7 000 元的业务招待费票据到财务进行报销。这样的会计处理就完全发生了变化。（原则上不允许替票报销入账，此例仅为帮助理解业务分析）

原差旅费的分录：

借：销售费用——差旅费　　　　　　　　　　　　　　　　7 000

　　贷：现金　　　　　　　　　　　　　　　　　　　　　　　7 000

改为业务招待费时的分录：

借：销售费用——业务招待费　　　　　　　　　　　　　　7 000

　　贷：现金　　　　　　　　　　　　　　　　　　　　　　　7 000

从分录上看，都走了销售费用科目，影响似乎不大。但如果据实而论，差旅费的发生在企业所得税汇算清缴时是允许全额扣除的。而业务招待费则有规定，按实际发生的 60% 与销售收入的 5‰ 二者孰低计量［实际发生额的 60% 与销售收入的 5‰ 两个指标同时计算，取其中金额小的为税前扣除标准。如实际发生 15 万元，年度销售收入总额 2 000 万元，按实际发生的扣除标准 =15×60%=9（万元）。销售额 =2 000×5‰=10（万元）。税法规定要按两个标准中的较低者即 9 万元计算］。这样最终的入账会影响到年度的所得税汇算。

（6）《企业会计准则》和《企业会计制度》对企业财务报告中所提供的会计信息质量的基本要求，它主要包括可靠性、相关性、可理解性、可比性、实质重于形式、重要性、谨慎性和及时性等。这就要求财务人员在工作中尊重事实、实事求是，真实准确、具体地记录企业的业务活动。上面提到的"实质重于形式"原则要求企业应当按照交易或者事项的经济实质进行会计确认、计量和报告，不仅仅以交易或者事项的法律形式为依据。企业有无取得的发票是法律形式，不是经济实质，因此发生了什么样的经济业务，就应做什么样的会计处理。

（7）如果企业发生了相关的经济业务，不做财务处理，首先企业实有的现金银行存款账与账不相符，也就是我们所说的账实不符；其次企业的财务报告不真实，使企业的经营成果及财务状况不能正确地反映在利润表与资产负债表中，影响企业财务报告使用者的决策。

实务案例 6：收入相关业务

大方玻璃制品商贸公司年度主营业务收入 1 000 万元，总的购进产品及劳务成本 550 万元，另有一批玻璃切割及安装劳务人员是临时雇工 100 万元，未取得正规的劳务发票。假设所有收入款项收入银行。账务处理如下。

借：银行存款　　　　　　　　　　　　　　　　　　　　1 130
　　贷：主营业务收入　　　　　　　　　　　　　　　　　1 000
　　　　应交税费——应交增值税（销项税额）　　　　　　　130

这样的企业最终利润 =1 000–650=350（万元）。正常取得劳务发票的也进入成本，这样计算缴纳的所得税 =350×25%=87.5（万元），税后净利润 =350–87.5=262.5（万元）。但未取得劳务发票在年度所得税汇算是要将这部分进行扣除。那么就 =

350+100=450（万元），450×25%=112.5（万元）。税后净利润 =350–112.5=237.5（万元）。

从计算结果可以看出取得正规发票可以为企业省掉缴纳税款 262.5–237.5=25（万元）。

由此可知，在未取得发票的成本费用支出影响企业的应纳税所得额，需多交企业所得税。

因此企业在发生的相关支出，对方无法开具发票时，最妥善的处理方法是请对方到主管税务机关代开发票。这样既便于企业进行账务处理，也能税前扣除。如果对方不愿意去税务机关代开，企业可以自行去税务机关开具，同时代缴各项税费，向对方支付费用再将代缴税费从中扣除。

问 11. 小微企业优惠政策及与小规模纳税人的区别有哪些？

答 财税〔2019〕13 号文件等规定，现就小型微利企业普惠性所得税减免政策有关问题公告如下：

一、自 2019 年 1 月 1 日至 2021 年 12 月 31 日，对小型微利企业年应纳税所得额不超过 100 万元的部分，减按 25% 计入应纳税所得额，按 20% 的税率缴纳企业所得税；对年应纳税所得额超过 100 万元但不超过 300 万元的部分，减按 50% 计入应纳税所得额，按 20% 的税率缴纳企业所得税。

小型微利企业无论按查账征收方式或核定征收方式缴纳企业所得税，均可享受上述优惠政策。

二、本公告所称小型微利企业是指从事国家非限制和禁止行业，且同时符合年度应纳税所得额不超过 300 万元、从业人数不超过 300 人、资产总额不超过 5000 万元等三个条件的企业。

三、小型微利企业所得税统一实行按季度预缴。

四、小规模纳税人是纯粹从增值税角度出发的概念，仅仅从销售额、会计核算健全度上的界定。"小微企业"是指小型微利企业，最根本的出处是国家工信部和统计局 2011 年发布的划分标准。小微企业税收优惠是企业所得税上的政策指向。在所得税申报时符合相关条件选择小微企业的相关优惠政策会自动带出。

第六部分

全套账务实操模拟演示

本章要是理论的常规实务应用，通过财务取得的原始凭证单据与业务发生情况介绍，编制会计凭证、编制财务报表。实践是巩固和检验理论知识的重要环节，也是理论学习的最终目的。通过本部分实践业务介绍可以举一反三更好地帮助理论学习的理解与应用。

本部分将对前面所讲的内容进行实务的穿线工作，旨在把前面讲述的理论知识进一步做应用熟悉。通过企业常用的业务进行举例，如工资的计提、支付业务。银行提现与报销业务。应收应付账款的业务、生产领料出库、成本结转等，主要以实务中的原始凭证软件编制的会计分录对应列示并配以简要说明。所选业务均为一般纳税人企业日常涉及的共性业务。本部分帮助大家更快地进入岗位角色。

本部分不做更多理论的陈述，最大的特点是将前面讲过的内容以真实的图片展现。希望大家通过对记账凭证中要素、与对应的附件即原始凭证进行匹配。通过看业务凭证，思考自己处理相关业务的会计分录及相应要求，举一反三，熟能生巧。

熟悉业务最快的方法就是这样做起来。看到记账凭证中各项要求就可以分析到后面应附有哪些原始凭证。本书第一部分就讲到原始凭证分类。同样，在分类时也能够对会计分录的编制、科目使用清清楚楚。本章内容将按凭证业务顺序、业务情况介绍、编制记账凭证、附件的原始凭证。带领大家进行理论学习后的业务实操之旅。

❋ 凭证业务 1 注册公司

2019 年 6 月，××公司注册成立。财务收到股东注册资本金银行回单显示金额 3 000 万元。银行回单已经收妥。

会计处理编制凭证如下图所示。（附件 1 张原始凭证略）

记账凭证

摘要	科目	借方	贷方
1 收到注册资本	1002.001 - 银行存款 - 中国工行春柳支行	3000000000	
2 收到注册资本	4003 - 实收资本		3000000000
3			
合计：叁仟万元整		3000000000	3000000000

凭证业务 2 购入生产设备

从辽宁瑞科工贸有限公司购入车间生产用设备一台，型号 CW6180/1500，发票注明金额 100 707.96，税额 13 092.04 元。车间已经完成安装验收，负责人在设备接收单和发票上签字确认。依据合同设备安全正常运转 30 天付款。固定资产发票和入库单据已经收妥。

财务收到票据会计编制凭证如下图所示。

记账凭证

摘要	科目	借方	贷方
1 购入CW6180/1500车床	1601.01 - 固定资产 - 正常使用的固定资产	100707.96	
2 购入CW6180/1500车床	2221.001.01 - 应交税费 - 应交增值税 - 进项税额	13092.04	
3 购入CW6180/1500车床	2202.02 - 应付账款 - 应付货款/01.02.021 - 辽宁省内 - 沈阳市 - 辽宁瑞科工贸有限公司		11380000
4			
合计：壹拾壹万叁仟捌佰元整		11380000	11380000

附件原始凭证 2 张发票如下图所示，入库单略。

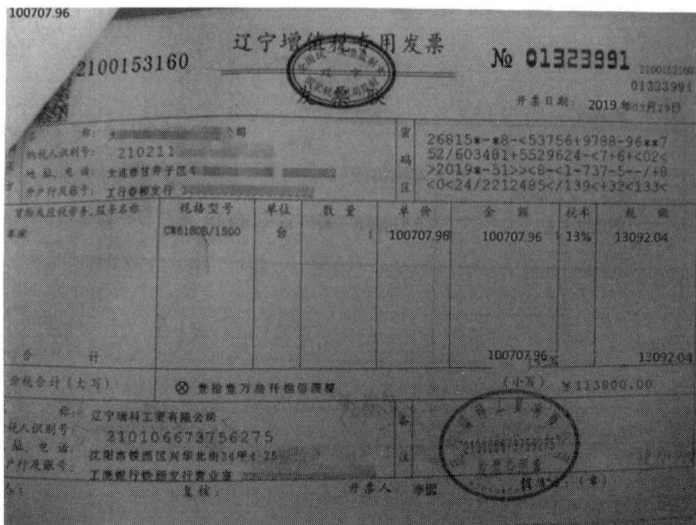

⚙ 凭证业务 3　购入生产材料

采购部从大连通达木业有限公司购入生产用原材料一批，库房完成验收并在入库清单签字确认。增值税发票列示材料含税金额 83 879 元，增值税率 13%。款项尚未支付。

财务收到相关票据会计编制会计凭证如下图所示：

附件原始凭证 95 张。1 张发票如下图所示，94 张入库清单略。

凭证业务4 购入生产材料

从佳木斯电机股份有限公司采购一批生产用原材料，含税金额 159 万元，增值税额 13%。生产库房已经完成验收工作，增值税发票和入库单相关人员已经完成签字。根据合同采购付款方式为当月采购次月付款。

财务部按接收到的业务单据编制会计凭证如下图所示：

附件原始凭证 11 张，发票如下图所示。发票清单入库单略。

凭证业务 5 购入生产材料

采购部从四川日机密封件股份有限公司购入生产用原材料一批，含税金额 203 840 元。增值税率 13%。材料已经验收入库。款项尚未结算。

财务部按接收到的业务单据编制会计凭证如下图所示：

附件原始凭证 11 张，发票如下图所示，入库清单略。

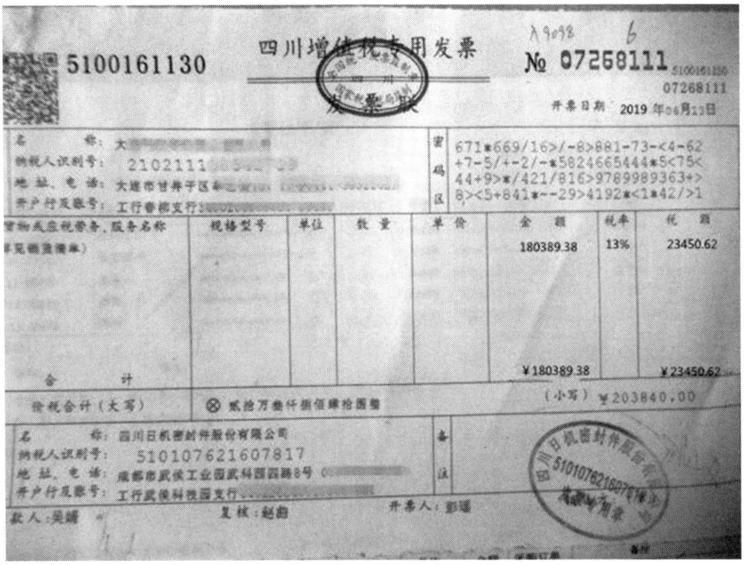

凭证业务 6 提取备用现金

从银行基本户提取现金。出纳人员填写完成现金支票，提现金额为 49 999 元。支票已经加盖财务印章，银行收存支付现金出纳存入保险柜。财务会计根据上述单据编制会计凭证如下图所示：

记账凭证

凭证字：记　凭证号：6　附件数：2　序号：0

参考信息：

业务日期：2019-06-19　日期：2019-06-19　第 6 期

	摘要	科目	借方	贷方
1	提现	1001 － 库存现金	4999900	
2	提现	1002.001 － 银行存款 － 中国工行春柳支行3400200809004730192		4999900
3				
4				
	合计：肆万玖仟玖佰玖拾玖元整		4999900	4999900

结算方式：　经办：

结算号：　往来业务：

审核：　过账：　出纳：　制单：范继云　核准：

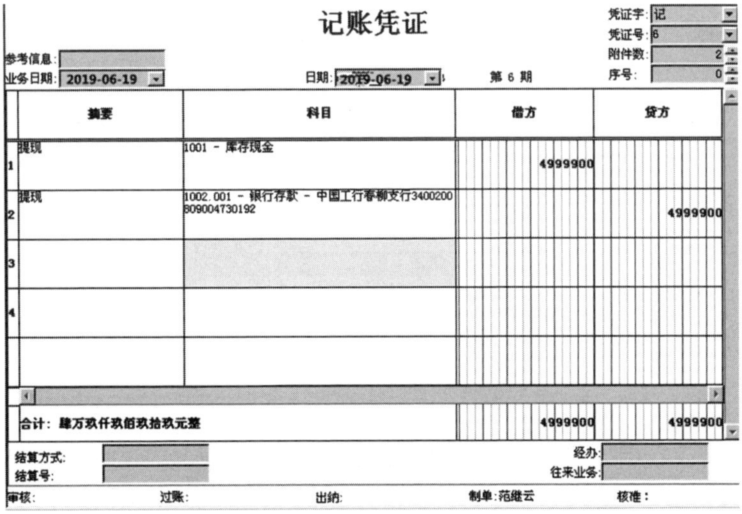

附件原始凭证2张，支票信用申请单和存根单据如下图所示：

凭证业务7 管理费用报账

综合管理转来报销单一份。购入办公区绿色植物一批。取得普通发票一张。金额360元。报销单据已经相关负责人确认签字、财务经理、总经理已经审批。出纳人员完成付款并将票据整理粘贴完毕。

财务部会计编制会计凭证如下图所示：

附件原始凭证2张，报销单如下图所示：

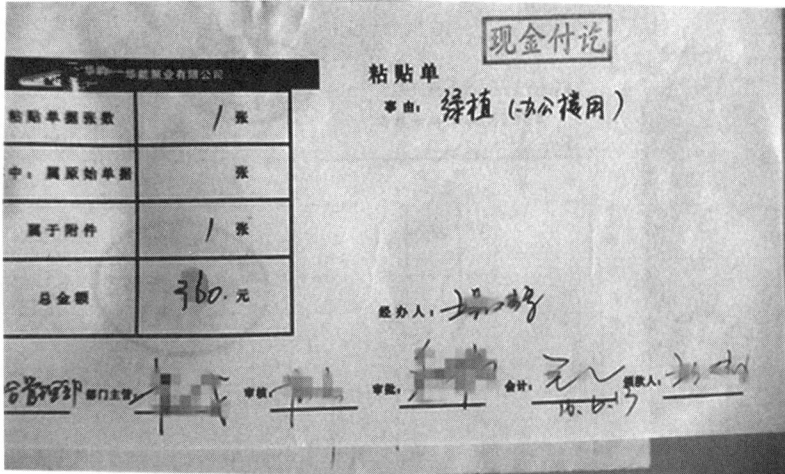

绿植发票如下图所示。

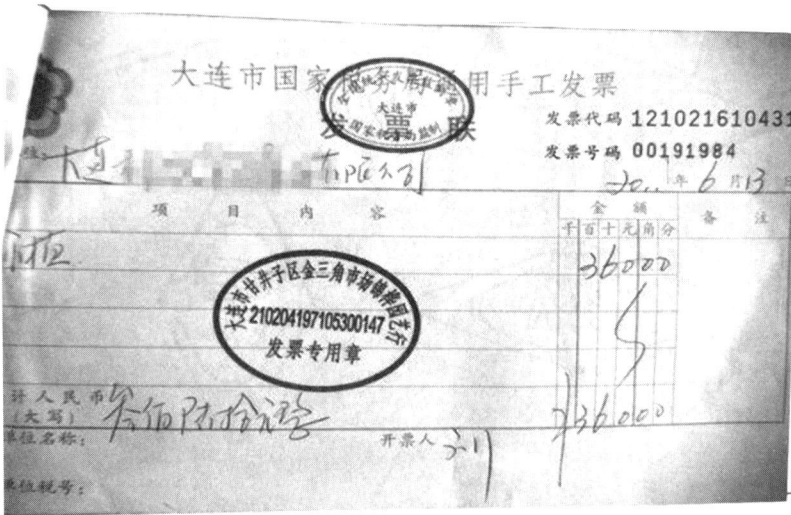

凭证业务8 销售差旅借款

6月10日销售人员杜振明借差旅费3 000元。已经填好借款单、并经由部门主管、销售副总、总经理、财务负责人签字审批。出纳人员依单据完成付款并收妥单据。

会计编制会计凭证如下图所示：

记账凭证				凭证字: 记

<table>
<tr><td colspan="5" align="center">记账凭证</td><td>凭证字: 记</td></tr>
<tr><td colspan="5"></td><td>凭证号: 8</td></tr>
<tr><td>参考信息:</td><td colspan="4"></td><td>附件数: 2</td></tr>
<tr><td>业务日期: 2019-06-10</td><td colspan="2">日期: 2019-06-10</td><td>、第 6 期</td><td></td><td>序号: 0</td></tr>
</table>

	摘要	科目	借方	贷方
1	杜猴明差旅费借款	1231.540 - 其他应收款 - 杜猴明	300000	
2	杜猴明差旅费借款	1001 - 库存现金		300000
3				
4				
	合计: 叁仟元整		300000	300000

结算方式:			经办:
结算号:			往来业务:

审核:	过账:	出纳:	制单: 范继云	核准:

附件原始凭证 1 张, 借款单据如下图所示:

凭证业务 9 生产部门报账

6 月 19 日, 生产管理部报销产品厂外试验中心差旅费用共计 902.70 元。票据由经办人焦金平按财务要求粘贴完成, 报销单填写规范, 经部门主管、生产部负责人、财务费用审核人员通过、财务经理报经总经理审批。出纳人员付款。经办人领款后在票据签字。

会计编制凭证如下图所示：

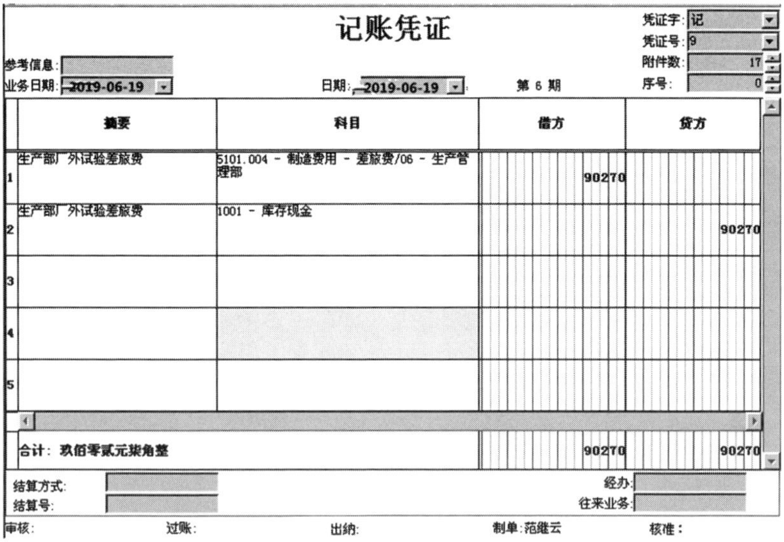

记账凭证

凭证字：记
凭证号：9
附件数：17
序号：0
参考信息：
业务日期：2019-06-19
日期：2019-06-19
第 6 期

	摘要	科目	借方	贷方
1	生产部厂外试验差旅费	5101.004 - 制造费用 - 差旅费/06 - 生产管理部	90270	
2	生产部厂外试验差旅费	1001 - 库存现金		90270
3				
4				
5				
	合计：玖佰零贰元柒角整		90270	90270

结算方式：
结算号：
经办：
往来业务：
审核：　过账：　出纳：　制单：范继云　核准：

附件原始凭证 17 张，差旅报销单如下图所示：

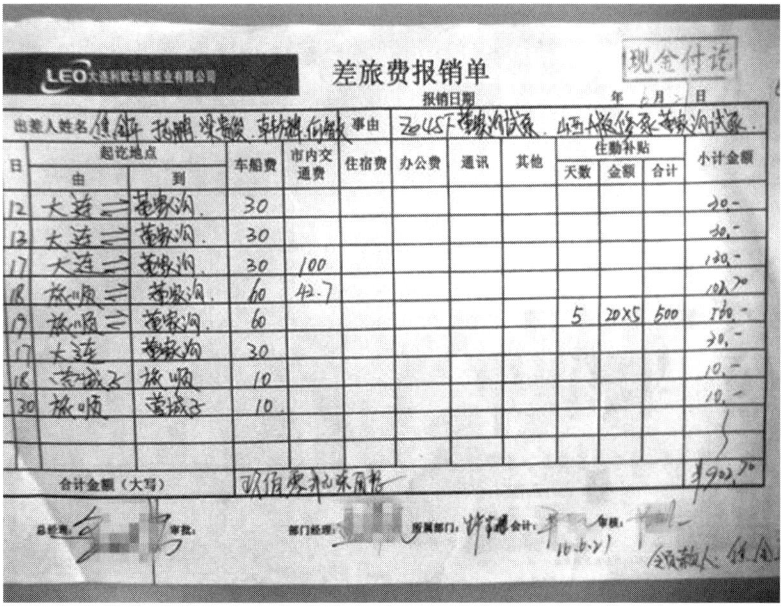

日	起讫地点 由	到	车船费	市内交通费	住宿费	办公费	通讯	其他	住勤补贴 天数	金额	合计	小计金额
12	大连	董家沟	30									30.-
13	大连	董家沟	30									30.-
17	大连	董家沟	30	100								130.-
18	旅顺	董家沟	60	42.7								102.70
19	旅顺	董家沟	60						5	20×5	500	560.-
17	大连	董家沟	30									30.-
18	营城子	旅顺	10									10.-
30	旅顺	营城子	10									10.-
合计金额（大写）	玖佰零贰元柒角整											¥902.70

行程费用单据如下图所示：

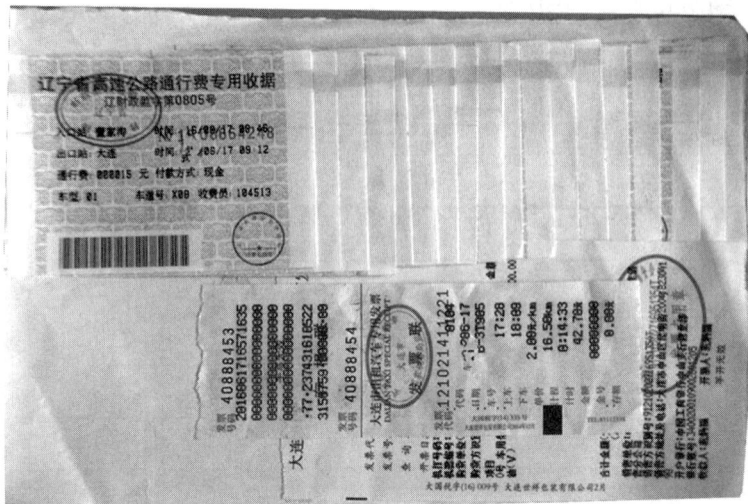

凭证业务 10 管理部门报账

综合管理部转来报销单一张，列明报销招待客户用樱桃 67 斤，30 元每斤。取得增值税普通发票金额 2 010 元，增值税率为 0。报销单据审签手续符合报销标准。出纳人员支付报销款。会计依票据编制会计凭证如下图所示：

附件原始凭证 2 张，报销单如下图所示：

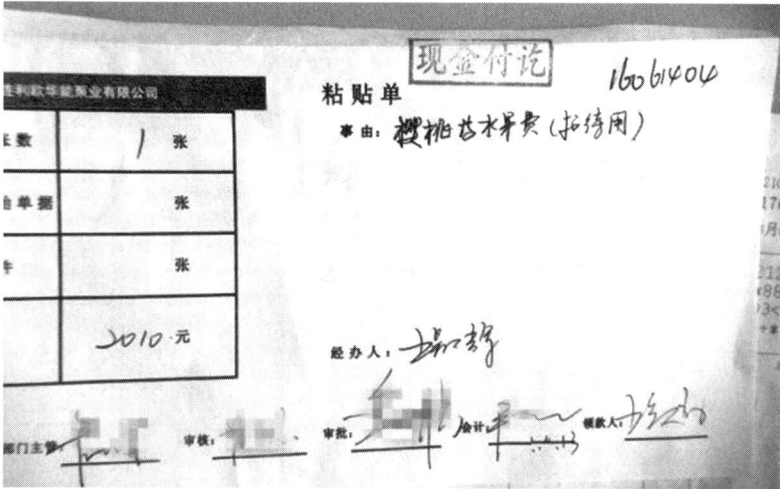

购物发票如下图所示：

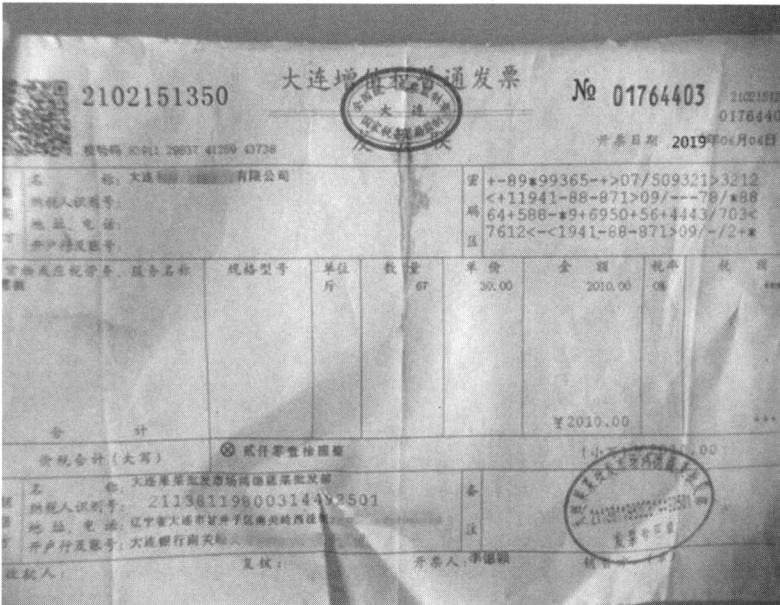

❀ 凭证业务 11　培训经理报账

生产部货车司机参加驾驶资格培训学习，取得驾驶从业资格证书。取得非财政税收考试收据金额 184 元。增值税普通发票培训学校培训资料费共计 487 元。培训申请表审批完成。报销票据符合报销要求。

财务会计编制凭证如图下图所示：

记账凭证

凭证字：记
凭证号：11
附件数：4
序号：0

参考信息：
业务日期：2019-06-19   日期：2019-06-19   第 6 期

	摘要	科目	借方	贷方
1	孙晓东报销驾驶培训费	6602.015 - 管理费用 - 职工教育经费/06 - 生产管理部	67100	
2	孙晓东报销驾驶培训费	1001 - 库存现金		67100
3				
4				

合计：陆佰柒拾壹元整   67100   67100

结算方式：   经办：
结算号：   往来业务：

审核：   过账：   出纳：   制单：范继云   核准：

附件原始凭证 3 张，报销单如下图所示：

培训费发票如下图所示：

辽宁省非税收入统一收据

校验码：	1600037823
	№ 1600037823
	DCP021029012011100

填制日期：	2019 月 5 日 20			缴款方式：	现金	
缴款凭证号码：		缴款人	大连 有限公司			
执收单位编码：	021029012011	执收单位名称	旅顺			
收入项目编码	收入项目名称		单位	数量	收缴标准	金 额
10304278402	考试费			2	92	184.00
金额合计	人民币(大写)	壹佰捌拾肆元整				184.00
填款单位财务专用章				收款人(签章)		杨志海

大连增值税普通发票   № 01583668

				1	411.32079472	411.32	6%	24.66
				1	46.113207547	48.11	6%	2.89
合 计						¥459.43		¥27.57
价税合计(大写)						(小写) ¥487.00		

凭证业务 12　支付采购货款

采购根据采购计划需求，付采购货款旅顺德志机械加工厂货款 50 000 元，付款申请单填妥并签字审批完毕。出纳已经完成网银支付并取得银行回单。

会计依据相关单据编制会计凭证如下图所示：

记账凭证

参考信息：
业务日期：2019-06-19   日期：2019-06-19   第 6 期

	摘要	科目	借方	贷方
1	付采购货款	2202.02 - 应付账款 - 应付货款/01.01.114 - 辽宁省内 - 大连市 - 旅顺德志机械加工厂	5000000	
2	付采购货款	1002.001 - 银行存款 - 中国工行春柳支行		5000000
3				
4				

合计：伍万元整   5000000   5000000

结算方式：
结算号：
经办：
往来业务：

审核：   过账：   出纳：   制单：范继云   核准：

附件原始凭证 2 张，付款申请单如下图所示：

付款申请单

			编号	
		申请日期：2019年 5 月 27 日		
单位	旅顺德志机械加工厂	项目名称 付讫		
银行		合同号		
账号		合同总金额		
号		累计已支付金额		

付款项目摘要	付款金额	付款方式	备注
付货款	50000	□电汇 □支票 □现金 □承兑 □其他	

伍万零零零零元零角零分 ¥ 50000

批示   财务负责人   部门负责人   经办人 孙晓东

银行付款回单如下图所示：

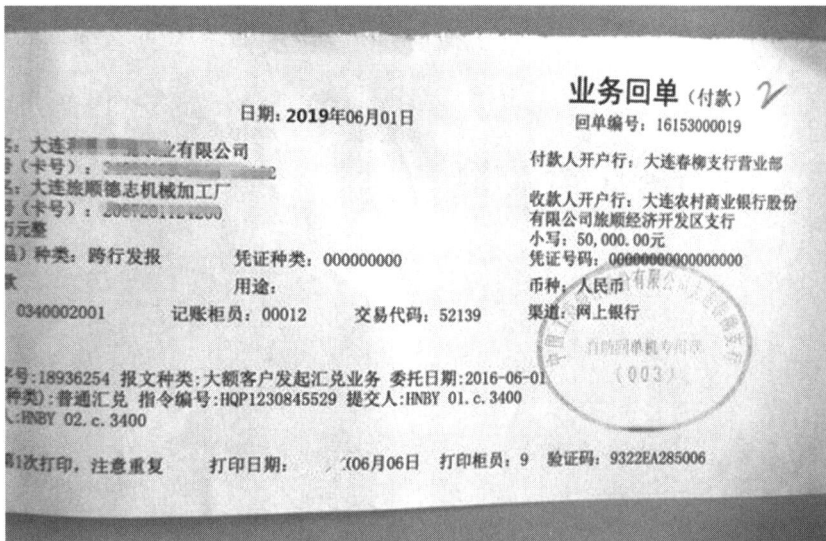

凭证业务 13 支付采购货款

采购部付供应商立业机械前欠货款 100 000 元。单据填写齐全并审批手续完整。出纳人员已经完成网上银行付款并取得银行回单。

会计编制凭证如下图所示：

附件原始凭证 2 张，付款申请单如下图所示：

银行回单如下图所示：

✿ 凭证业务 14　月结付款业务

采购部月结付款申请单列明付旅顺胜利机械厂前欠货款，金额 120 000 元，审批流程手续齐全。出纳人员已经完成网上银行付款并收妥银行付款回单。

会计编制凭证如下图所示：

记账凭证

参考信息:
业务日期: **2019-06-19**　　日期: **2019-06-19**　　第 6 期

	摘要	科目	借方	贷方
1	付采购货款	2202.02 - 应付账款 - 应付货款/01.01.118 - 辽宁省内 - 大连市 - 旅顺胜利机械厂	12000000	
2	付采购货款	1002.001 - 银行存款 - 中国工行春柳支行		12000000
3				
4				
	合计: 壹拾贰万元整		12000000	12000000

结算方式: 　　　　　　　　　　　　　　　经办:
结算号: 　　　　　　　　　　　　　　　往来业务:

审核:　　过账:　　出纳:　　制单: 范继云　　核准:

附件原始凭证 2 张, 付款申请单如下图所示:

付款申请单 付讫　编号 16073102

部门: 采购部　　申请日期: **2019** 年 ┌ 月 21 日

收款单位	旅顺胜利机械	项目名称	
开户银行		合同号	
开户账号		合同总金额	
税号		累计已支付金额	

付款项目摘要	付款金额	付款方式	备注
月结款	120000 ✓	□电汇 □支票 □现金 □承兑 □其他	

合计金额: 肆仟肆佰壹拾贰万零仟零佰零拾零元零角零分 ￥120000.

领导批示:　　财务负责人:　　部门负责人:　　经办人:

银行付款回单如下图所示:

凭证业务 15 付法律服务费

综合管理部与北京市世纪（大连）律师事务所签订服务合同。服务期1年，费用 30 000 元。取得税务机关代开增值税普通发票，不含税金额 29 126.21 元，增值税率 3%，税额 873.79 元。出纳人员已经办妥付款。

会计编制凭证如下图所示：

附件原始凭证 2 张，服务费发票如下图所示，合同略。

凭证业务 16　售后差旅报账

质量售后服务部人员滕兆文发生业务差旅费用共计 11 688.9 元。其中公司统一订差旅机票（月结账单暂不付款）2 030 元，交通、住宿为 9 106.5 元，手机通信费 478.4 元，其他费用 74 元。均取得相关普通发票，费用报销单填写规范，经审核数据和发票真实有效，符合报销条件。审批流程完整。出纳人员已经办妥网银付款，银行回单尚未取回。

会计编制凭证如下图所示：

附件原始凭证 47 张，差旅费报销单如下图所示：

LEO 大连利欧华能泵业有限公司

差旅费报销单 付讫

报销日期 5月22日

出差人姓名				事由									
月	日	起讫地点 由	到	车船费	市内交通费	住宿费	办公费	通讯	其他	住勤补贴 天数	金额	合计	小计金额
4	4	大连(北)	苏州西	54.5				478.4	74				606.90
4	4	苏州西	北京	20.8									
4	5	北京	呼和浩特东	133						5	220	1100	
4	9	呼和浩特	包头东	43.5									43.5
4	9	包头东	包头	45									45
4	15	包头	包头东	50						6	200	1200	
4	15	包头东	呼和浩特	23.5									23.5
4	17	呼和浩特	机场	15						2	220	440	455
4	17	呼和浩特	北京	600									600
4	17	北京	福州	740									740
合计金额（大写）													

总经理： 审批： 部门经理： 所属部门： 会计： 出纳：

LEO 大连利欧华能泵业有限公司

差旅费报销单

报销日期 5月22日

出差人姓名				事由									
月	日	起讫地点 由	到	车船费	市内交通费	住宿费	办公费	通讯	其他	住勤补贴 天数	金额	合计	小计金额
4	18	福州	连江	30					134				164
5	15	连江	福州	30						28	200	5600	
5	15	福州	大连	670									670
合计金额（大写）													

总经理： 审批： 部门经理： 所属部门： 会计： 出纳：

差旅机票如下图所示：

航空运输电子客票行程单

ITINERARY/RECEIPT OF E-TICKET FOR AIR TRANSPORT

印刷序号 SERIAL NUMBER 1840253733 3

旅客姓名 NAME OF PASSENGER 有效身份证件号码 ID.NO. 22062119791225 签注 ENDORSEMENTS/RESTRICTIONS 改期退票收费

NELL09

承运人 CARRIER 航班号 FLIGHT 座位等级 CLASS 日期 DATE 时间 TIME 客票级别/客票类别 FARE BASIS 客票生效日期 NOT VALID BEFORE 有效截止日期 NOT VALID AFTER 免费行李 ALLOW

自 FROM 呼和浩特 T3 国航 CA1118 Y 2014-04-17 11:15 Y 17APR 17APR 20K

至 TO 北京 VOID

至 TO VOID

票价 FARE CNY 550.00 民航发展基金 CN 50.00 燃油附加费 YQ EXEMPT 其他税费 合计 TOTAL CNY 600.00

电子客票号码 E-TICKET NO. 9992391779950 验证码 CK 3383 提示信息 INFORMATION 保险费 INSURANCE XXX

销售单位代号 AGENT CODE PEK888 08622222 填开单位 ISSUED BY 大连东方昊日旅游咨询服务有限公司 填开日期 DATE OF ISSUE

验真网址：WWW.TRAVELSKY.COM 服务热线：400-815-8888 短信验真：发送JP至10669018

验真网址：WWW.TRAVELSKY.COM 服务热线：400-815-8888 短信验真：发送JP至10669018

电子客票号码 E-TICKET NO. 4792304300421 验证码 CK 4004 提示信息 INFORMATION 保险费 INSURANCE XXX

销售单位代号 AGENT CODE SZH31A 08676074 填开单位 ISSUED BY 大连东方昊日旅游咨询服务有限公司

验真网址：WWW.TRAVELSKY.COM 服务热线：400-815-8888 短信验真：发送JP至10669018

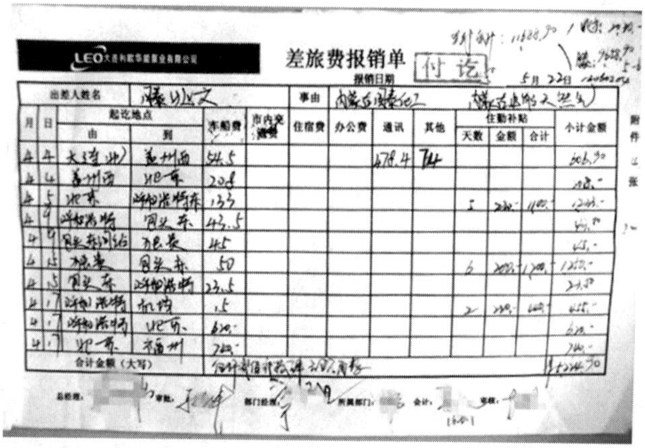

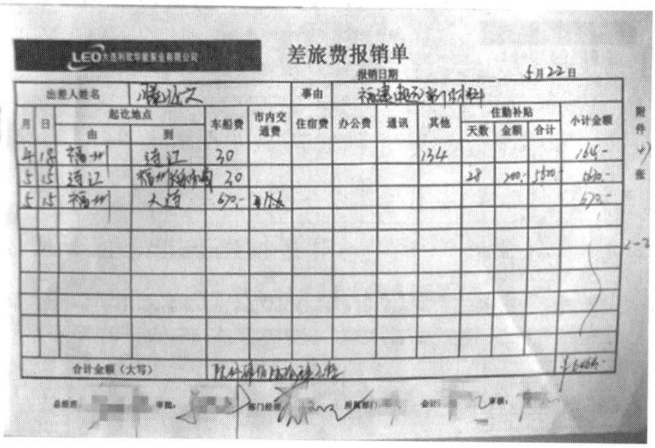

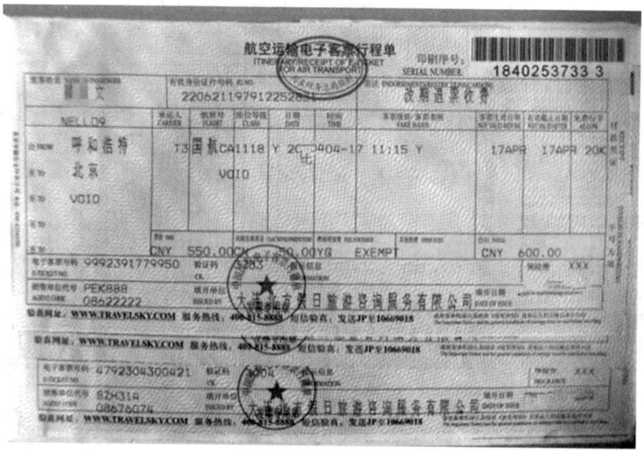

通信费发票如下图所示：

交通发票如下图所示：

银行回单取回时补贴此处略。

凭证业务 17 公司财产参保

经领导办公室研究决定对公司的财产参加综合保险，已经与保险公司谈妥并签订了保险合同。取得保险公司开具的增值税专用发票含税金额 4 098.75 元，税率 6%。税额 232.01 元。出纳已经完成网银付款并取得银行回单。

会计编制凭证如下图所示：

附件原始凭证 3 张，保险发票如下图所示：

银行回单如下图所示，保险合同图略。

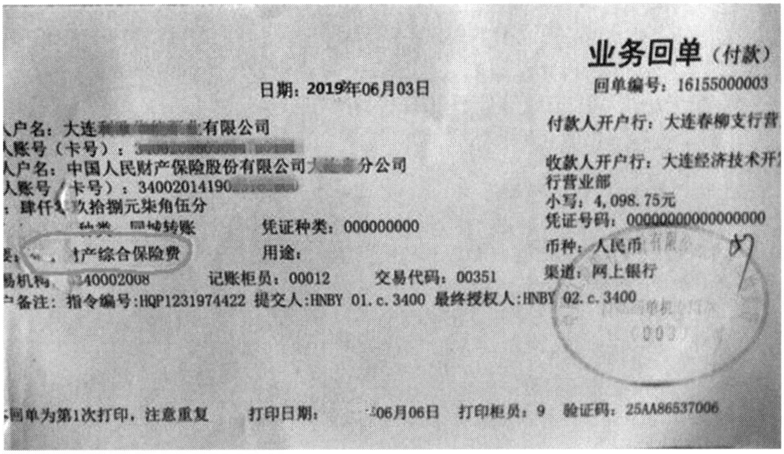

凭证业务 18 收回销售货款

3 日，公司基本户收到唐山友利焦化有限公司付来货款 1 300 000 元。银行收妥，出纳人员取得银行入账通知回单。

会计编制凭证如下图所示：

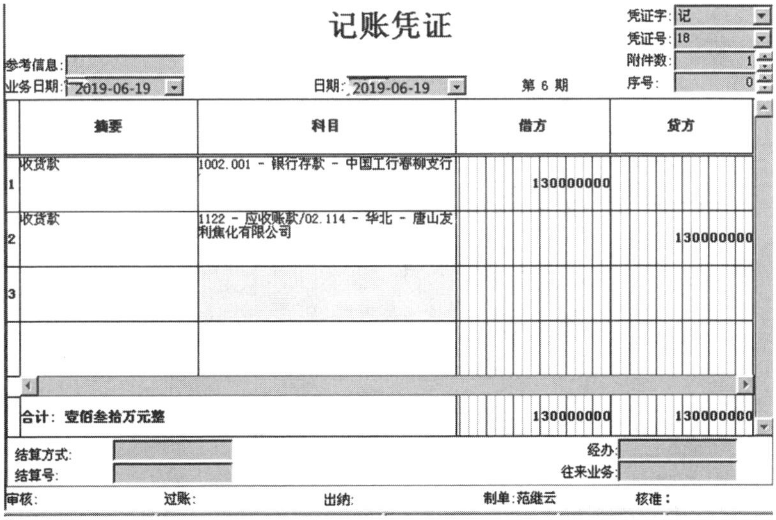

附件原始凭证 1 张，银行回单如下图所示：

日期：**2019年06月17日**　　回单编号：161690000

名：

号（卡号）：6222

名：大连　　　　有限公司

号（卡号）：

　佰叁拾万元整

　品）种类：汇划收报　　凭证种类：000000000

　网转　　用途：

　号：0040300199　记账柜员：00012　交易代码：02713

　兑 客户附言：用途：

付款人开户行：

收款人开户行：大连春柳支行

小写：1,300,000.00元

凭证号码：000000000000000

币种：人民币

渠道：网上银行

为第1次打印，注意重复　　打印日期：　07月04日　打印柜员：9　验证码：89CBB276A006

❀ 凭证业务 19　收回销售货款

22日工行基本户收北方华锦工业化学股份有限公司货款 200 000 元，银行收妥，取得银行入账通知回单。

会计编制凭证如下图所示：

记账凭证

凭证字：记
凭证号：19
附件数：1
序号：0

参考信息：
业务日期：2019-06-19　　日期：2019-06-19　　第 6 期

	摘要	科目	借方	贷方
1	收货款	1002.001 - 银行存款 - 中国工行春柳支行	20000000	
2	收货款	1122 - 应收账款/01.054 - 东北 - 北方华锦化学工业股份有限公司		20000000
3				
合计：贰拾万元整			20000000	20000000

结算方式：　　　　　客户：01.054　北方华锦化学工　经办：
结算号：　　　　　　　　　　　　　　　　　　往来业务：

审核：　过账：　出纳：　制单:范继云　核准：

附件原始凭证 1 张银行回单如下图所示：

业务回单（收款）

日期：**2019年06月22日**　　回单编号：1617400001

北方华锦化学工业股份有限公司
卡号）：70108003037

大连□□□□有限公司
号）：010□□□□□□

□元整

种类：汇划收报　　凭证种类：资金汇划补充凭证
用途：货款

0340002008　　记账柜员：00992　　交易代码：41248

付款人开户行：工行辽宁省盘□行
收款人开户行：大连春柳支行

小写：200,000.00元
凭证号码：0000000009992453□
币种：人民币
渠道：其他

款 用途：货款　汇出行：0071400011　汇出行名称：工行辽宁省盘锦天河支行　汇入行：0340002008

1次打印，注意重复　　打印日期：　07月04日　打印柜员：9　验证码：EE4DC7B44006

凭证业务 20　收回应收账款

收以前销售给延长石油公司产品一批的货款总计 213 100 元，已经取得银行回单。

会计编制凭证如下图所示：

记账凭证

凭证字：记
凭证号：20
附件数：1
序号：0

参考信息：
业务日期：2019-06-19　　日期：2019-06-19　　第 6 期

	摘要	科目	借方	贷方
1	收货款	1002.001 - 银行存款 - 中国工行春柳支行	21310000	
2	收货款	1122 - 应收账款/06.013 - 西北 - 陕西延长石油(集团)有限责任公司		21310000
3				

合计：贰拾壹万叁仟壹佰元整　　　　　21310000　21310000

结算方式：　　　　　　客户：06.013　陕西延长石油俱　　经办：
结算号：　　　　　　　　　　　　　　　　　　往来业务：

审核：　　过账：　　出纳：　　制单：范继云　　核准：

附件原始凭证 1 张银行回单如下图所示：

265

业务回单（收款）

日期：**2019**年06月23日　　　回单编号：16175000008

收款人户名：陕西延长石油天然气有限责任公司　　付款人开户行：工行陕西省分行西安新技术开发区支行营业室

收款人账号（卡号）：01-□□□ □□□ □□□□ 1

收款人户名：大连□□□□□□□□限公司　　　　收款人开户行：大连春柳支行营业室

收款人账号（卡号）：□□□□□□□□□□□□□□2

金额：贰拾壹万叁仟壹佰元整　　　　　　　　　　小写：213,100.00元

（产品）种类：汇划收报　凭证种类：资金汇划补充凭证　凭证号码：0000000024124598

摘要：YC设备及材料款　用途：设备及材料款　币种：人民币

机构：0340002008　记账柜员：00992　交易代码：41248　渠道：其他

摘要：YC设备及材料款　用途：YC设备及材料款　汇出行：0370000246

汇出行名称：工行陕西省分行西安高新技术开发区支行营业室　汇入行：0340002008

本回单为第1次打印，注意重复　　打印日期：07月04日　打印柜员：9　验证码：8C0064988006

🌀 凭证业务 21　收回应收账款

23 日，公司基本户工行收到一笔货款 100 000 元，该款项为贵州开磷有限责任公司电汇转来发货款。该批货物已经于前月完成发货并开具了增值税专用发票。

会计编制凭证如下图所示，附件原始凭证 1 张银行回单图略。

记账凭证

			凭证字：记
参考信息：		凭证号：21
业务日期：2019-06-19　　　日期：2019-06-19　　第 6 期		附件数：1　序号：0

	摘要	科目	借方	贷方
1	收货款	1002.001 - 银行存款 - 中国工行春柳支行	10000000	
2	收货款	1122 - 应收账款/07.056 - 西南 - 贵州开磷有限责任公司		10000000
3				
4				
	合计：壹拾万元整		10000000	10000000

结算方式：　　　　　　　　　　　　　　经办：

结算号：　　　　　　　　　　　　　　往来业务：

审核：　　过账：　　出纳：　　制单：范继云　　核准：

管理部转来报销单一份，列明报销上月公司快递费 5 547.57 元。取得增值税专用发票，税率3%。经审核与公司发件登记明细账相符，报销单审批手续齐全，流程完整，符合报销条件。出纳人员已经通过网银完成付款。

会计编制凭证如下图所示：

	记账凭证			凭证字：记
				凭证号：22
参考信息：				附件数：2
业务日期：2019-06-19	日期：2019-06-19	第 6 期		序号：0

	摘要	科目	借方	贷方
1	付快递费	6602.006 - 管理费用 - 邮电费/01 - 综合管理部	544757	
2	付快递费	2221.001.01 - 应交税费 - 应交增值税 - 进项税额	16343	
3	付快递费	1002.001 - 银行存款 - 中国工行蓉柳支行		561100
4				
	合计：伍仟陆佰壹拾壹元整		561100	561100

结算方式：		经办：
结算号：		往来业务：

审核：	过账：	出纳：	制单：范继云	核准：

附件原始凭证 2 张，付款申请单如下图所示：

快递费发票如下图所示：

凭证业务 23 收到商业承兑

19 日，收到商业承兑汇票一张，列明金额 315 505 元。经与销售部确认为中国石油工程建设公司支付前欠货款。经检查该汇票真实有效。符合入账条件。

会计编制凭证如下图所示：

附件原始凭证 1 张承兑汇票如下图所示：

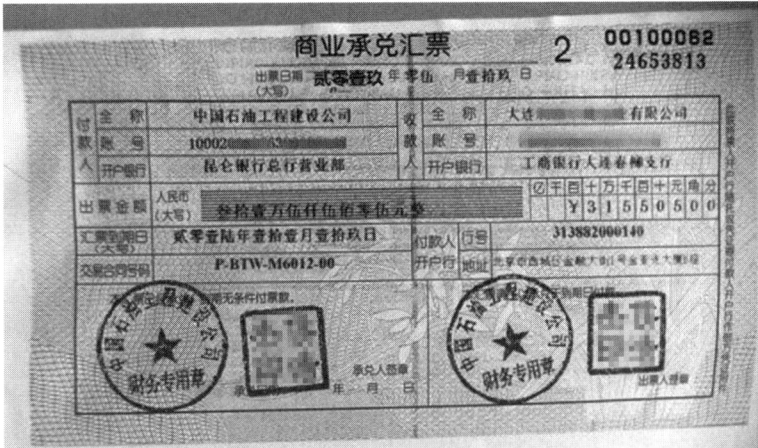

凭证业务 24 承兑汇票转付

同日财务部按付款申请单，将该承商业兑汇票背书转让给供应商四川日机密封件有限公司付货款。出纳人员已经按照票据管理制度和要求完成票据的背书财务签章。供应商已经开具了收款收据并取走汇票。

会计编制凭证如下图所示：

附件原始凭证 2 张，商业承兑汇票如下图所示，供应商开具的收款收据图略。

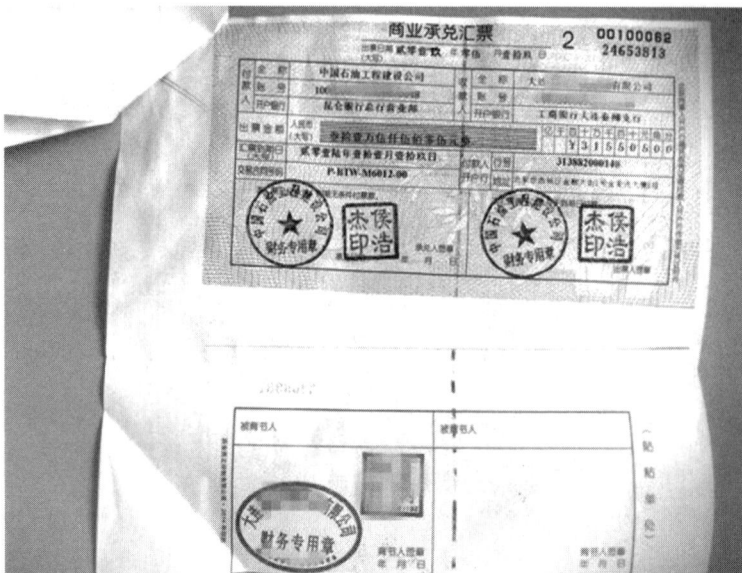

⚙ 凭证业务 25 实现销售收入

18 日，财务部收到销售部转来开具销售发票信息资料与销售合同一份，财务确认已经完成发货无误，符合销售收入的确认条件。开具了增值税专用发票。加盖财务发票专用章转销售部后收妥记账联。

会计编制记账凭证如下图所示：

附件 1 张销售增值税专用发票如下图所示：

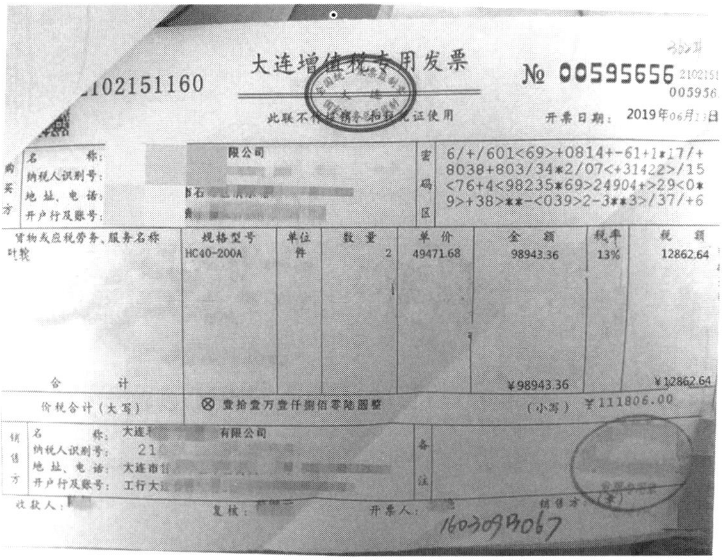

大连增值税专用发票

2102151160 № 00595656

此联不作报销、扣税凭证使用 开票日期：2019年06月 日

购买方 名称：限公司

密码区 6/+/601<69>+0814+-61+1*17/+ 8038+803/34*2/07<+31422>/15 <76+4<98235*69>24904+>29<0* 9>+38>**-<039>2-3**3>/37/+6

货物或应税劳务、服务名称	规格型号	单位	数量	单价	金额	税率	税额
叶轮	HC40-200A	件	2	49471.68	98943.36	13%	12862.64
合计					¥98943.36		¥12862.64
价税合计（大写）	⊗壹拾壹万壹仟捌佰零陆圆整				（小写）¥111806.00		

销售方 名称：大连 有限公司 地址、电话：大连市 开户行及账号：工行大

收款人： 复核： 开票人： 销售方：（章）

业务凭证 26 实现销售收入

19 日，财务部收到销售部转来客户株洲冶炼集团公司开具销售发票信息资料与销售合同一份，财务确认已经完成发货无误，符合销售收入的确认条件。开具了增值税专用发票。加盖财务发票专用章转销售部后收妥记账联。

会计编制记账凭证如下图所示：

记账凭证

凭证字：记 凭证号：25 附件数：1 序号：0

参考信息： 业务日期：2019-06-19 日期：2019-06-19 第 6 期

	摘要	科目	借方	贷方
1	销售收入	1122 - 应收账款/05.004 - 华中 - 株洲冶炼集团股份有限公司	3200000	
2	销售收入	6001.009 - 主营业务收入 - 内销配件收入（现）/1.98.01713 - 产成品 - 备件 - 备件		2831858
3	销售收入	2221.001.04 - 应交税费 - 应交增值税 - 销项税额		368142
4				
	合计：叁万贰仟元整		3200000	3200000

结算方式： 结算号： 经办： 往来业务：

审核： 过账： 出纳： 制单：范继云 核准：

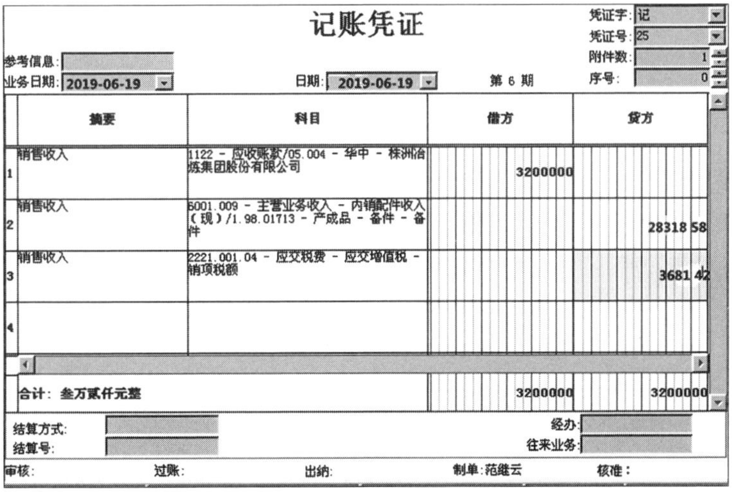

附件 1 张销售增值税专用发票如下图所示：

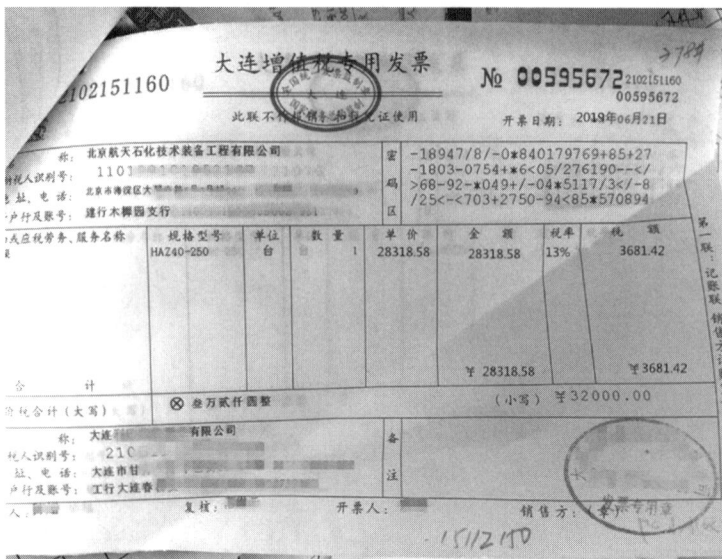

凭证业务 27　实现销售收入

22 日，财务部收到销售部转来客户沧州瑞兴化工有限公司开具销售发票信息资料与销售合同一份，财务确认已经完成发货无误，符合销售收入的确认条件。开具了增值税专用发票。加盖财务发票专用章转销售部后收妥记账联。

会计编制记账凭证如下图所示：

附件 1 张销售增值税专用发票如下图所示：

凭证业务 28 确认销售收入

销售宁波科元塑胶有限公司产品销售部已将发货。合同订单产品名称为液下泵一台，含税金额 75 396 元。经与销售部确认信息无误确认收入。财务部开具了增值税专用发票。税率 13%。开票人员将发票加盖财务发票专用章转销售部后收妥记账联。

会计编制记账凭证如下图所示：

附件原始凭证 1 张销售专用发票如下图所示：

凭证业务 29 确认销售收入

销售赛莱默有限公司产品一批，销售部已将发货，款项尚未收回。销售部转来合同约定开票清单一份，货款 127 433.63 元，增值税率 13%，含税金额 144 000 元。经与销售部确认信息无误确认收入。财务部开具了增值税专用发票。开票人员将发票加盖财务发票专用章转销售部后收妥记账联。

会计编制记账凭证如下图所示：

附件原始凭证 1 张销售专用发票如下图所示：

凭证业务 30 临时业务借款

生产部管理部门负责质量检测人员焦金平借款 3 000 元用作产品性能的厂外检测费用。经审批填写借款单据，审批手续齐全流程完整。出纳人员已经支付了款项并登记入账。

会计编制记账凭证如下图所示：

附件原始凭证 1 张销售专用发票如下图所示：

借款单（记账）

现金付讫
0334350

第三联　借款记账凭证

⊛ 凭证业务 31　应收坏账计提

经公司办公会研究决定从本月起财务部要对应收账款按季度计提坏账准备。月末固定资产管理会计转来计提坏账明细表。明细表列示了 1 ~ 5 年应收账款账面余额。（此处假设公司已经成立若干年且之前未计提坏账）

总账会计根据坏账计提表编制会计凭证如下图所示：

记账凭证

摘要	科目	借方	贷方
1 计提坏账	6701.01 - 资产减值损失 - 坏账损失	29992077	
2 计提坏账	1241.01 - 坏账准备 - 应收账款（坏账准备）		29992077
3			
4			
合计：贰拾玖万玖仟玖佰玖拾贰元零柒角柒分		29992077	29992077

凭证字：记
凭证号：31
附件数：1
序号：0

参考信息：
业务日期：2019-06-19　　日期：2019-06-19　　第 6 期

结算方式：
结算号：
审核：　　过账：　　出纳：　　制单：范继云　　核准：

经办：
往来业务：

附件原始凭证 1 张应收账款计提明细单一份，如下图所示：

2019年2季度坏账计提					
账龄	账面余额	计提比例	计提金额	账面已提	本期应提
1年以内	1,833,055.33	5%	91,652.77		
1-2年	496,252.62	10%	49,625.26		
2-3年	199,444.62	30%	59,833.39		
3-4年	161,995.70	60%	97,197.42	-	299,920.77
4-5年	1,950.30	80%	1,560.24		
5年以上	51.70	100%	51.70		
合计	2,692,750.27		299,920.77	-	299,920.77

凭证业务 32 购入无形资产

销售部提出购买一套产品选型软件，为了更好地帮助客户快速选型形成订单。经公司管理层审核通过。已经与大连至信息技术有限公司签订协议，确定无形资产一项。产品选型软件开发费用含税价 46 000 元。试用成功。取得对方开具的增值税普通发票。

会计编制记账凭证如下图所示：

记账凭证				
			凭证字：记	
			凭证号：32	
参考信息：			附件数：1	
业务日期：201906-19	日期：2019-06-19	第 6 期	序号：0	
摘要	科目	借方	贷方	
1 产品选型软件	1701.014 - 无形资产 - 选型软件	4600000		
2 产品选型软件	1002.001 - 银行存款 - 中国工行春柳支行		4600000	
3				
4				
合计：肆万陆仟元整		4600000	4600000	
结算方式：		经办：		
结算号：		往来业务：		
审核： 过账： 出纳： 制单：范继云 核准：				

附件原始凭证 1 份增值税普通发票如下图所示。

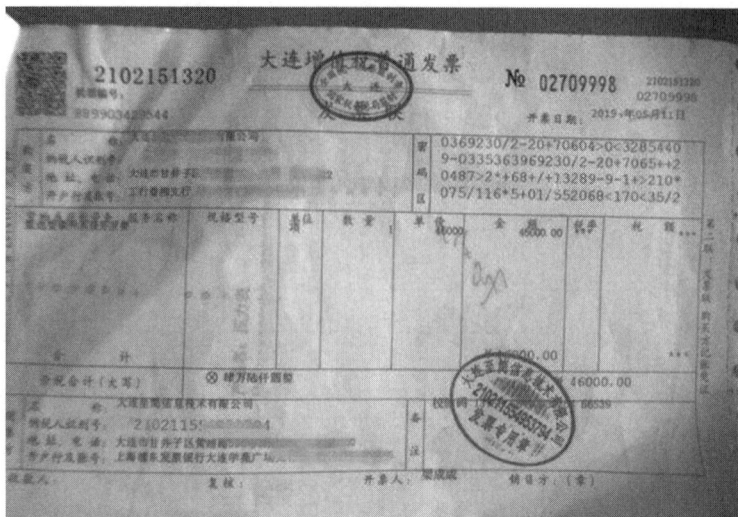

⚙ 凭证业务 33 计提工资费用

总账会计根据人事部转来的工资明细表计提本月工资费用。当月应付工资总额 57 850 元，其中销售部应付工资总额 20 000 元，综合管理部应付工资总额 11 050 元，生产管理部应付工资总额 19 600 元，财务部应付工资总额 7 200 元。各部门代扣代缴个人部分分别为：销售部 1 842.10 元，综合部 1 093.05 元，生产管理部 2 186.10 元，财务部 728.70 元。

总账会计根据人事部的工资明细表经过汇总后编制记账凭证如下图所示：

附件原始凭证 1 张工资汇总表如下图所示：

部门	姓名	基本工资	职务工资	全勤奖	应付工资	保险基数	保险合计	个人所得税	实付工资
销售部	小计	6,500.00	13,000.00	500.00	20,000.00	3,470.00	1,821.75	20.35	18,157.90
综合管理部	小计	4,300.00	6,450.00	300.00	11,050.00	3,470.00	1,093.05	-	9,956.95
生产管理部	小计	7,600.00	11,400.00	600.00	19,600.00	3,470.00	2,186.10	-	17,413.90
财务部	小计	2,800.00	4,200.00	200.00	7,200.00	3,470.00	728.70	-	6,471.30
总计		21,200.00	35,050.00	1,600.00	57,850.00	13,880.00	5,829.60	20.35	52,000.05

业务分析：根据工资汇总单据计提工资费用要根据工资所属部门计入相关成本费用科目。同时贷方增加"应付职工薪酬"。

凭证业务 34 发放职工薪酬

总账会计根据人事部转来的工资明细表支付本月工资费用。当月实付工资总额 52 000.05 元，其中销售部应付工资总额 20 000 元，综合管理部应付工资总额 11 050 元，生产管理部应付工资总额 19 600 元，财务部应付工资总额 7 200 元。各部门代扣代缴个人部分分别为：销售部 1 842.10 元，综合部 1 093.05 元，生产管理部 2 186.10 元，财务部 728.70 元。

总账会计根据人事部的工资明细表经过汇总后编制记账凭证如下图所示：

业务分析：工资发放时应付职工薪酬减少因此借记"应付职工薪酬"科目，将实付工资记入"银行存款"科目贷方，有公司代扣的保险部分记入"其他应付款"科目贷方。与计提时的借方数额相等，形成最终的借贷平衡。公司代扣个人所得税直接计入"应交税费——应交个人所得税"明细科目，待上缴时记入借方形成最后的借贷平衡。

❀ 凭证业务 35 计提保险费用

总账会计根据人事部转来的缴纳社会保险明细表计提本月保险费用。当月缴纳保险总额 15 545.60 元，其中销售部保险总额 4 858 元，综合管理部保险总额 2 914.80 元，生产管理部保险总额 5 829.60 元，财务部保险总额 1 943.20 元。

总账会计根据人事部的工资明细表经过汇总后编制记账凭证如下图所示：

记账凭证

凭证字	记
凭证号	35
附件数	2
序号	0

参考信息：
业务日期：2019-06-22　　　日期：2019-06-22　　　-第 6 期

	摘要	科目	借方	贷方
1	计提保险	6601.015 - 销售费用 - 社会福利保险费/15.01 - 国内销售部 - 综合科	485800	
2	计提保险	6602.013 - 管理费用 - 社会福利保险费/01 - 综合管理部	291480	
3	计提保险	5101.012 - 制造费用 - 社会福利保险费/06 - 生产管理部	582960	
4	计提保险	6602.013 - 管理费用 - 社会福利保险费/03 - 财务部	194320	
5	计提保险	2211.03 - 应付职工薪酬 - 员工社会养老费		999360
6	计提保险	2211.08 - 应付职工薪酬 - 员工医疗保险费		444160
7	计提保险	2211.04 - 应付职工薪酬 - 员工工伤保险费		16656
8	计提保险	2211.09 - 应付职工薪酬 - 员工生育保险费		66624
9	计提保险	2211.05 - 应付职工薪酬 - 员工失业保险费		27760

合计：壹万伍仟伍佰肆拾伍元陆角整　　　1554560　　　1554560

结算方式：　　　　　　　　　　　　　经办：
结算号：　　　　　　　　　　　　　　往来业务：

审核：　　　过账：　　　出纳：　　　制单：范继云　　　核准：

附件原始凭证 1 张社会保险汇总表如下图所示：

部门	基本养老保险18%	基本医疗保险8%	工伤保险 0.3%	生育保险 1.2%	失业保险 0.5%	保险合计
销售部小计	3123	1388	52.05	208.2	86.75	4858
综合管理部小计	1873.8	832.8	31.23	124.92	52.05	2914.8
生产管理部小计	3747.6	1665.6	62.46	249.84	104.1	5829.6
财务部小计	1249.2	555.2	20.82	83.28	34.7	1943.2
总计	9993.6	4441.6	166.56	666.24	277.6	15545.6

总账会计根据人事部转来的缴纳社会保险明细表计提本月保险费用。当月缴纳保险总额 15 545.60 元，其中销售部保险总额 4 858 元，综合管理部保险总额 2 914.80 元，生产管理部保险总额 5 829.60 元，财务部保险总额 1 943.20 元。财务已用支票支付该款项。

总账会计根据保险明细表经过汇总后编制记账凭证如下图所示：

凭证业务 37 预存用电费用

综合管理部转来付款申请单，预付生产车间下月的电费 20 000 元。已经审批手续齐全完整。出纳人员完成网上银行付款。

会计编制记账凭证如下图所示，附件原始凭证为付款申请单，其他原始凭证图略。

记账凭证

	凭证字:	记
	凭证号:	37
参考信息:	附件数:	2
业务日期: 2019-06-22 日期: 2019-06-22 第 6 期	序号:	0

	摘要	科目	借方	贷方
1	预存电费	2241.024 - 其他应付款 - 大连供电公司	2000000	
2	预存电费	1002.001 - 银行存款 - 中国工行春柳支行		2000000
3				
	合计: 贰万元整		2000000	2000000

结算方式:		经办:	
结算号:		往来业务:	

审核:　　　过账:　　　出纳:　　　制单:范继云　　　核准:

❀ 凭证业务 38　销售平台费用

销售部申请向北京长城电子商务有限公司支付销售电子商务平台使用费 3 000 元。申请单审批手续齐全完整。出纳完成网银付款。发票尚未收到。

会计编制记账凭证如下图所示：

记账凭证

	凭证字:	记
	凭证号:	38
参考信息:	附件数:	2
业务日期: 2019-06-22 日期: 2019-6-22 第 6 期	序号:	0

	摘要	科目	借方	贷方
1	商务平台使用费	2241.090 - 其他应付款 - 北京长城电子商务有限公司	300000	
2	商务平台使用费	1002.001 - 银行存款 - 中国工行春柳支行		300000
3				
4				
	合计: 叁仟元整		300000	300000

结算方式:		经办:	
结算号:		往来业务:	

审核:　　　过账:　　　出纳:　　　制单:范继云　　　核准:

附件原始凭证 2 张。付款通知单、网银付款回单图略。

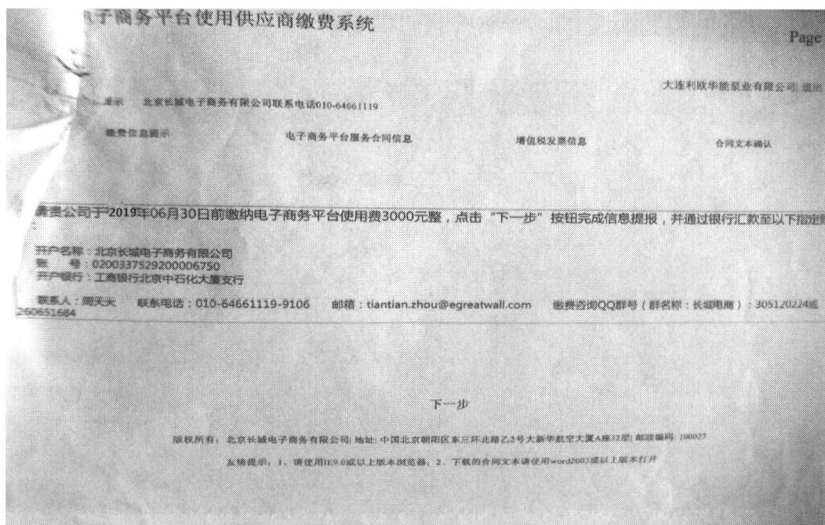

子商务平台使用供应商缴费系统

Page

大连利欧华能泵业有限公司 退出

来源：北京长城电子商务有限公司联系电话010-64661119

缴费信息提示　　　　　电子商务平台服务合同信息　　　　　增值税发票信息　　　　　合同文本确认

贵公司于2019年06月30日前缴纳电子商务平台使用费3000元整，点击"下一步"按钮完成信息提报，并通过银行汇款至以下指定账

开户名称：北京长城电子商务有限公司
账　　号：0200337529200006750
开户银行：工商银行北京中石化大厦支行

联系人：周天天　　联系电话：010-64661119-9106　　邮箱：tiantian.zhou@egreatwall.com　　缴费咨询QQ群号（群名称：长城电商）：3051202224或
260651684

下一步

版权所有：北京长城电子商务有限公司 地址：中国北京朝阳区东三环北路乙2号大新华航空大厦A座12层 邮政编码：100027

友情提示：1、请使用IE9.0或以上版本浏览器。2、下载的合同文本请使用word2003或以上版本打开

凭证业务 39　支付检测费用

生产车间前期到大连标准检测技术研究中心办理一批产品运行功能检测，共计花费人民币 10 000 元。财务接到审批手续齐全的付款单并按月结支付条件完成了款项的支付，发票尚未收到。

会计编制记账凭证如下图所示。附件原始凭证 2 张。

记账凭证

凭证字：记
凭证号：39
附件数：2
序号：0

参考信息：
业务日期：2019-06-22　　　日期：2019-06-22　　第 6 期

	摘要	科目	借方	贷方
1	产品检测费	2241.1002 - 其他应付款 - 大连标准检测技术研究中心	1000000	
2	产品检测费	1002.001 - 银行存款 - 中国工行春柳支行		1000000
3				
4				
	合计：壹万元整		1000000	1000000

结算方式：
结算号：
经办：
往来业务：

审核：　　过账：　　出纳：　　制单：范继云　　核准：

283

付款申请单如下图所示，网银付款回单图略。

❀ 凭证业务 40 收到检测发票

收到生产部转来在大连标准检测技术研究中心前期产品检测用增值税专用发票含税金额 14 000 元，税率 6%，税额 792.45 元。发票真实有效，已经通过经办人签字确认。符合入账条件。

会计编制记账凭证如下图所示：

附件原始凭证 1 张。增值税专用发票如下图所示：

凭证业务 41 资产计提折旧

月末计提固定资产折旧费用，假设上月管理用前期购入办公用固定资产，总计金额 220 000 元。残值率 5%，根据税法规定按 3 年摊销，生产部门生产加工辅助多项设备 1 050 000 元，残值率 5%，根据税法规定按 3 年摊销，所以设备都按平均年限法计提折旧。

会计编制记账凭证如下图所示：

附件原始凭证 1 张，折旧汇总表如下图所示：

6月折旧汇总表				
类别	金额	残值率	折旧年限	月折旧额
管理用办公设备	220,000.00	5%	3	5,805.56
生产用设备	1,050,000.00	5%	10	27,708.33
合计	1,270,000.00			33,513.89

凭证业务 42 无形资产摊销

月末计提无形资产摊销费用，假设上月管理用前期购入办公软件计入无形资产项目，总计金额 370 000 元。预计净残值为 0，生产用前期购入的加工生产用系统软件 560 000 元，预计净残值为 0，根据实际使用的情况和相关规定确定按 5 年摊销。

会计编制记账凭证如下图所示：

附件原始凭证 1 张，折旧汇总表如下图所示：

6月无形资产摊销表				
类别	金额	残值率	折旧年限	月折旧额
管理用软件	370000	0	5	6166.67
生产用软件	560000	0	5	9333.33
合计	930,000.00			15,500.00

凭证业务 43 生产电费入账

收到生产部转来在大连供电公司开具的电费增值税专用发票含税金额 16 073.59 元，税率 13%，税额 1 849.17 元。发票真实有效，已经通过经办人签字确认。符合入账条件。

会计编制记账凭证如下图所示：

记账凭证

凭证字：记
凭证号：43
附件数：1
序号：0

参考信息：
业务日期：2019-06-22　　　日期：2019-06-22　　第 6 期

	摘要	科目	借方	贷方
1	车间电费	5101.001 - 制造费用 - 电费/06 - 生产管理部	1422442	
2	车间电费	2221.001.01 - 应交税费 - 应交增值税 - 进项税额	184917	
3	车间电费	2241.024 - 其他应付款 - 大连供电公司		1607359
4				
	合计：壹万陆仟零柒拾叁元伍角玖分		1607359	1607359

结算方式：　　　　　　　　　　　　　　　　经办：
结算号：　　　　　　　　　　　　　　　　往来业务：
审核：　　过账：　　出纳：　　制单：范继云　　核准：

附件原始凭证 1 张。增值税专用发票如下图所示：

❀ 凭证业务 44 生产领用材料

生产车间转来生产加工材料领用明细表一份。列明生产领用原材料 A 共计 279 809.50 元。分别是备件生产用原材料 68 830.23 元，整机用原材料 210 979.28 元。领用原材料 B 共计 10 992.52 元。分别是备件生产用原材料 2 704.04 元，整机用原材料 8 288.47 元。

会计编制记账凭证如下图所示：

附件原始凭证 1 张为生产加工材料领用汇总表如下图所示：

名称	直接材料A	直接材料B	直接成本
备件	53,513.99	2,102.34	55,616.32
备件	15,316.24	601.71	15,917.95
整机Z018	45,048.89	1,769.78	46,818.66
整机Z018	49,720.34	1,953.30	51,673.64
整机YX	47,286.98	1,857.70	49,144.68
整机	68,923.08	2,707.69	71,630.77
合计	279,809.50	10,992.52	290,802.02

❂ 凭证业务 45 分摊制造费用

由本月发生业务统计的科目汇总表可知，共计发生制造费用 88 133.52 元，本月根据生产完工产品统计分配该批制造费用，成本会计人员已经按相关费用单据汇总统计并完成了制造费用的分配工作。

会计编制记账凭证如下图所示：

附件原始凭证 1 张为制造费用分配表如下图所示：

名　称	直接材料 A	直接材料 B	直接成本	制造费用	成本总计
备　件	53,513.99	2,102.34	55,616.32	17,366.77	72,983.09
备　件	15,316.24	601.71	15,917.95	4,970.54	20,888.49
整机 Z018	45,048.89	1,769.78	46,818.66	14,619.61	61,438.27
整机 Z018	49,720.34	1,953.30	51,673.64	16,135.63	67,809.27
整机 YX	47,286.98	1,857.70	49,144.68	15,345.93	64,490.61
整　机	68,923.08	2,707.69	71,630.77	22,367.45	93,998.22
合　计	279,809.50	10,992.52	290,802.02	90,805.93	381,607.95

业务分析：制造费用是为生产产品而发生的不能直接归属于某个产品的费用，如水、电、折旧等，制造费用分配方法也有多种，实务中选择企业适用原则进行分配。本例分配方法按照成本费用比例法进行分配。从分配表格中看到各产品所分配的比重和金额情况。制造费用分配到生产成本后借记"生产成本"科目，贷记"制造费用"科目。

凭证业务 46　产品完工入库

本月生产车间完成产成品入库明细单已经转给财务。成本会计根据产成品库转来的入库流水明细单汇总本月完工产品。

会计编制记账凭证如下图所示：

❀ 凭证业务 47 产品销售出库

成本会计根据直接材料、制作费用分配单据的核算完成本月销售出库产品的最终成本。备件计划 2 份产品成本分别为 72 983.09 元和 20 888.49 元。整机计划产品 4 份成本分别为 61 438.27 元，67 809.27 元，64 490.61 元，93 998.22 元，合计金额 381 607.95 元。成本明细表由生产管理部复核数据无误。

会计编制记账凭证结转销售出库产品成本如下图所示：（附件原始凭证 1 张为产品出库清单）

记账凭证

	凭证字:	记帐
	凭证号:	46
	附件数	0
	序号	0

参考信息：
业务日期：2019年6月30日　　　日期：2019年6月30日　2019年第6期

	摘要	科目	借方	贷方
1	产品入库	1405.01.01 - 库存商品 -	38160795	
2	产品入库	5001.02.01.01.01.01 - 生产成本		38160795
3				

合计：叁拾捌万壹仟陆佰零柒元玖角伍分　　38160795　　38160795

结算方式：　　　　　　　　　　　　　　　　经办：
结算号：　　　　　　　　　　　　　　　　往来业务：

审核：　　过账：　　出纳：　　制单：范继云　　核准：

❀ 凭证业务 48 实现销售收入

销售给东北炼化工程有限公司产品一批，销售部已将发货。销售部转来合同约定开票清单一份，货款 4 247 787.61 元，增值税率 13%，含税金额 4 800 000 元。经与销售部确认信息无误确认收入。财务部开具了增值税专用发票。开票人员将发票加盖财务发票专用章后转交销售部并收妥记账联，款项尚未收回。（如款项已经收回，会计分录处理时，借方为"现金""银行存款"等相应会计科目。）

会计编制记账凭证如下图所示：（附件原始凭证 2 张销售专用发票、清单图略）

记账凭证

参考信息：
业务日期：2019-06-30　　日期：2019-06-30　　第 6 期

	摘要	科目	借方	贷方
1	销售收入	1122 - 应收账款/01.022 - 东北 - 东北炼化工程有限公司	480000000	
2	销售收入	6001.008 - 主营业务收入 - 内销水泵收入（现）/1.10.00001 - 产成品 - 整机		4247787 61
3	销售收入	2221.001.04 - 应交税费 - 应交增值税 - 销项税额		552212 39
4				

合计：肆佰捌拾万元整　　480000000　　480000000

结算方式：　　　　　　　　　　　　经办：
结算号：　　　　　　　　　　　　往来业务：
审核：　　过账：　　出纳：　　制单：范继云　　核准：

凭证业务 49　财务费用入账

本月财务部发生网银付款手续费共计 576 元整。基本户工行已经完成自动扣款并转来通知单。出纳已经取得回单并登记入账。

会计编制记账凭证如下图所示：（附件原始凭证 1 张银行扣款通知单图略）

记账凭证

参考信息：
业务日期：2019-06-30　　日期：2019-06-30　　第 6 期

	摘要	科目	借方	贷方
1	网银手续费	6603.001 - 财务费用 - 手续费支出/03 - 财务部	57600	
2	网银手续费	1002.001 - 银行存款 - 中国工行春柳支行		57600
3				

合计：伍佰柒拾陆元整　　57600　　57600

结算方式：　　　　　　　　　　　　经办：
结算号：　　　　　　　　　　　　往来业务：
审核：　　过账：　　出纳：　　制单：范继云　　核准：

凭证业务 50　结转销售成本

假定产品期初余额 3 000 000 元，本月生产完工产品全部销售并结转成本。另销售发出产成品 2 600 000 元。为前期生产加工完成尚未发货的产品。凭证图略。

会计分录：

借：主营业务成本   381 607.95

   贷：库存商品   381 607.95

借：主营业务成本   2 600 000.00

   贷：库存商品   2 600 000.00

❀ 凭证业务 51　税费及附加

根据本月的应交税费科目余额，贷方登记的是销项税额，借方登记进项税额。销项－进项＝本期应交税金。本月销项税额 616 775.45 元，进项税额 233 023.66 元，应交税金差额作为未交增值税转出。根据本期应交税金的金额计算主营业务税金及附加项目。根据企业所在地的规定本月应计提城市维护建设费 7%，教育费附加 3%，地方教育费附加 2%。（其他税费项目略）

会计编制记账凭证如下：

借：应交税金——转出未交增值税   383 751.79

   贷：应交税金——未交增值税   383 751.79

计提主营业务税金及附加：

借：税金及附加   46 050.22

   贷：应交税费——城建税   26 862.63

      应交税费——教育费附加   11 512.55

      应交税费——地方教育附加   7 675.04

❀ 凭证业务 52　期末结转损益

除此无其他业务发生。财务根据以上 50 笔业务编制科目汇总表。根据损益类的科目余额编制结转损益的会计凭证。将收入类的科目余额结转到本年利润科目的借方。将成本、费用类的科目余额结转到本年利润科目的贷方。

会计编制记账凭证结转损益凭证如下：

借：主营业务收入   4 744 426.54

   贷：本年利润   4 744 426.54

借：本年利润   3 441 263.99

   贷：主营业务成本   2 981 607.95

      税金及附加   46 050.62

销售费用	36 546.90
管理费用	76 561.75
财务费用	576.00
资产减值损失	299 920.77

⊛ 凭证业务53 科目汇总平衡

手工账月末终了要对会计科目进行汇总试算平衡并编制财务报表。手工要做T字型账户对本月的会计凭证涉及的各科目发生额做借贷方的登记。总检验总的会计科目表是平衡的，如下图所示。

会计科目	银行存款		应交税费		应收账款		主营业务收入		管理费用	
科目方向	借方	贷方	借方	贷方	借方	贷方	借方	贷方	借方	贷方
	30000000	49999	13092.04	12862.64	111806	1300000	4744426.54	98943.35	360	76561.75
	1300000	50000	9649.8	3681.42	32000	200000		28318.58	2010	
	200000	100000	182920.35	10827.95	198000	213100		83292.04	671	
	213100	120000	23450.62	11950.8	75396	100000		91929.2	29126.21	
	100000	30000	873.79	8673.88	144000	315505		66722.12	3866.74	
		9658.9	232.01	16566.37	4800000			127433.63	5447.57	
		4098.75	163.43	20.35			4247787.61		18250	
本期发生		5511	792.45	552212.39					2914.8	
		46000	1849.17	46050.62					1943.2	
		52000.05	383751.79	383751.79					5805.56	
		21375.2							6166.67	
		20000								
		3000								
		10000								
		576								
发生合计	31813100	522318.9	616775.45	1046598.22	5361202	2128605	4744426.54	4744426.54	76561.75	76561.75
期末余额	31290781.1		429822.77		3232597		0		0	

会计科目	库存现金		制造费用		其他应收款		原材料		其他应付款	
科目方向	借方	贷方	借方	贷方	借方	贷方	借方	贷方	借方	贷方
	49999	360	902.7	90805.93	3000		74229.2	290802.02	20000	2030
		3000		19600		3000		1407079.65	3000	5829.6
		902.7		5829.6	5829.6			180389.38	10000	14000
本期发生		2010		13207.55						16073.59
		671		27708.33						
		3000		9333.33						
				14224.42						
发生合计	49999	9943.7	90805.93	90805.93	11829.6	0	1661698.23	290802.02	33000	37933.19
期末余额	40055.3		0		11829.6		1370896.21		4933.19	

会计科目	库存商品		固定资产		本年利润		实收资本		销售费用	
科目方向	借方	贷方	借方	贷方	借方	贷方	借方	贷方	借方	贷方
	381607.95	381607.95	100707.96		3441263.99	4744426.54		30000000	11688.9	36546.9
本期发生		2600000							20000	
									4858	
发生合计	381607.95	2981607.95	100707.96	0	3441263.99	4744426.54	0	30000000	36546.9	36546.9
期末余额	400000		100707.96		1303162.55		30000000		0	

会计科目	资产减值损失		无形资产		累计折旧/摊销		财务费用		税金及附加	
科目方向	借方	贷方	借方	贷方	借方	贷方	借方	贷方	借方	贷方
本期发生	299920.77	299920.77	46000			33513.89	576	576	46050.62	46050.62
						15500				
发生合计	299920.77	299920.77	46000	0	0	49013.89	576	576	46050.62	46050.62
期末余额	0		46000			49013.89		0		0

会计科目	应付账款		应收票据/坏账准备		主营业务成本		应付职工薪酬		生产成本	
科目方向	借方	贷方	借方	贷方	借方	贷方	借方	贷方	借方	贷方
	50000	113800	315505	315505	381607.95	2981607.95	57850	57850	290802.02	381607.95
本期发生	100000	83879		299920.77	2600000		15545.6	15545.6	90805.93	
	120000	1590000								
	315505	203840								
发生合计	585505	1991519	315505	615425.77	2981607.95	2981607.95	73395.6	73395.6	381607.95	381607.95
期末余额	1406014			299920.77		0		0		0

科目汇总试算平衡		
借方累计发生	贷方累计发生	试算平衡
52,849,773.42	52,849,773.42	0.00

结转本年利润科目余额到未分配利润科目。本年利润贷方 4 744 426.54 元，借方 3 441 263.99 元。差额是 1 303 126.55 元

借：本年利润   1 303 126.55

  贷：利润分配——未分配利润   1 303 126.55

⚙ 凭证业务 54 出具财务报表

假设本年度 1–6 月没有业务发生，期初数据为以前年度数据。财务报表编制要求和流程完成报表的编制如下图所示：

资 产 负 债 表

编制单位：大连今天商悦有限公司
所属期间：2019年6月
会企01表
单位：元

资 产	年初金额	期末金额	负债和所有者权益	年初金额	期末金额
流动资产：			流动负债：		
货币资金	16,796,980.89	48,127,817.29	短期借款		
交易性金融资产			交易性金融负债		
应收票据	3,194,592.00	3,194,592.00	应付票据		
应收账款	453,551.16	3,386,227.39	应付账款	18,291,065.85	19,697,079.85
预付款项	1,685,939.92	1,685,939.92	预收款项	9,820,668.08	9,820,668.08
合同资产			应付职工薪酬	1,156,862.51	1,156,862.51
应收利息			应交税费	142,051.84	571,874.61
应收股利			应付利息		
其他应收款	288,241.80	300,071.40	应付股利		
存货	27,454,590.69	26,225,486.90	其他应付款	102,998,092.35	103,003,025.54
一年内到期的非流动资产			合同负债		
其他流动资产			其他流动负债		
流动资产合计	49,873,896.46	82,920,134.90	流动负债合计	132,408,740.63	134,249,510.59
非流动资产：			非流动负债：		
可供出售金融资产			长期借款		
持有至到期投资			应付债券		
长期应收款			长期应付款		
长期股权投资			专项应付款		
投资性房地产			预计负债		
固定资产原价	84,925,526.80	85,026,234.76	递延所得税负债		
减：累计折旧	28,489,428.53	28,522,942.42	其他非流动负债		
固定资产净值	56,436,098.27	56,503,292.34	非流动负债合计	-	-
减：固定资产减值准备			负债合计	132,408,740.63	134,249,510.59
固定资产净额	56,436,098.27	56,503,292.34	所有者权益（或股东权益）：		
在建工程	842,057.55	842,057.55			
工程物资			实收资本（或股本）	50,000,000.00	80,000,000.00
固定资产清理			资本公积		
生产性生物资产			减：库存股		
公益性生物资产			专项储备		
无形资产	29,467,493.36	29,497,993.36	盈余公积		
商誉			未分配利润	-43,690,680.78	-42,387,518.23
长期待摊费用	2,098,514.21	2,098,514.21	所有者权益（或股东权益）合计	6,309,319.22	37,612,481.77
递延所得税资产					
其他非流动资产					
非流动资产合计	88,844,163.39	88,941,857.46			
资产总计	138,718,059.85	171,861,992.36	负债和所有者权益（或股东权益）合计	138,718,059.85	171,861,992.36

利 润 表

编制单位：大连今天喜悦有限公司
所属期间：2019年6月

会企02表
单位：元

项 目	本期金额	本年累计金额
一、营业收入	4,744,426.54	4,744,426.54
减：营业成本	2,981,607.95	2,981,607.95
税金及附加	46,050.62	46,050.62
销售费用	36,546.90	36,546.90
管理费用	76,561.75	76,561.75
研发费用		
财务费用	576.00	576.00
加：其他收益		
资产减值损失	299,920.77	299,920.77
加：公允价值变动收益（损失以"-"号填列）		
投资收益（损失以"-"号填列）		
置损益（损失以"-"号填列）		
二、营业利润（亏损以"-"号填列）	1,303,162.55	1,303,162.55
加：营业外收入		
减：营业外支出		
三、利润总额（亏损总额以"-"号填列）	1,303,162.55	1,303,162.55
减：所得税费用		
四、净利润（净亏损以"-"号填列）	1,303,162.55	1,303,162.55
以前年度损益调整		
可供分配的净利润	1,303,162.55	1,303,162.55

　　报表业务分析：根据科目汇总表或者科目余额表进行分析填报。利润表报表项目与会计科目是一一对应的，可直接填报。资产负债表填报时要注意有汇总填报和备抵科目的情况。如货币资金项目金额为"库存现金""银行存款""其他货币资金"科目的合计数。其他项目同理，请参照报表填报相关章节。

　　到此本章的实务内容已经全部结束了，涉及的只是一般企业常规业务中的一部分。版面有限，希望通过本章内容的介绍起到举一反三的效果。帮助初学者快速熟悉业务、进入自己的财务人生之最佳角色。